本书获得中国博士后科学基金面上项目"新型举国体制下预备级国家实验室组织模式创新研究"（项目号：2020M671657）和江苏省博士后科研资助计划项目"江苏应急产业生态系统的政策衔接机制研究"（项目号：2020Z096）的资助。

光明社科文库
GUANGMING DAILY PRESS:
A SOCIAL SCIENCE SERIES

·经济与管理书系·

科技治理变革与创新系统的
共演机制研究

杨　超 | 著

光明日报出版社

图书在版编目（CIP）数据

科技治理变革与创新系统的共演机制研究 / 杨超著
. -- 北京：光明日报出版社，2023.11
ISBN 978 - 7 - 5194 - 7583 - 3

Ⅰ.①科… Ⅱ.①杨… Ⅲ.①技术革新—研究—中国
Ⅳ.①F124.3

中国国家版本馆 CIP 数据核字（2023）第 215737 号

科技治理变革与创新系统的共演机制研究
KEJI ZHILI BIANGE YU CHUANGXIN XITONG DE GONGYAN JIZHI YANJIU

著　　者：杨　超

责任编辑：李壬杰　　　　　　　　责任校对：李　倩　贾　丹

封面设计：中联华文　　　　　　　责任印制：曹　净

出版发行：光明日报出版社

地　　址：北京市西城区永安路106号，100050

电　　话：010 - 63169890（咨询），010 - 63131930（邮购）

传　　真：010 - 63131930

网　　址：http：// book. gmw. cn

E - mail：gmrbcbs@ gmw. cn

法律顾问：北京市兰台律师事务所龚柳方律师

印　　刷：三河市华东印刷有限公司

装　　订：三河市华东印刷有限公司

本书如有破损、缺页、装订错误，请与本社联系调换，电话：010-63131930

开　　本：170mm×240mm

字　　数：314千字　　　　　　　印　　张：17

版　　次：2024年4月第1版　　　印　　次：2024年4月第1次印刷

书　　号：ISBN 978 - 7 - 5194 - 7583 - 3

定　　价：95.00元

前　言

　　科技治理变革正在成为百年未有之大变局中的核心变量，有效地激发了科技治理变革的响应力，提升了对创新系统演化的支持，已经成为新时期国家参与全球竞争的最重要的领域。科技治理变革是政府参与科技发展的重要形式，也是政府推动科技发展和利用科技开展社会治理的主要载体。科技治理变革与创新系统演化的关系，既是学术界讨论的理论研究问题，也是实践工作中的困难所在。我们需要什么样的科技治理变革？科技治理变革如何与创新系统演化保持协同？国外科技治理的经验对我们有什么启示？围绕这些问题，本书从科技治理变革的背景出发，探讨了科技治理变革和创新系统演化的理论脉络，并以此为基础，研究了国家创新系统的技术路线图设计、城市创新系统的新业态培育问题、微观创新系统中的用户活跃性变化，探讨了不同层次的创新生态系统的科技治理变革方式，再从科技奖励驱动创新合作网络、新兴技术演化的政策系统供给和基于技术预见的科技规划调查模型的角度探讨了科技治理变革与创新系统共演过程中的核心机制。研究重点覆盖了不同层次的创新系统演化过程，研究了在不同层次创新系统发展过程中的科技治理变革的核心内容，又从科技奖励与组织合作、新兴技术政策系统和政策科技规划编制的角度对共演机制的三个核心机制进行了分析。

　　科技治理变革之变，在于对不同层次创新系统的影响。共演过程体现了科技治理是跟进创新系统的演变，抑或超越创新系统的演变，这会对创新系统的发展和跃迁产生不同的影响。提升科技治理变革的能力，应充分把握创新系统演化的历程，通过对科学技术发展规律的基本认识和发展轨迹的预先判断，来提升对创新系统发展的支持。科技治理变革的主观性并不意味着科技治理设计应该主要依靠经验，科技治理变革的有效性在于能够获取更为客观的发展信息，能够从科技发展中得到对未来治理改革的理性思考。科技治理变革是一项系统性工程，要充分考虑各个子系统和各层级系统之间的关联，加强对科技治理变革的协调性和协同性的关注，减少科技治理变革过程中的治理规则不匹配的问题。科技治理变革已经不再是一个国家内部治理系统改革的问题，更是一项面向全球科技发展和科技竞争的难题，关注发达国家的科技治理变革经验，从全球的视角出发去理解中国的科技治理改革，并完善对中国科技治理变革的规则，是中国推动全球化和提升全球科技地位的重要端口。

科技治理变革之变，必须符合创新系统的发展规律。创新系统的生态化发展，意味着创新的过程不再是一个单一技术的发展过程，而是科学和技术、政府、企业、高校、科研院所和用户共同创新的过程。在价值共创的过程中，探讨科技治理的发展空间。科技治理变革必须尊重创新系统发展的基本规律。通过认识创新系统的生态化发展过程，提升创新系统的开放性，使中国的创新系统具有领先的治理能力和创新能力，都是对科技治理变革的更高的要求。科技治理变革和创新系统的共演过程，必须从科技奖励、政策资源和科技规划等核心机制出发，探讨科技治理变革未来之路。科技治理变革是驱动创新系统演化的关键方式，关系中国科技发展的社会发展环境，影响着中国与世界科技创新的进程。科技治理变革如何在全球科技创新中发挥作用，增强治理能力和治理的现代化水平，需要从全局发力，在观察世界前沿时找准中国科技治理的定位和方向，在探究世界科技治理协同过程中展示中国科技治理的成效和能力，在与世界科技强国竞争和协作过程中探寻中国科技治理能力的先进性。在中国的科技水平不断超越和腾飞的趋势下，中国的科技治理变革的卓越成效和先进做法能够得到世界科技大国和强国的认可，能够在探索一条中国科技发展和创新系统协同并进，并引领世界科技治理潮流的道路。

科技治理变革和创新系统的演进发展，要立足中国，放眼世界，吸收和引进国外科技治理变革的做法和先进经验，转化提升并提炼为符合中国实际的科技治理变革策略，研判全球创新态势促进政府科技战略的科学化水平，释放区域创新动能提升城市功能区经济质量效率，推进社会科技奖励激活微观创新社区的集群化发展，把握新兴技术周期提高政策资源投入的有效性，并在认清世界科技变局中激发创新系统治理的引领力。中国的科技治理变革引领世界科技治理的潮流，将成为中国科技参与全球科技竞争中最有力的支持。

目　录
CONTENTS

第一章

绪论

第一节　百年未有之大变局下的科技治理变革

"百年未有之大变局"加速推进已经成为当今世界宏观变化形态的重要判断，在国内外学术界引起了诸多研讨，以机器人技术、人工智能、数字支付、大数据、云计算等领潮技术为代表的新一轮科技革命正在改变当今的世界格局和治理思路。随着全球化进程的加速推进，科技治理变革正在成为这场变革中的关键。以欧美发达国家为中心的世界格局正在悄然发生变化，中国等新兴经济体正在崛起，而决定这一切变化的关键之一就是科技治理与创新系统的共演能力。长期以来，科技治理研究更为关注的是本国政府对科学技术的治理效能优化问题，却对其他国家的科技治理方式关注尚少，创新系统演化更多的是学术领域的探讨，这造成了科技治理的变革和创新系统演化的关系不协调。科技治理不能充分促进创新系统的演化，科技治理自身的复杂性演化过程缺乏预判性和整体性的思路。这使得我国的科技治理变革在相当长的一段时间内是缺乏系统性的。碎片化的科技治理变革，使得创新系统主体之间的矛盾难以化解。正是在这样的背景下，本书探索性地提出了一套科技治理变革和创新系统共演的对策建议。

一、大变局对传统科技治理的冲击

世界格局的悄然变化对传统科技治理产生了重大冲击。2018 年 6 月，习近平总书记在中央外事工作会议上首次提出"当前中国处于近代以来最好的发展时期，世界处于百年未有之大变局"的前瞻性论断。贫困、气候变化、环境污染等全球性难题的化解由老牌资本主义强国主导的地位也在发生变化，以中国、印度、巴西等为代表的新兴经济体在全球问题上的作用越来越强。大变局实际上是从历史趋势角度对世界发展态势的宏观判断，是对国家之间的关系走向的预先性认知。中国正处于这场大变局之中，大变局势必给我国的科技治理带来巨大的冲击和挑战，尤其是近年来，全球变局的态势更加显著，全球发展的方向更加复杂，世界正在朝着未知的方向进发。

第一，传统科技治理更加关注国内科技的治理，较少关注国外科技的治理。在大变局的背景下，国家间的关系发生了重大的变化，政治关系不断参与到原先的科技和经济活动中，突破了传统科技治理的视阈范围。传统科技治理重在对本国和区域内创新系统的关注，更强调对目标的管理，推动科学技术理论和实践的快速发展。在大变局背景下，国家间关系的变化不确定性增强，影响了原先的正常经济活动，对科学技术产品、人才和资金的流动增加了更多的政治干预。

第二，传统科技治理更加关注科技发展的短期成效，较少关注科技发展的中长期动态。国家对科技管理的投入不断加大，对科技管理的政策不断完善，但长期以来都是将科技力量投入作为换取经济短期收益的一种方式。尽管长期坚持制定科技发展规划，但对规划编制的本身往往缺乏对科技发展的规律性的研判，将重心放在了规划编制之中，许多科技成果并不能够按照规划的方向发展和落实。如何科学开展中长期科技规划并推动规划和现实技术发展轨迹的契合，是当前科技治理改革的重点问题。

第三，传统科技治理更加关注科技的经济影响，较少关注科技在全球发展议题和全球性问题的影响。传统科技治理非常关注科技的经济效益，在促进科技与经济交互的过程中加大了投入力度，却对科技解决全球发展难题的关注较少，这很大程度上与中国所处的全球地位有关。中国正在逐渐走向世界舞台的中心，在处理和解决国际事务上发挥着日益重要的作用。中国参与全球治理的过程，必将依赖于中国科技在世界范围内的优胜地位。当今的科技治理不仅在于科技对本国经济的带动，更在于中国作为世界科技大国对世界性难题的贡献能力，这赋予了科技治理变革新的发展内涵。

大变局作为一种历史形态，既囊括着科技变局，又受到科技变局的驱动。大变局对科技治理的冲击重点表现在对传统科技治理范围、治理效果和治理影响的冲击上。中国该如何应对百年未有之大变局，顺应科技发展的大趋势，找准中国科技治理的关键，是当前各级政府面对的重要问题。在大变局中发现和应对新问题，在科技自立自强的目标引导下，形成具有中国特色的科技治理体系，完善科技治理能力，打造具有国际影响力的科技治理模式，是政府开展科技工作促进高质量发展的重要课题。

百年未有之大变局的另一个关键趋势，是世界多极化、经济全球化、社会信息化和文化多样化的纵深发展，这给传统科技治理带来了更多的机遇和挑战。例如，人工智能技术正在改变政府治理的模式，政府对社会的治理从传统的管理模式转变为技术治理，大数据技术和人工智能技术为政府决策提供了参考和借鉴，但也产生了一些过度依赖智能化技术的问题。科技治理领域的智能化，是目前探讨较少的问题。政府的科技治理如果仍然采用传统治理模式，将滞后于科技变化的本身，这就有可能拖累科技的发展。与此同时，国际关系的复杂性和文化多样性在当今的科技治理中应该受到足够的重视。如何推动中国科技在全球范围内获得更多的认同，则需要重点处理好国家间的关系。加快建立国家间的合作伙伴关系，在尊重国际关系复杂性和文化多样性的基础上，中国科技才能够有更加广泛的国际客户来源。这就要求中国在技术推广和扩散过程中，重视对不同文化的包容性，将技术与政治、技术与经济在一定程度上区分开，促使更多的国家能够选择中国技术。

二、新兴技术变化的治理方式创新

复杂性和不确定性是大变局的重要特征。全球社会发展的复杂性主要体现在发展的不平衡和发展的无序性上。国家间关系的复杂性，使得纯粹的科学技术合作交流变得困难重重。科学技术交流在相当长一段时间内与国际政治的相关性并不高，但随着中国经济在全球范围内第二大经济体的地位日渐稳固，与之相关的国际政治问题开始渗入到科学技术交流等微观领域。复杂性还表现在技术本身发展的态势上，即便是科学技术专家有时候也不能很确定地判断未来科技发展的走向。技术本身的用途是广泛的，在不同场景中，技术既能够用于工业生产和日常生活，也可能用于军事和国家安全等领域，这使得一些国家存在技术的"国别性"问题。但不可否认的是，新兴技术变化的治理不仅要跨越这种国际政治关系变化产生的障碍，而且要平衡技术变化不确定性的治理。新兴技术变化的判定是极为困难的，传统科技治理方式并不关注新兴技术本身，将重点放在政策支持和投入上，这有可能造成资源的浪费和错配。

如何平衡治理方式创新与新兴技术变化的关系，这给世界各国政府都带来了极大的困难。发达国家作为新兴技术和高新技术的全球引领者，在新兴技术治理方式上已经开展了长期并卓有成效的探索，为我国加快科技治理方式创新提供了一些有益借鉴。新兴技术变化的特征主要包括三个方面：第一，新兴技术强调技术集群的协同并进。以人工智能为例，人工智能实际上包括机器人、语言识别、图像识别、自然语言处理等诸多领域，各个领域的发展成熟度并不相同，技术的应用领域也覆盖全社会诸多行业。传统科技治理方式往往是不加区分地将人工智能作为一类进行政策支持，这就造成了一些基础性和关键性领域长期不受重视，其主要原因在于这些领域的投入时间长、不确定性强、产出效果难以预知，很多企业不愿意在这些小领域上投资，而更愿意在经济效益高和成效快的方面加快研发。而技术集群的发展与科技治理投入的方向差异，使得在部分技术集群已经产生了一些关键性和基础性的技术缺漏。

第二，新兴技术并不能离开科学的发展。科学研究尽管作为科技治理的重要构成部分，但与技术产业往往是相分离的。基础性科学研究成效慢，无法匹配传统科技治理的目标导向。在新兴技术相对应的基础科学领域，科学家的学术贡献往往受到科技治理模式的影响，也会选择更快出成效的方向开展研究，这主要和科学工作者的评估评价方式有关。科学评价方式过度依赖于量化指标，评估评价的模式与基础性科学发展的规律有一定差异。对科学的治理方式又迫使科学研究者必须追随"指挥棒"开展工作，这就产生了基础性科学人才流失的问题。人才在个人发展上更愿意向着高回报、快收益的方向去流动，这正在成为当前新兴技术对应的基础科学领域的人才难题。

第三，新兴技术在媒体中的热度很高，"当红"的技术有时会出现红了之后急剧衰退的问题。新兴技术的发展，在"短视频"的流媒体时代，存在快速走红的效应。这种快速热度，往往会引来政策资源的快速聚集，随之相关的是大量的经济资源，但是过度和短期的投入，并不一定都能带来成效。新兴技术实际的应用有时候需要很多年的蓄积，但这些投入的持续性一般不会太久。这就造成了一些新兴技术发展的投入存在明显的波动性，这种波动性带来的是资金投入产出不明显就会撤出，继而衍生出一系列因为资金投入不稳定的技术研发中止的问题。一些不错的新兴技术项目，因为经济效益欠佳或者预期成果短期难以转化，在"大红大热"之后又被"冷落"。如何消减媒体热度带来的这种效应，是政策研究者应该关注的新兴技术治理问题。

科学技术的突飞猛进成为大变局的重要驱动力，但新兴技术治理方式创新仍然是政策改革者的一道难题。新兴技术变化的方向和速度已经突破了政策制定者的传统治理架构。开展治理方式创新势必要弄清楚新兴技术变化识别、技术态势判断、技术扩散模式解析和技术科学的前瞻性预测等新型治理方式。

三、科技治理变革对经济社会的影响

科技治理变革不仅对国内经济社会产生了重大影响，也在全球范围内产生了不可忽视的作用。科技治理变革的这些影响不仅包括对科技本身的影响，还包括对社会治理的影响。一方面，科技治理变革正在更加多样化地改造治理方式，传统的较为单一和死板的治理方式正在被政策制定者所摒弃，政策制定者更加关注灵活有效的治理方式，能够更加合理地应对科学技术飞速变化带来的治理挑战。比如，通过人工智能技术制定科技政策，正在成为一种新的治理方式，更加智慧化地应对政策制定中的人的"有限理性"，用更广泛的信息获取和分析技术来辅助性地开展决策活动；另一方面，科技治理变革作为一种从单一治理主体走向多元治理主体的政策改革方向，越来越"去中心化"地挑战着原有治理主体的地位，但也同时在降低治理决策的主体责任。科技治理变革为多元主体参与治理提供了可能，在传统治理模式中，多主体参与治理的难度较大，许多相关主体有参与意愿，却由于信息传递速度，无法较好地参与到治理活动中来。在科技治理变革的环境下，多元主体参与决策的平台已经较为成熟，这为多元治理和包容性治理提供了更多的机会。

科技治理变革对经济的影响主要体现在三个方面：第一，科技治理变革催生出一些新型的经济形态。比如"网红经济"，这种形态的经济形式正在解决部分年轻人的工作，努力将个人的生活体验上传到网络上，通过短视频等方式在社交平台上发布，从而吸引平台的粉丝，再通过直播带货等形式推广产品，这种经济形式正是当今时代各项科技进步的产物。科技治理变革不仅要关注科技本身，还需要将科技的使用者纳入管理范围。科技治理变革对科技使用者的关注，正在成为科技与经济融合的新趋势；第二，科技治理变革正在驱动经济形态的全球化。随着全球化不断加快，科技治理变革对国内和国外经济都会产生影响。科技治理方式的创新，不仅受到国内研究者的关注，也受到国外政策制定者的关注。科技治理方式创新的全球流动，正在成为科技治理的一种新趋势。一国的科技治理方式正在成为一些相关国家的科技治理方式的样板，这由此产生的经济影响表现在对同一技术的治理方式上。对于一项技术的治理，许多国家会效仿早期提出科技治理方式创新的国家，从而更快速地采纳科技治理变革新方式。一个技术领先或者靠前的国家应该在科技开发的同时找到治理技术的方式，并尝试在全球范围内推广，以便于本国技术能够在世界范围内占据更大的市场份额；第三，科技治理变革正在改变国家之间的经济差距。发达国家在先进技术和新兴技术上的长期优势，正在被一些新兴经济体国家追赶，在这种环境下，科技治理方式变革正在压缩发达国家与部分发展较快的经济体之间的差距，部分发达国家在技术上的优势变小，而科技治理方式改革和求变能力，使得新兴经济体的发展速度较快，弥合着原有的经济差距。但不可否认的是，在技术发展快的国家和技术滞后的国家之间，科技治理方式变革的快慢也有可能会加大国家之间的经济差距。一些落后国家由于缺乏先进的技术，在科技治理方式上仍然采用传统的治理方式，这对经济的影响较大，正在进一步拉开原有的经济鸿沟。

科技治理变革对社会的影响则主要体现在治理创新上。科学技术领先的国家正在加大用科技来化解社会问题和社会矛盾的力度。通过推广数字技术，一些国家在社会治理上已经取得了较好的成绩。通过数字化的基层社区治理，居民可以通过数字化平台获取社区信息，加上便捷的沟通渠道，使得社会治理和社会服务更加高效地开展。而在一些发达国家，尽管技术也较为成熟，却由于科技治理方式的变革缓慢，也很可能在数字化社会治理上缺乏明显的优势。科技治理变革所带来的社会服务效率，正在影响着社会的发展形态。以中国为代表的数字化应用推广较好的国家，基层社会治理已经非常依赖于数字化平台。人们通过数字化平台能够实现数字支付、数字政务、数字教育、数字医疗等服务。社会发展在一定程度上取得了领先性。社会治理效率和效能的提升，有助于社会形态的演化。

第二节　科技治理变革与创新系统的共演难题

一、科技治理难以跟进创新的速度

科技治理变革与创新系统的共演难题的首要表现是科技治理的速度问题。科技治理改革往往受到制度惯性的影响，存在一定的稳定性。政策管理者通常在已有的政策制定框架下开展工作，多数决策者更偏向于采用稳妥的管理方式，从而减少失误和损失。这带来的问题是长期以来的科技治理改革幅度并不大，也很难摒弃以数量为目标的科技治理追求。这种数量目标不仅体现在对于效率的追求上，而且体现在对于科学成果的评估上。重视数量的评价思维尽管在近年来的改革中有一定好转，但仍然是一种较为根深蒂固的管理方式。许多行政管理部门为了更加快速地理解科学技术的进展，通常希望找到一些具体的指标去加以控制，而这种控制方式使得管理能够更加简便快捷地做出评价结果，但这势必会变得功利性。比如为了迎接评估，科研机构会将考评指标通过逐级下放的方式落实到科研人员的绩效管理中，成为科研绩效评价的重要部分。这就造成了科研绩效评价成为整体效能的指挥棒，追求数量的结果会带来质量的下降。这种现象不仅在中国的科研管理中存在，在英国等欧洲国家的科研管理中也存在。英国的研究卓越框架（Research Excellence Framework）是一套相对成熟的科研评价指标体系，这种研究评估的方式也存在类似的作用，激发了科研人员对研究成果数量的追求，但一定程度上降低了研究质量，尤其表现在一些研究机构在评估年科研成果数量上会存在明显激增的现象。

科技治理变革一直处于进行时，自改革开放以来，我国加快了对科技领域的系统性改革，重点推动科技服务于经济社会发展，并在《1991—2000年科学技术发展十年规划和"八五"计划纲要》中明确提出"科学技术是第一生产力"。随着社会主义市场经济目标的确立，科教兴国战略变得更加明确和清晰。尤其是1999年召开的全国技术创新大会上，将企业与市场在技术创新上的地位表述得更为清晰。在此期间，高校和科研院所的改革也在大举推进，"985高校""211高校"等重要高等教育评价体系也在这一时期确立下来。2006年在《2006—2020年国家中长期科学和技术发展规划纲要》中确定了"自主创新、重点跨越、支撑发展、引领未来"的科技发展方针。这为我国建设国家创新系统提供了基础性的方针指南。在党的十八大以后，创新驱动发展战略被正式提出，随后围绕这一战略，企业、高校科研院所、政府等开始尝试建立一套政产学研用一体化的创新驱动战略。党的十九大和二十大报告中均对科技创新有了更新的表述，如"建设创新型国家""高水平科技自立自强""国家科技治理体系""国家规划体系"等，这些表述都反映出中国在科技治理上的逐步推进。科技治理的一系列改革措施为中国科技走向世界中心提供了强有力的支持。

但不可否认的是，科技治理变革的速度相较于科技创新的变化仍然有很大的提升空间。尤其是以大数据和人工智能结合的技术进入应用之后，科技治理面临着滞后性的问题。比如，在基层社会治理中，是优先根据大数据和人工智能数据提供的结果作为决策标准，还是依靠于集体决策经验作为决策标准，一直是困扰基层治理的一个难题，缺乏相关的政策指南。这在一定程度上反映了科技治理能力仍然跟不上技术的发展。在一些时期，技术创新所得到的治理预测并不一定能够反映现实情况，但决策者可能因担心决策失误，会优先采用技术预测的结果，以便于规避自身决策的风险。科技治理方式变革目前对这类问题并没有很好的解答。

二、科技治理缺乏方式创新的动力

科技治理的惯性表现在缺乏治理创新的动力。科技治理在一定程度上与社会治理存在交叉，但又不同于社会治理。科技治理不仅包括对科学技术本身的治理，还包括对科技与经济、科技与社会等科技引发潜在问题的治理。社会治理是政府管理者面向社会开展的治理活动，这些治理行为中涉及技术的应用时，则和科技治理存在一定的交叉。科技治理与社会治理的这种交叉但不完全包含的关系使得推动科技治理的动力来源较为复杂，这很可能是引发科技治理方式创新较为困难的原因。

科技治理的动力来源中最大的部分是企业。企业作为科技与经济的产物，是科技治理最为紧密关联的主体。而在新的国际形势下，一些关键技术存在被"卡脖子"的现象。大国之间的竞争关系，直接导致部分企业在技术使用和供应链上受限。而另一方面，中国已经在全球化过程中处于非常重要的供应链环节。这就对科技治理方式的创新提出了更高的要求，并激发相关部门重视科技治理的改革创新，从而推动本国在这些关键核心技术上的突破和发展。中国当前面临的"跟跑、并跑、领跑"的并存现象，都是科技治理方式创新的动力。政府对科技治理变革的动力来自企业、国际关系和经济社会的多重压力。驱动政府开展科技治理变革的动力在一定程度上是外生的而非内生的，这就使得创新方式上缺乏足够的动力。尤其是在落实科技治理变革的过程中，许多新兴的治理方式在落实的过程中仍然采用较为传统的执行方式，这会直接导致治理效能的下降。科技治理的动力仅靠压力驱动和任务驱动，在执行效果上就会有较大的偏差。

科技治理方式创新面临着前所未有的难度，这主要与当前我国科技发展的阶段有着密切的联系。中国在部分科技领域处于优势地位，在部分科技领域处于劣势地位，这与几十年前中国科技在全球所处的位置有着非常大的差别。科技治理若将重点放在外来技术的吸收转化上已经很难适应当前的科技发展需要。中国的科技发展受到了来自发达国家的制约，这就要求我们要重视原始性创新。原有的治理方式不能满足当前的发展需求，却仍然存在于治理的惯性思维中，这种现象使得我们必须加强对科技治理方式的新理解，在观察世界各国科技治理创新方式的同时，结合我国特点，推动具有中国特点的科技治理创新模式。

科技治理变革中的思维惯性长期存在，影响了政策改革效果的提升。政府作为一种服务提供者的角色，在当前的科技治理改革中的作用逐渐凸显。

高校是科学创新和人才培养的基地，在科技治理改革中具有重要的作用，是企业技术创新的科学基础和人才来源，而改革的进展和方向还有较大的提升空间。科技治理主体对待变革的态度明显存在差异。企业主体是科技治理主体中最为求变的主体，而政府、高校等主体的变革动力相对较弱。前者更加重视发展的动态性和经济效益，在市场化过程中发挥着重要作用，后者则更加强调发展的平稳性。这使得在改革过程中，政府、高校等相关单位缺乏促进治理创新的动力。这些部门的科技治理变革动力更偏向于科技发展的倒逼作用，由此产生的问题是科技治理变革在基层的落实较为不易。科技治理从整体上看内生动力不足，外生动力反应较缓，这是产生动力不佳的深层次原因。

三、科技治理与创新系统互动欠佳

科技治理与创新系统的互动主要依赖于治理主体与创新系统的互动关系，而目前创新系统中的主体间的互动效果欠佳。科技治理是创新系统中的调节者，重点在于调节和疏导创新系统中各主体之间的关系，确保创新系统能够流畅运行。科技治理与创新系统的关系并非相互包含的关系，科技治理是政府层面对创新系统的规则加以调适的过程。科技治理与创新系统的互动效果并不好，对科技治理的理论研究尽管在 21 世纪初就开始有相关的论述，但一直到 2013 年以后才开始有大量的相关探讨，而围绕科技伦理、包容性创新、科技治理现代化等相关讨论也大多是在此之后才进入国内的学术讨论视野。

科技治理与创新系统互动的效果欠佳，主要表现在三个方面：第一，科技治理缺乏系统性政策管理视角，在政策设计、政策执行、政策调整上相对零散。顶层科技治理主要通过宏观科技战略的架构，研判和把握全国范围内的科技重大方向，推动国家科技的高质量发展。但在顶层治理向下传递的过程中，则存在传导过程过于宽泛，中层和基层缺乏创造性执行的问题，在政策的落实上还存在诸多障碍。科技治理在自身政府层级之间的传导性主要表现在治理内容的直接传递，在相当一段时间内，宏观科技政策的落实传递缺乏因地制宜的特点，使得很多科技政策在基层执行中无法针对本地的实际情况去实施。尽管这看上去是科技治理本身的问题，但实际上反映出的是科技治理与创新系统之间缺乏互动，科技治理主体对创新系统的理解和演化过程缺乏宏观认识，只是简单执行宏观政策导致的政策落实难的状况。

第二，科技治理对创新系统调研深度不够。科技治理过程中最重要的内容就是加强对创新系统的调研，尽管政府管理者对科技企业、高校院所、产学研转化中心等组织开展了大量的调研，但是多数调研都不够深入，只能在调研中找出一些浮于表面的问题。创新系统调研缺乏周密的计划，这使得在调研中所遇到的问题通常具有相似性，在调研之后，这些问题的解决也存在明显的滞后性。不少地方政府都有政策调研室或政策研究室等相关部门，这些部门为开展创新系统调研提供了专门性机构。但在实际组织过程中，这些部门与企业、高校、政策相关主体的互动频率并不高，这些部门开展研究的过程的参与者主要是部门人员，缺乏多样化的人员配置，这对调研中获取深入信息有较大的难度。仅靠直接走访调研，而非优化调研人员的结构，很难破解创新系统的深层次发展难题。

第三，科技治理对创新系统的回应性不够。我国的科技治理主要是一个纵向贯穿和横向部门协作的科层制政策治理过程。科技治理架构尽管较为完善，但在创新系统的回应性上效率较低。一方面，宏观政策的传递过程以直接传递为手段，传递过程中缺乏政策创新，多数部门都是直接向下传递政策，这使得宏观政策在落实过程中较为宏大，覆盖范围过于宽泛，这就导致政策的执行过程较为艰难；宏观政策应是政府面向国家创新系统开展的政策性指南，在中观和微观层面应有大量支撑性政策作为辅助，政策体系在当前的治理模式下不够健全。另一方面，中观和微观的治理过程又常以城市或区域为中心，具有设计区域性政策的能力，这就将中观和微观政策的执行设计交给区域的中心城市或者省级层面的政府管理者开展执行，这个过程中，科技治理模式实际上存在较明显的区域特色，但能否较好地向上支撑国家宏观政策和向下服务于更小的行政单位，这些目前都缺乏整体性设计。这也造成了宏观、中观和微观政策在实际的执行中经常存在较为明显的偏差。总体而言，科技治理体系的系统集成性不够，系统化设计和分布式支撑上缺乏整体安排，使得科技治理只能作为创新系统的外部协调者，而非创新系统中的有机组成部分，在了解创新系统演化趋势和发展诉求上仍然缺乏高质量和智慧化的运行管理。

第三节　研究内容与研究方法的系统架构

一、本书研究内容概览

本书将研究的核心问题聚焦于"科技治理变革与创新系统的共演问题"

上，将以全球科技治理和本国科技治理的视角，发现现存于科技治理过程中的问题，提出促进科技治理变革符合创新系统演化规律的对策建议。研究的主要内容安排如下：

第一章：绪论。重点介绍科技治理与创新系统共演问题的研究背景、共演难题和全书的整体架构。绪论主要交代全书的总体性信息，说明本书撰写的缘由和设计的研究焦点，为读者提供一个整体的信息导览。

第二章：科技治理变革与创新系统演化理论。重点介绍了政策与组织间断平衡理论、科技规划设计范式变革和创新系统演化主体协同三个基础性理论。这三项理论构成了全书后续分析章节的理论基石。

第三章：国家创新系统中的技术路线图设计。以机器人技术路线图设计为例，在比较中外机器人技术路线图的宏观设计上，展现了国家创新系统中的宏观性政策战略设计，发现我国在机器人技术路线图设计中的改进空间，并说明国家创新系统的宏观政策设计与机器人技术发展共演的政策设计创新策略。

第四章：城市创新系统中的新业态培育。本章节重点探讨了城市创新系统的核心产业发展现状及新业态培育情况，分析了城市创新系统的核心产业发展的影响因素，分析了城市经济功能区建设存在的问题，尤其是在培育新业态过程中的困境，并从城市创新演进角度提出了城市创新系统增强新业态培育的推动策略。

第五章：微观创新系统的用户活跃性变化。本章节重点探讨了微观创新系统在萌芽过程中的用户数量变化趋势拟合问题，以此说明微观创新系统的用户活跃数的演化和发展进程，并从科技治理角度分析支持微观创新系统演化的治理思路。

第六章：科技奖励驱动的合作社区集群机制。本章节重点探讨了美国利用世界研发百强奖的科技奖励方式，激活组织网络，提升创新系统中的组织集聚能力，推动创新社区成长，实现创新社区集群化发展，打造世界一流的创新组织体系。

第七章：新兴技术演化的政策供给机制。本章节重点研究了新兴技术演化过程的成熟度过程，从成熟周期和媒体热度等方向，分析了新兴技术的发展周期变化，进而探讨了新兴技术的科技治理如何保持理性投资和稳定投资的问题。

第八章：基于技术预见的科技规则调查模型。本章节重点解析了日本在政府科技规划编制的前期工作，从日本科技预见了超过半个多世纪的经验中提出政府科技规划的科学调查过程机制，探讨科学调查的实现方式，提出提升科技规划与创新系统共变能力的策略。

第九章：科技治理与创新系统共演的政策建议。本章节重点结合全书的分析内容，提出推动科技治理与创新系统共演的政策建议，提升当前科技治理的演化能力，面向宏观、中观、微观的层级，围绕科技奖励、技术演化、科技规划等方向，为政府管理者优化科技治理能力提供切实可行的参考建议。

二、本书研究方法简述

本书综合采用定性研究和定量研究的研究方法，针对每个章节的问题分析融合了模糊层次分析法、专家咨询法、投入产出分析法、生长模型拟合法、社交网络分析法、文本分析法等开展研究。本书充分利用了定性研究方法在获取信息丰富上的优势，在定性研究设计中侧重于获取更多的研究信息，促使研究内容的分析更加翔实，而在定量研究设计中侧重于数量关系的测量，获取在不同模式对比下的数量差异，并结合定性分析的翔实数据，提出更加客观的评价和陈述。在本书的研究方法中，也有将定性和定量分析方法相结合的研究，比如将专家咨询与层析分析法相结合提出不同技术路线图的设计偏好，又比如通过文本分析对日本技术预见的方法策略进行比较汇总，等等。本研究通过使用丰富的研究方法，较好地呈现了科技治理变革与创新系统演化存在的协调性问题，进而提出了更为有效和言之有据的优化建议。

第四节　本章小结

本章重点介绍了科技治理变革所处的百年未有之大变局的写作背景，分析了大变局与科技治理变革之间的关系，并展示了科技治理变革对经济社会产生的影响。在此基础上，提出了科技治理变革与创新系统的共演难题，分析了科技治理与创新系统共演的难题，陈述了共演难题的三个具体表现。最后，介绍了本书的研究内容和研究方法，以期概括性地呈现出本书的核心内容。

第二章

科技治理变革与创新系统演化理论

本章节结合科技治理变革与创新系统演化的过程，将科技治理变革与创新系统演化相关的理论按照"形态—思维—规划—协同"的思路整理为三个部分：第一，政策与组织的间断平衡，重点探讨了科技治理与创新系统演化过程中政策和组织的形态变化问题；第二，科技规划设计范式变革，重点展现了科技规划设计范式变革中的理论形态，提出了科技战略规划改革的范式转换理论思路；第三，创新系统演化主体协同，主要是将科技治理纳入创新系统演化过程中，从生态系统角度分析创新系统演化中的主体行为和落实情况。

第一节　政策与组织的间断平衡

一、政策与组织的形态变化

20 世纪 80 年代以来，国外对组织"间断平衡"（Punctuated Equilibrium）演化规律的探究日渐深入，批判性地吸纳和讨论了源自古生物进化领域的这一概念在解释组织变革中的应用，为达尔文自然选择论等进化理论在组织科学中应用和实现组织时空双维度优化提供了向导。国内相关研究尚匮乏，少量公共政策研究者以该理论为基础研究了政策变迁过程，如土地和房地产政策①、财政预算政策②、交通管理政策③。而截至目前，企业组织研究仅有门一等研究

---

① 原华荣，周仲高，黄洪琳.土地承载力的规定和人口与环境的间断平衡［J］.浙江大学学报（人文社会科学版），2007（5）：114-123；范广垠.我国房地产政策宏观分析的模型与方法——以 1998—2009 年房地产政策为例［J］.同济大学学报（社会科学版），2010（1）：118-124.

② 於莉.预算过程：从渐进主义到间断式平衡［J］.武汉大学学报（哲学社会科学版），2010（6）.

③ 文宏.间断均衡理论与中国公共政策的演进逻辑——兰州出租车政策（1982—2012）的变迁考察［J］.公共管理学报，2014（2）：70-80.

了高管团队的"即兴"行为。

组织诞生、发展和演化是组织研究最为根本和核心的主题。内外部环境的共同作用使得组织演化存在与"生物进化"类似的选择和变化机制，把握这种规律为组织领导者和管理者明确组织定位和制定回应性政策提供了理论依据。

以"punctua * equili *"为检索式，在 Web of Science、EBSCO、Elsevier、ScienceDirect 等数据库检索出论文 280 余篇，如表 2.1 所示，已有综述均将间断平衡规律作为组织变革或组织某个领域变革的一种模式进行归纳或比较，而缺少仅就规律自身研究进展深度述评，且宏观上的组织变革研究综述更为强调组织不同阶段的变化，掩盖了间断平衡规律的整体性；微观上的某个组织领域变革综述则限于研究范围，不涉及该规律在组织研究其他领域的动态，且均非针对该规律，只在部分章节有所涉及。鉴于间断平衡演化规律在组织演化和政策变迁中有效的解释力、跨学科反思的科学性、系统述评尚匮乏，这里从概念内涵、研究维度、成因分析以及策略构建四个方面评述，从而全面展示科技治理变革与创新系统形态变化的基础性变化。

表 2.1 间断平衡规律相关研究综述

学者及年份	综述相关内容	视角	贡献
Weick 和 Quinn，1999	综述了片段变化和连续变化的变化速度和顺序	宏观	细化了变化的速度内容
Van de Ven 和 Poole，2005	从本体论和认识论角度提出组织变化的四种分类	宏观	探究了组织变化的本质
Chang 等，2006	以内容、群体和路径依赖的三维定义空间比较了团队发展研究的间断平衡和整合模型	微观	实现了概念的三维定位
Young，2009	在全面整合变革研究后提出变革的元模型	宏观	展现了变化与应对过程
Besson 和 Rowe，2012	比较了演化主义、间断平衡和制度主义三种理论对信息系统条件下的组织转型的作用	微观	讨论其在组织转型中的作用
Gioia 等，2013	述评了组织身份构成和变革中间断平衡规律研究	微观	深化了组织身份变革的认知

续表

学者及年份	综述相关内容	视角	贡献
Humphrey 和 Aime，2014	比较了间断平衡和其他团队微观动态理论	微观	深化了团队发展的过程认识

资料来源：根据相关文献整理。

二、间断平衡规律的概念及演进

"间断平衡论"是 Gould 和 Eldredge[①] 在达尔文进化论的种族渐进主义思想基础上提出的新理论，即"一种被偶然、快速和片段式的事件所扰动的自我平衡"。在古生物学研究中，该理论提出了与达尔文"渐变论"相异的变化思想，将"渐变"和"突变"两种现象囊括在内，更为准确地描述了生物演化的过程，引发了新一轮关于"变化"的实证研究和理论探讨。Tushman 和 Romanelli[②] 最先将间断平衡引入组织演化研究，认为组织是在相当长时间的渐进变化和适应的整合期过程中受到短期的不连续变化的再定位波动影响下实现演化的；而波动期的战略、力量、结构和控制从根本上促进了组织转型。随后，间断平衡演化规律在团队、组织发展、科学史、生物演化以及物理科学中均得到解释，"展现出在组织研究中广泛的适用性"[③]，由此推开了其在组织科学领域的多角度探讨，本文系统梳理了此后组织间断平衡演化规律的概念推进（见表 2.2）。

表 2.2　组织间断平衡规律概念推演概要

学者及年份	概念与内涵	推进之处
Tushman 和 Romanelli，1985	组织在较长的稳定期（平衡态）受到相对短的根本变化期（突变态）扰动后演化	首次将间断平衡理论引入组织演化规律研究

① GOULD S, ELDREDGE N. Punctuated equilibria: an alternative to phyletic gradualism [M]. Models in Paleobiology, San Francisco: Freeman Cooper & Co, 1972.
② TUSHMAN M L, ROMANELLI E. Organizational evolution: A metamorphosis model of convergence and reorientation [J]. Research in Organizational Behavior, 1985, 7.
③ GERSICK C J. Revolutionary change theories: A multilevel exploration of the punctuated equilibrium paradigm [J]. Academy of Management Review, 1991, 16 (1).

学者及年份	概念与内涵	推进之处
Gersick，1991	间断平衡规律存在深层结构、平衡态、剧变态三个关键构成部分。深层结构的特征为：组织构成存在异质性；异质性维持或控制其与环境的资源交换	明确了"深层结构"的定义，对间断平衡规律的适应性研究意义重大
Beugelsdijk 等，2002；Rutherford 和 Buller 2007	间断平衡状态中平衡态和突变态的先后发生顺序差异；组织的大规模变化是非连续、剧烈、低频、可见的，在状态转点存在"合理性门槛"	考虑组织间断平衡演化的态势秩序及拐点
Street 和 Gallupe 2009	将组织变革范围（收敛适应、根本变化）和节奏（持续波动、间断剧变）两个维度纳入间断平衡规律	进一步细化两种变化状态的维度
Besson 和 Rowe 2012	组织间断平衡演化是在组织惯性、组织过程、组织机构和组织绩效四个方面交互影响下形成的	细化了"深层结构"和"状态阶段划分"

资料来源：根据相关文献整理。

　　从概念推演可得，组织和政策是在较长期的稳定状态中，其深层结构与环境资源进行信息交换，受到环境危机和突发性事件影响，在快速、间断性、剧烈的剧变中实现演化的，间断性波动会影响组织与社会关系、组织身份变化等。组织和政策演化过程研究相关理论包括渐变论（Incrementalism）、计划变化论（Planned Change）、复杂性理论（Complexity Theory），均在一定时期产生了深刻影响。组织和政策间断平衡演化规律对组织变革和政策变迁研究的独特贡献在于其包容性、科学性和可视性。

　　首先，包容性体现在吸收和涵盖了组织渐变论和政策变迁的内容：源于达尔文主义的组织渐变论认为组织演化过程是逐渐发生的，其"均变"思想是间断平衡极为批判的；间断平衡论则将渐变和突变两种状态区分开来，在变化速度上存在"平衡—间断式突变—新的平衡"过程，为工业企业组织发展提供了新视角①，是对渐进演化理论的补充。

---

① DEKKERS R.（R）Evolution：Organizations and the dynamics of the environment ［M］. Springer Science & Business Media，2005.

其次，科学地回应了"计划变化论"中组织变革和政策变迁的缘由，将外部环境的显著影响包含在内：Kurt Lewin 提出的计划变化论曾主导组织变革研究近四十年，其贡献在于"打破平衡（Unfreezing）—迭代推进（Moving）—再次平衡（Refreezing）"三阶段模型①。间断平衡论主要从变化的速度和范围批判了计划变化论，认为变化不能"计划"，变化的过程受到组织内部和外部环境的共同作用。

第三，具有明显的可视性，复杂性理论多在解释异于间断平衡论的组织变革和政策变迁现象：源于自然科学的复杂性理论主要是在持续自催化、动态非线性的组织变革难以预测的条件下，组织行为模式经历不规则的自组织过程②。复杂性理论提出了不同于渐变论和间断平衡论的新模式，是对不符合间断平衡演化规律的组织演化模式的一种补充。

三、间断平衡变化的维度、成因及策略

自 Tushman 和 Romanelli③ 采用间断平衡模型研究组织演化以来，国外学者主要从客观性变化（Objective Change）测量、变化成因分析（Cause Analysis）和策略构建（Strategies）三个方面开展了研究（见图 2.1）

（一）间断平衡客观性变化的研究维度及测量

鉴于学术界并没有形成统一的维度划分，本文经过对 1985—2015 年之间的间断平衡相关文献归类，按变化内容、变化形态、变化速度、变化方向四个维度清晰呈现了研究的进展和动态。

1. 变化内容

间断平衡规律整合强调组织种群变化的生态模型、侧重渐进变化和平衡的适应模型、探析形态变化的转型模型，认为组织发展过程是持续的平衡态经过再定位（Reorientation）的剧烈变化后达到新的平衡态的过程④。组织变革主要发生在关键事件或者节点之后，表现为剧烈的波动，先前相对稳定的

---

① BURNES B. Kurt Lewin and the planned approach to change: a reappraisal [J]. Journal of Management Studies, 2004, 41 (6).

② BURNES B. Complexity theories and organizational change [J]. International Journal of Management Reviews, 2005, 7 (2).

③ TUSHMAN M L, ROMANELLI E. Organizational evolution: A metamorphosis model of convergence and reorientation [J]. Research in Organizational Behavior, 1985, 7.

④ TUSHMAN M L, ROMANELLI E. Organizational evolution: A metamorphosis model of convergence and reorientation [J]. Research in Organizational Behavior, 1985, 7.

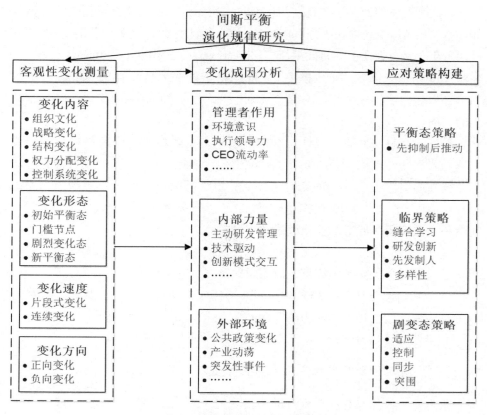

图 2.1 间断平衡演化规律的研究体系

资料来源：根据相关文献整理。

平衡态随之被打破。如图 2.2 所示，组织活动的层级区分对组织的生存发展至关重要，也决定了组织变革的内容，即组织文化（核心价值）变化、战略变化、权力分布变化、结构变化和控制变化①。由此开启了组织间断平衡的变化内容的定性和定量研究。

变化内容研究较为全面地反映了组织在哪些方面发生了变化，但截至目前，对于战略、结构、权力分布、控制系统以及组织文化这些子维度的变化测量指标并没有形成完整、一致认可的体系。以图 2.2 的组织活动的两个层级为依据，根据文献整理得到表 2.3 中的定性和定量测量指标。第一层是组织再定位层（战略、结构、权力分布和控制系统），前三方面变化研究较为丰

① ROMANELLI E, TUSHMAN M L. Organizational transformation as punctuated equilibrium: An empirical test [J]. Academy of Management Journal, 1994, 37 (5).

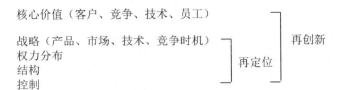

图 2.2　组织活动的层级

资料来源：ROMANELLI E，TUSHMAN M L. Organizational transformation as punctuated equilibrium：An empirical test［J］. Academy of Management Journal，1994，37（5）.

富深入，而对控制系统变化研究则略显单薄。第二层是组织再创新层（组织文化：客户、竞争、技术和员工），仅有一些学者在技术、员工方面进行了实证研究，如构建了团队愿景变化作用指标①，提供了组织制度变化率计算公式②，而在客户和竞争方面的间断平衡规律及其影响方面的研究尚匮乏。

表 2.3　变化内容测量指标

变化内容	测量指标	文献来源
战略	市场战略变化； 某一具体战略变化； 产品创新战略变化； 技术扩散趋势变化； 出口销售战略变化； 先前战略性根本变化； 知识战略（知识探索、知识开发）和转换； 组织慈善捐助变化	Romanelli 和 Tushman（1994）；Gordon 等（2000）；O'Shea（2002）；Loch 和 Huberman（1999）；Sood 等（2012）；（Katsikea 等，2005）；Wischnevsky 和 Damanpour（2008）；Revilla 和 Rodriguez（2011）；Tilcsik 和 Marquis（2013）
结构	职务分配变化务分配变化（一般管理和功能性职务比重）变化率； 熟知度和正式干涉； 先前根本性结构变化； 收购与结构重组； 组织规模	Romanelli 和 Tushman（1994）；Okhuysen（2001）；Wischnevsky 和 Damanpour（2008）；Barkema 和 Schijven（2008）；Mudambi 和 Swift（2011）

---

① REVILLA E，RODRÍGUEZ B. Team vision in product development：How knowledge strategy matters［J］. Technovation，2011，31（2）.

② SCHULZ M. Impermanent institutionalization：the duration dependence of organizational rule changes［J］. Industrial and Corporate Change，2003，12（5）.

续表

变化内容	测量指标	文献来源
权力分布	执行团队流动率、研发变化率以及研发职务的变化率； 25%的高管团队功能性变化率； 团队发展多维性	Romanelli 和 Tushman（1994）；Clarysse 和 Moray（2004）；Wischnevsky 和 Damanpour（2008）；Gordon 等（2000）；Chang 等（2006）
控制系统	销售及一般性行政支出占总销售份额的 1%的变化率； 会计制度演化率；	Gordon 等（2000）；Waymire 和 Basu（2011）
组织文化	团队愿景（折中均衡、战略匹配、清晰度）； 组织规章制度变化率； 组织合作机制变化； 组织身份构成变化与组织记忆变化； 知识管理与组织工作环境变化； 员工工作身份损失与修复	Revilla 和 Rodriguez（2011）；Schulz（2003）；Gioia 等（2013）；Schultz 和 Hernes（2013）；McIver 等（2013）；Conroy 和 O'Leary-Kelly（2014）

资料来源：根据相关文献整理。

2. 变化形态

从宏观变化的形态来看，组织间断平衡演化形态是以渐变论为基础并考虑变化波动和环境因素的非线性形态。大量文献研究了初始平衡态、门槛节点（事件）、剧烈变化态以及新的平衡态的形态特征。

一方面，平衡态和剧变态是间断平衡演化中的两种典型状态。平衡态指的是相对长时期的渐进变化和适应①。平衡态并非长久保持小幅的渐进变化，在渐进变化达到一定程度时，就会引发根本性的剧烈的变化②，如 Beugelsdijk 等③实证研究了两种常见的间断平衡变化形态（从剧烈到渐进变化和从渐进到剧烈变化）及其影响因素（见图 2.3）。

---

① TUSHMAN M L, ROMANELLI E. Organizational evolution：A metamorphosis model of convergence and reorientation [J]. Research in Organizational Behavior, 1985, 7.

② ROMANELLI E, TUSHMAN M L. Organizational transformation as punctuated equilibrium：An empirical test [J]. Academy of Management Journal, 1994, 37（5）.

③ BEUGELSDIJK S, SLANGEN A, VAN HERPEN M. Shapes of organizational change：the case of Heineken Inc [J]. Journal of Organizational Change Management, 2002, 15（3）.

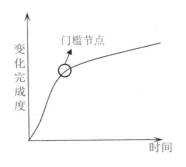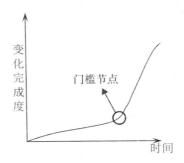

图 2.3　两种典型的形态转化及门槛节点

资料来源：BEUGELSDIJK S, SLANGEN A, VAN HERPEN M. Shapes of organizational change: the case of Heineken Inc [J]. Journal of Organizational Change Management, 2002, 15 (3); ZIMMERMAN M A, ZEITZ G J. Beyond survival: Achieving new venture growth by building legitimacy [J]. Academy of Management Review, 2002, 27 (3).

　　另一方面，门槛节点是两种状态转换的诱发点，可以解释转换时间、诱发事件、外部事件冲击、组织关系等多方面问题，此方面研究可分为三类：第一类研究集中于"组织合法性门槛"与组织形态变化，代表学者Zimmerman 和 Zeitz、Rutherford 和 Buller。组织合法性门槛（Legitimacy Threshold）指的是"新企业发展的合法性的分界点，低于该门槛时新企业的目标为生存，且很容易破产；而达到之后则能够获得合法认可和资源"①。Rutherford 和 Buller② 进一步研究发现，门槛前后组织形态变化表现在组织结构从高度集中逐渐开始离散化，发展的难题也从缺乏资金转变为低效率和缺乏系统性。第二类研究则探讨门槛节点的诱发性"门槛事件"（Threshold Event）对组织战略的影响。由于管理者事件后不同的应对措施造成组织发展走向转变，如"9·11"事件对美国航空业商业战略变化影响③、研发经费短期剧变对组织探索性创新活动的影响④。第三类研究讨论组织关系的"门槛节点"及变化，如编码于自传体记忆（Autobiographical Memory）中的锚定事件（Anchoring E-

---

① ZIMMERMAN M A, ZEITZ G J. Beyond survival: Achieving new venture growth by building legitimacy [J]. Academy of Management Review, 2002, 27 (3).

② RUTHERFORD M W, BULLER P F. Searching for the legitimacy threshold [J]. Journal of Management Inquiry, 2007, 16 (1).

③ GOLL I, RASHEED A A. The effects of 9/11/2001 on business strategy variability in the US air carrier industry [J]. Management Decision, 2011, 49 (6).

④ MUDAMBI R, SWIFT T. Knowing when to leap: Transitioning between exploitative and explorative R&D [J]. Strategic Management Journal, 2014, 35 (1).

vent）推动组织关系在互惠和非互惠形式间转换①；又如团队关系经过生命周期中点后，若继续引入创新，由精力不集中和生产力下降引起的"沮丧"也会导致项目质量、团队成员满意度、团队成员学习状况的下降②。

但也有学者提出疑问，认为组织间断平衡规律更适用于成熟型企业，新企业转型方式分为可持续转型（Sustaining Transitions）或破坏性转型（Disruptive Transitions）③。因此，后续研究可以试图探讨间断平衡规律的适用条件和界限。

综观变化形态研究可以找到两大趋势："平衡态—剧变态—新平衡态"并不一定是唯一形态④，间断平衡多种形态的探索成为趋势；门槛节点研究范围不断扩大，组织演化历史分析覆盖组织结构、组织创新、组织关系等。而研究不足在于：其一是状态研究不成系统，新平衡态被视为组织变化的终点，且并未考虑不符合常规模式的其他变化过程的间断平衡解释。其二是对门槛节点前后组织变化历史研究丰富，而门槛节点的发生预测、规避或推动门槛节点出现、门槛节点前后组织变化幅度范围等更具前瞻性和实践性的研究却尚未受到关注。

3. 变化速度和方向

组织间断平衡演化的变化速度（Pace）有两种：片段变化和连续变化，首先，Weick 和 Quinn⑤ 提出片段变化和连续变化存在本质差别：片段变化需要外部干涉，体现组织惯性，强调宏观性和短期环境适应性；连续变化则是平衡永续的，体现自组织特征和变化紧迫性，强调微观性和长期环境适应性。第二，Street 和 Gallupe⑥ 将变化速度和波动范围（Scope）结合，将间断平衡

---

① BALLINGER G A, ROCKMANN K W. Chutes versus ladders：Anchoring events and a punctuated-equilibrium perspective on social exchange relationships [J]. Academy of Management Review, 2010, 35（3）.

② FORD C, SULLIVAN D M. A time for everything：How the timing of novel contributions influences project team outcomes [J]. Journal of Organizational Behavior, 2004, 25（2）.

③ AMBOS T C, BIRKINSHAW J. How do new ventures evolve? An inductive study of archetype changes in science-based ventures [J]. Organization Science, 2010, 21（6）.

④ BEUGELSDIJK S, SLANGEN A, VAN HERPEN M. Shapes of organizational change：the case of Heineken Inc [J]. Journal of Organizational Change Management, 2002, 15（3）.

⑤ WEICK K E, QUINN R E. Organizational change and development [J]. Annual Review of Psychology, 1999, 50（1）.

⑥ STREET C T, GALLUPE R B. A Proposal for Operationalizing the Pace and Scope of Organizational Change in Management Studies [J]. Organizational Research Methods, 2009, 12（4）.

变化形态进一步划分为四种，即持续收敛型、持续剧变型、片段收敛型、片段剧变型；另一种分类见于 Gioia 等①将变化速度的快慢考虑在内，形成停滞（慢速片段变化）、渐进变化（慢速连续变化）、剧烈变化（快速片段变化）和不稳定混沌态（快速持续变化）四种。第三，有学者探讨了变化的速度和波动范围与组织发展的关系。在间断平衡框架下，研发资金在探索性创新和挖掘性创新转换的波动与公司规模扩大是正相关的；研发资金波动不利于小公司规模扩大，却有助于大公司的发展②。

组织间断平衡演化方向研究集中于门槛节点后的正向增长，如 Gersick③从跨学科领域比较研究了演化增长趋势，Beugelsdijk④以荷兰喜力啤酒为例分析了增长形态等，仅有 Rutherford 和 Buller⑤ 在研究门槛节点事件后的组织演化路径中对组织出现萎缩、衰落乃至崩溃的负向变化略有提及。

因此，组织演化速度、范围叠加交织极为复杂，研究也从单一的速度分析走向速度与范围、组织、环境等方面结合，在此基础上的多维度立体研究应是研究趋势。速度与方向研究不足有三点：一是变化速度和浮动范围是平衡态和剧变态的划分依据，但已有研究中尚无明确的划分指标；二是方向研究不应囿于门槛后的正向增长，也应探讨门槛节点后缓慢正向、停滞、衰减等其他变化路径，刻画不同组织演化的真实路线；三是速度与方向的关系研究缺乏，变化的速度和幅度是否会影响方向路径，如何把握速度来预判组织变化方向，仍需得到解答。

（二）变化成因分析

已有研究围绕管理者作用、内部力量和外部环境展开探讨了组织间断平衡演化变化成因（如图 2.4 所示），将管理者作用与内外部因素并列，说明管理者作用突出，足以左右其他内部力量应对外部环境变化。

---

① GIOIA D A, PATVRDHAN S D, HAMILTON A L, et al. Organizational identity formation and change [J]. The Academy of Management Annals, 2013, 7 (1).

② MUDAMBI R, SWIFT T. Proactive R&D management and firm growth: a punctuated equilibrium model [J]. Research Policy, 2011, 40 (3).

③ GERSICK C J. Revolutionary change theories: A multilevel exploration of the punctuated equilibrium paradigm [J]. Academy of Management Review, 1991, 16 (1).

④ BEUGELSDIJK S, SLANGEN A, VAN HERPEN M. Shapes of organizational change: the case of Heineken Inc [J]. Journal of Organizational Change Management, 2002, 15 (3).

⑤ RUTHERFORD M W, BULLER P F. Searching for the legitimacy threshold [J]. Journal of Management Inquiry, 2007, 16 (1).

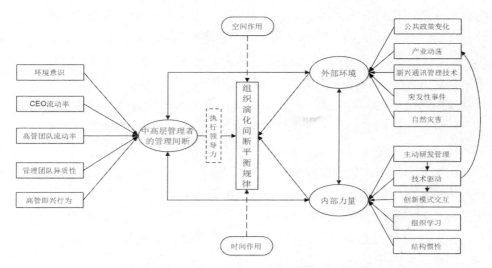

图 2.4 组织演化间断平衡规律研究成因

资料来源：根据相关文献整理。

1. 中高层管理者的管理间断。经文献整理，导致管理间断的因素可归为环境意识、CEO 和高管团队流动率、管理团队异质性和高管即兴行为，管理间断通过执行领导力发挥作用。第一，从环境意识的形成出发，研究发现团队环境的长期稳定会促进组织惯性；反之，环境变化和技术不连续性会增加团队变化和异质性，引起管理间断①。第二，以 CEO 流动率和高管流动率为诱发因子，发现 CEO 的连任有助于组织绩效②，CEO 任期长有益于组织稳定，而 CEO 交替有可能触发管理间断③。将 CEO 流动率排除后，高管团队的流动率会抑制组织战略的快速变化④。第三，团队异质性对管理间断有调节作用，但在推动还是抑制管理间断上，学者间存在分歧。团队异质性是团队成员年

① KECK S L, TUSHMAN M L. Environmental and organizational context and executive team structure [J]. Academy of Management Journal, 1993, 36 (6); GORDON S S, STEWART W H, SWEO R, et al. Convergence versus strategic reorientation：The antecedents of fast-paced organizational change [J]. Journal of Management, 2000, 26 (5).

② HAVEMAN H A, RUSSO M V, MEYER A D. Organizational environments in flux：The impact of regulatory punctuations on organizational domains, CEO succession, and performance [J]. Organization Science, 2001, 12 (3).

③ BEUGELSDIJK S, SLANGEN A, VAN HERPEN M. Shapes of organizational change：the case of Heineken Inc [J]. Journal of Organizational Change Management, 2002, 15 (3).

④ GORDON S S, STEWART W H, SWEO R, et al. Convergence versus strategic reorientation：The antecedents of fast-paced organizational change [J]. Journal of Management, 2000, 26 (5).

龄、学历背景等属性的差异性。有学者认为，高管团队异质性高，有助于形成平衡态①。但也有学者以 1980 年《财富》世界 500 强公司为样本分析认为，高管团队异质性强有助于组织战略变革②。第四，"即兴行为模式"是将时间和心理要素考虑在内的新视角③。管理者的即兴行为研究，既考验了管理者的应变能力，也会引起管理手段的变革。

2. 内部力量。内部力量在组织间断平衡过程中既有推动又有抑制，因而将图 2.4 中的内部力量因子归为三类：一类是推动剧变和间断的因素：主动研发管理、技术驱动、创新模式交互。主动研发管理促使研发经费间断平衡式变化与探索式创新和挖掘式创新交替模式保持一致时，促进组织的发展④；新兴技术演化和技术创新路径符合间断平衡规律，还会促进团队合作符合间断平衡共演⑤；与之相似的是，两种创新模式交替自身也具备间断平衡性⑥，良好把握二者交替，会促进组织跨越发展⑦。另一类是抑制剧变的因素：结构惯性。具体表现为组织规模大和结构复杂⑧、路径依赖⑨、相互依赖⑩等因素。此外，还有一类因素的推动和抑制性要视情况而定：组织学习。组织学

① KECK S L, TUSHMAN M L. Environmental and organizational context and executive team structure [J]. Academy of Management Journal, 1993, 36 (6).

② WIERSEMA M F, BANTEL K A. Top management team demography and corporate strategic change [J]. Academy of Management Journal, 1992, 35 (1).

③ LEYBOURNE S. Project management and high-value superyacht projects: An improvisational and temporal perspective [J]. Project Management Journal, 2010, 41 (1).

④ MUDAMBI R, SWIFT T. Proactive R&D management and firm growth: a punctuated equilibrium model [J]. Research Policy, 2011, 40 (3).

⑤ GARFIELD M J, DENNIS A R. Toward an integrated model of group development: Disruption of routines by technology-induced change [J]. Journal of Management Information Systems, 2012, 29 (3); SOOD A, JAMES G M, TELLIS G J, et al. Predicting the path of technological innovation: SAW vs. Moore, bass, gompertz, and kryder [J]. Marketing Science, 2012, 31 (6).

⑥ GUPTA A K, SMITH K G, SHALLEY C E. The interplay between exploration and exploitation [J]. Academy of Management Journal, 2006, 49 (4).

⑦ MUDAMBI R, SWIFT T. Knowing when to leap: Transitioning between exploitative and explorative R&D [J]. Strategic Management Journal, 2014, 35 (1).

⑧ OTUSHMAN M L, ROMANELLI E. Organizational evolution: A metamorphosis model of convergence and reorientation [J]. Research in Organizational Behavior, 1985, 7.

⑨ BESSON P, ROWE F. Strategizing information systems-enabled organizational transformation: A transdisciplinary review and new directions [J]. The Journal of Strategic Information Systems, 2012, 21 (2).

⑩ ALBERT D, KREUTZER M, LECHNER C. Resolving the paradox of interdependency and strategic renewal in activity systems [J]. Academy of Management Review, 2015, 40 (2).

习会受内外部其他因素影响，连续的组织学习是组织转型演化的必需条件，而组织学习的中断则会产生抑制作用①。

3. 外部环境。外部环境因素是组织间断平衡演化的触发因素，包括公共政策变化、产业动荡、新兴通信管理技术、突发性事件以及自然灾害五类。第一，公共政策变化因素。Doh 和 Pearce 提出政治、经济、环境、社会多方博弈迫使政府政策具有不确定性，进而要求组织依据不确定程度、政策变化幅度和反应两个特征分类制定战略。以此为基础，Perez-Batres 和 Eden 进一步实证研究了墨西哥本土银行回应本土保护政策突变的冲击。第二，产业动荡因素。Tushman 和 Romanelli 提出市场变化驱使产业重大调整和动荡，进而改变组织演化轨迹，该观点在后续实证研究中得到证实，如石油危机破坏产业平衡态引发组织结构和系统间断平衡变化②、快消市场品牌非线性演化"营销地震"会打破市场平衡态引起战略调整。第三，新兴通信管理技术因素。实证研究发现，战略信息系统与组织管理的融合促成组织结构间断平衡式共演，如 Sabherwal 等、Silva 和 Hirschheim；通信信息技术促进组织创新间断平衡过程③；企业资源计划（ERP）推动商业组织系统根本性变革④。第四，突发性事件因素。Ballinger 和 Rockmann 提出"锚定事件"会促成组织间断平衡走向，如"9·11"事件引起美国航空运输业商业战略应变能力变化模式⑤。第五，自然灾害因素。Tilcsik 和 Marquis 研究了自然灾害事件前后灾难强度与组织慈善捐助正负面影响的关系，说明自然灾害也是造成组织间断平衡演化的要素之一。

从成因分析中可以看出，造成组织间断平衡演化过程的要素是多方面的（如图 2.4），虽然现有研究已经进行了较为全面的讨论，但仍有如下方面亟待完善：第一，管理间断通过执行领导力，作用于组织演化早在 Tushman 和

---

① ENGESTRÖM Y, KEROSUO H, KAJAMAA A. Beyond discontinuity: Expansive organizational learning remembered [J]. Management Learning, 2007, 38 (3).

② GRANT R M, CIBIN R. Strategy, structure and market turbulence: the international oil majors, 1970—1991 [J]. Scandinavian Journal of Management, 1996, 12 (2).

③ GROVER V, PURVIS R L, SEGARS A H. Exploring ambidextrous innovation tendencies in the adoption of telecommunications technologies [J]. IEEE Transactions on Engineering Management, 2007, 2 (54).

④ LYYTINEN K, NEWMAN M, AL-MUHARFI A A. Institutionalizing enterprise resource planning in the Saudi steel industry: a punctuated socio-technical analysis [J]. Journal of Information Technology, 2009, 24 (4).

⑤ GOLL I, RASHEED A A. The effects of 9/11/2001 on business strategy variability in the US air carrier industry [J]. Management Decision, 2011, 49 (6).

Romanelli 中就已提出，但至今实证研究很少，需要关注的是执行领导力是不是唯一方式，具体作用形式有哪些。第二，时间作用已经有一些初步研究，如即兴行为①，但空间作用也不可忽视，如突发性事件或危机对组织演化模式的影响已经有学者关注，但突发性事件、自然灾害有时会超越国界，在全球一体化背景下它们如何影响组织跨国空间演化动态的间断平衡性有待探讨。第三，内部力量、外部环境与管理中断之间的交互关系也引起了学者的初步探讨，但三者间关系是如何产生和发挥作用的，分别在多大程度上推动或者抑制组织间断平衡演化，有待回答。

（三）应对策略构建

当下，应对策略构建研究仍然较为零散，相关学者从不同角度提出了间断平衡不同阶段的回应策略。本书以门槛节点为界，以执行领导为策略实施者，将其整合为平衡态策略、临界策略和剧变态策略。

1. "先抑制—后推动"的平衡态三步走策略。本书在 Weick 和 Quinn 基础上归纳文献后得到，首先进入"冻结"（Freeze）期，摸清各种力量形势，势必维持和平衡各方力量，制定和执行复杂的组织制度结构，新企业还需要加强外部网络联盟构建（Networking），实现步步为营（Bootstrapping）；随后是"再平衡"（Rebalance）期：将内外部差异合理权衡，重新锁定和发现缝隙市场机会，警惕不利于组织发展的危机性变化，将组织演化的几种路径选择列出，以便于决策选择；最后，若进一步推动组织变革，则进入释放（Unfreeze）发展约束期，将发展机会和价值充分结合，在执行过程中更加灵活②。整个过程中，以执行领导力（Executive Leadership）为手段，是否推动变革主要取决

① LEYBOURNE S. Project management and high-value superyacht projects: An improvisational and temporal perspective [J]. Project Management Journal, 2010, 41 (1).
② WEICK K E, QUINN R E. Organizational change and development [J]. Annual Review of Psychology, 1999, 50 (1); DOH J P, PEARCE J A. Corporate entrepreneurship and real options in transitional policy environments: Theory development [J]. Journal of Management Studies, 2004, 41 (4); RUTHERFORD M W, BULLER P F. Searching for the legitimacy threshold [J]. Journal of Management Inquiry, 2007, 16 (1); GROVER V, PURVIS R L, SEGARS A H. Exploring ambidextrous innovation tendencies in the adoption of telecommunications technologies [J]. IEEE Transactions on Engineering Management, 2007, 2 (54); YOUNG M. A meta model of change [J]. Journal of Organizational Change Management, 2009, 22 (5).

于前期平衡态的时长和成效以及执行团队的异质性程度①。

2. "内外并行"的临界策略。根据文献整理为组织内部的"缝合"（Bridging）学习、研发创新（Innovation）策略和应对外部危机的"先发制人"（Preemptive）和多样化（Diversification）策略。缝合策略就是组织学习进入临界态时提高学习质量和次数，努力将学习中断弥补和连接，促进学习的连续发展，重视组织成员的工作心理变化，弥补员工工作情绪损失，构造和重塑组织愿景②。研发创新策略是改变研发投资模式，在临界期根据内外部形势调整探索式和挖掘式创新的比重，促进组织研发产品适应变化③。"先发制人"策略要求企业主动迎击临界变化，增强组织防御竞争力，如德意志电信集团在面对公共政策突变时，做好准备，降低政策突变威胁④。实施国际多样化策略，开发适应国际环境的能力，增加组织学习的知识库，在不同政治条件下摸清公共政策的"游戏规则"⑤。实质上，组织间断平衡演化是内外部适应（Internal and External Fit）的过程⑥。

3. "四位一体"的剧变态策略。以 Grover 等为基础将其精炼为"适应、控制、同步、突围"策略。第一是适应（Adaptive）：落实适应措施前需要进行环境扫描（Environmental Scanning），评价内外部环境变化，进行技术风险管理，分析需求的有效性，运用信息技术提高动态能力适应性，驱动组织惯

---

① TUSHMAN M L, ROMANELLI E. Organizational evolution：A metamorphosis model of convergence and reorientation [J]. Research in Organizational Behavior, 1985, 7；HAVEMAN H A, RUSSO M V, MEYER A D. Organizational environments in flux：The impact of regulatory punctuations on organizational domains, CEO succession, and performance [J]. Organization Science, 2001, 12 (3)；NKOMO S M, KRIEK D. Leading organizational change in the "new" South Africa [J]. Journal of Occupational and Organizational Psychology, 2011, 84 (3).

② ENGESTRÖM Y, KEROSUO H, KAJAMAA A. Beyond discontinuity：Expansive organizational learning remembered [J]. Management Learning, 2007, 38 (3)；CONROY S A, O'LEARY-KELLY A M. Letting go and moving on：Work-related identity loss and recovery [J]. Academy of Management Review, 2014, 39 (1).

③ MUDAMBI R, SWIFT T. Knowing when to leap：Transitioning between exploitative and explorative R&D [J]. Strategic Management Journal, 2014, 35 (1).

④ DOH J P, PEARCE J A. Corporate entrepreneurship and real options in transitional policy environments：Theory development [J]. Journal of Management Studies, 2004, 41 (4).

⑤ PEREZ-BATRES L A, EDEN L. Is there a liability of localness? How emerging market firms respond to regulatory punctuations [J]. Journal of International Management, 2008, 14 (3).

⑥ SIGGELKOW N. Change in the presence of fit：The rise, the fall, and the renaissance of Liz Claiborne [J]. Academy of Management Journal, 2001, 44 (4).

性逐步适应外部环境需求和变化①。第二是控制（Control）：将技术发展和公司计划、管理信息系统与组织深层结构紧密融合，健全绩效评价系统，明确信息技术的价值定位，促进其服务于公司在剧变期的快速发展和波动②。第三是同步（Synchronization）：保持投资选择和政策变化同步，既能促进组织获得先驱者优势，保持领先的竞争地位，又能减少政策剧变冲击③。第四是突围（Breakout）：全面突破组织惯性（包括团队惯性、产品惯性、品牌惯性等多方面），营造良好的产品形象，重视组织的社会关系，承担社会责任，树立组织价值标杆④。剧变态的冲击力强，执行领导力应在外力驱动、内部任免和招聘模式变化下形成合力作用于组织演化⑤。

整体而言，大部分研究更关注规律发现和变革模式的阐述，却忽略了策略分析。即便是已提出的策略也存在较多不足：一是策略针对性不够强，如变化内容中的组织文化、结构变化、权力分配，变化形态转换，变化速度和方向把控等多方面缺少实质性策略；二是策略描述比较空泛，实操性不够强，策略制定应以变化成因作依据，究根溯源，实证分析成功或失败案例，将理论概念在实践中得到检验。三是不同阶段的策略属性尚不明确，应将策略是推动还是抑制的正负方向标示出来，以便于决策者快速找出应对策略。

---

① GROVER V, PURVIS R L, SEGARS A H. Exploring ambidextrous innovation tendencies in the adoption of telecommunications technologies［J］. IEEE Transactions on Engineering Management, 2007, 2（54）; DOH J P, PEARCE J A. Corporate entrepreneurship and real options in transitional policy environments: Theory development［J］. Journal of Management Studies, 2004, 41（4）; EL SAWY O A, MALHOTRA A, PARK Y, et al. Seeking the configurations of digital ecodynamics: It takes three to tango［J］. Information Systems Research, 2010, 21（4）.

② YOUNG M. A meta model of change［J］. Journal of Organizational Change Management, 2009, 22（5）; FINK L. Information technology outsourcing through a configurational lens［J］. The Journal of Strategic Information Systems, 2010, 19（2）; MACBRYDE J, PATON S, BAYLISS M, et al. Transformation in the defence sector: The critical role of performance measurement［J］. Management Accounting Research, 2014, 25（2）.

③ DOH J P, PEARCE J A. Corporate entrepreneurship and real options in transitional policy environments: Theory development［J］. Journal of Management Studies, 2004, 41（4）.

④ TILCSIK A, MARQUIS C. Punctuated generosity: How mega – events and natural disasters affect corporate philanthropy in US communities［J］. Administrative Science Quarterly, 2013, 58（1）; HAMLIN R P, BISHOP D, MATHER D W. "Marketing earthquakes" A process of brand and market evolution by punctuated equilibrium［J］. Marketing Theory, 2015.

⑤ TUSHMAN M L, ROMANELLI E. Organizational evolution: A metamorphosis model of convergence and reorientation［J］. Research in Organizational Behavior, 1985, 7.

四、间断平衡形态研究的启示

尽管间断平衡形态研究跨越组织研究和政策研究两个学科领域，但目前还尚少有研究将组织和政策的间断平衡研究相结合，本书正是在这种思路下，对科技治理的政策和创新系统组织的形态变化过程开展融合型研究，试图寻找科技治理变革和创新系统共演的动态机制。

第一，政策与组织的间断平衡性的共演性特征尚未有更为深入的探究，政策与组织在共演过程中是否保持着相契合的状态，在发生不协调时，政策与组织的间断平衡状态转化是如何实现的？本书通过对国家创新系统、区域创新系统和微观创新系统的实证分析，对间断平衡的部分阶段进行了横向和纵向的剖析，从而找出政策与组织、企业用户等主体的形态变化过程。

第二，政策与组织的间断平衡性是不是科技治理过程中的典型形态，是否有其他形态的存在，围绕这一问题，本书从技术路线图设计、经济功能区效率和用户数变化等方面，客观分析了政策与组织的形态变化，从而找出在科技创新过程中，政策与组织转型的过程，尤其是政策变化与科技组织互动的关系，探讨了如何运用政策引导组织形态集聚的过程。

第三，政策与创新系统的互动关系是否会受到其他因素的影响，这个问题虽然在已有研究中有一定的探讨，但是将媒体因素纳入政策与创新系统的讨论研究尚少，这里通过对媒体的热度分析探讨了媒体对科技治理的影响作用，在此过程中，分析了在媒体热度顶峰和热度低谷之间的间断态的变化过程，在两种不同的状态模式下，政策与创新系统的互动方向将影响整个创新系统的效率。执行领导力在政策与组织间断平衡过程中的作用等问题都将在本书后续章节展开论证。

第二节　科技规划设计范式变革

一、中国科技规划设计的历史变迁

如表2.4所示，我国先后八次发布科技发展规划，从科技发展规划的名称上看，科技规划的设计思路不断完善，设计理念日趋优秀。科技发展规划的编制是科技治理变革中的宏观政策顶层设计。从表4.2可知，国家科技规划一直是作为中国科技政策的顶层设计发挥作用的，先后经历了远景规划、

发展规划、长期规划、专项规划和中长期规划等名称，从名称和时间长短也能看出中国科技规划的改革是在不断推进的。

表 2.4 国家科技发展规划（1949—2022）

规划文件文本	时间
1956—1967 年科学技术发展远景规划（"十二年科技规划"）	1956
1963—1972 年科学技术发展规划纲要	1962
1978—1985 全国科学技术发展规划纲要	1978
1986—2000 年科技发展规划	1986
1991—2000 年科学技术发展十年规划和"八五计划"纲要	1991
全国科技发展"九五计划"和 2010 年长期规划纲要	1996
国民经济和社会发展第十个五年计划科技教育发展专项规划（科技发展规划）	2001
国家中长期科学和技术发展规划纲要（2006—2020 年）和《国家"十一五"科学技术发展规划》	2006

2019 年起，中国开始新一轮中长期科技规划的编制工作，主要面向的是 2021—2035 年，提出了中国科技规划的宏观目标是"加快实现高水平科技自立自强"，探索在基础研究、应用基础研究和应用研究工作上的发展规划动态。中国科技规划的相关研究也具有较为深厚的理论基础。在 2002 年，万劲波就较早地提出了采用技术预见的手段提升科学技术规划制定的科学性，阐述了科技政策制定的科学化过程①。上海市科学学研究所国内最早开展技术预见服务于战略规划的政策研究机构，正式采用了技术预见这种先进的预测方式，为政策设计的科学化提升提供了可能。技术预见不仅关注技术本身的发展态势，而且将技术放在实际的经济社会场景中去审视和分析，能够更为完整地获取技术发展的未来应用趋势和发展方向。技术预见在 21 世纪初在发达国家已经被广泛采用，并成为制定科技政策的关键工具②。技术预见作为一种预见和判断，与技术预测存在明显的差异。国内研究者很长一段时间将二者等同，认为技术预见就是技术预测，这主要表现在很多国内的政策文本和科研项目中。正是由于对技术预见不够了解，使得我国在技术预见工具开发和

---

① 万劲波. 技术预见：科学技术战略规划和科技政策的制定［J］. 中国软科学，2002 (5)：63-67.

② 樊春良. 技术预见和科技规划［J］. 科研管理，2003（6）：6-12.

应用上相较于发达国家存在明显差距。技术预见作为一种新机制，能够提升技术预测过程中的协商能力，并提早规划技术在未来社会中的使用和价值，这为选择优先发展的技术有极大的帮助。

围绕国家科技计划发展目标，政府部门发布了大量的科技计划项目，对科技的研究提供基础性的创新资源支持。科技计划项目的评估主要采用同行评议的方式，建立了对评估客体的价值和属性的评估体系，项目的立项、运行和结项评估的推动，为我国科技计划的落实和推进提供了很好的保障①。中国科学技术发展战略研究院对编制国家技术路线图开展了早期的探索，结合中国科技发展的重要议题，对未来亟须发展的重要技术进行了预测，重点分析了中国的关键技术发展的难度、研究进展、技术突破点和可能性、技术未来进入应用的机会等问题②。为了支撑这些大型科技规划政策，科技部还发布了人才相关的政策规划，如《国家中长期人才发展规划纲要（2010—2020）》③。为落实重大科技战略，人才是实现科技强国的重中之重，推动人才建设需要加快人才的培养和吸引全世界的创新人才，让科研人员能够更好地在中国开展研究，提升科研创新的环境。

一些研究从理论上分析了发布国家科技计划的背景及作用。在中国国家科技计划的八项宏观政策中，"十二年科技计划"是非常有影响力的科技计划之一，也是中国第一个科技远景计划④。这项科技计划为新中国成立之初的科技规划，这对新中国的科技发展作用是巨大的。当时中国发展的一个重点任务就是能够回归到经济建设，而经济发展离不开科技的推动，这个科技规划借鉴了国际上的先进经验，并将中国科学院的发展规划与全国科技计划结合起来，是将科研机构与国家科技顶层设计结合起来的典型案例。"以任务带学科"的规划科技模式是在这一计划中提出并实施的，促进了中国科学院的发展，并使得国家在此时期取得了在半导体、计算机和军事重大科技成果的突破⑤。这项科技计划对新中国成立初期的中国科技发展起到了至关重要的作

① 曲久龙. 科技计划项目评估理论与方法研究 [D]. 吉林大学，2006.

② 国家技术前瞻研究组，程家瑜. 关于编制国家技术路线图推进《规划纲要》实施的建议 [J]. 中国科技论坛，2008（5）：3-6.

③ 王艳，樊立宏. 多头并举 培养造就创新型科技人才——《国家中长期人才发展规划纲要（2010—2020年）》解读 [J]. 中国科学院院刊，2010，25（6）：573-578.

④ 胡维佳. "十二年科技规划"的制定、作用及其启示 [J]. 中国科学院院刊，2006（3）：207-212.

⑤ 张久春，张柏春. 规划科学技术：《1956—1967年科学技术发展远景规划》的制定与实施 [J]. 中国科学院院刊，2019，34（09）：982-991.

用。这也验证了中国开展科技计划促进科技管理和科技治理的方向是正确的，为建立中国科技管理体制提供了最早期的基础①。

《国家中长期科学和技术发展规划纲要（2006—2020）》是进入21世纪以来最为重要的科技计划，也是"2020—2035"科技规划的已有基础。在这个规划纲要中提出的"自主创新、重点跨越、支撑发展、引领未来"成为我国这一历史阶段科技创新的重要思路②。尤其是自主创新思想的提出，为我国建设创新型国家打下了良好的政策基础。国家科技计划的实施也推动了国家重点研发计划、高技术研究计划、国家科技支撑计划和科技基础条件平台计划等科技政策的实施，成为新时期最具重要性的科技政策。政府通过加大财政投入不断优化科技创新的环境，增加了科技发展的动能，这些研究项目都是聚焦于中国的重大科技问题展开的，支持了中国的科技创新走向世界。

中国科技规划的演化规律符合政策间断平衡特征③。中国科技规划的制定过程与重大历史事件存在密切联系，科技规划的制定受到了政策过程的影响，尤其是一些重要的历史事件会对科技规划的制定方向产生明显的作用。政策制定与政策图景决定着科技战略的方向，在科技规划的制定过程中，政策的周期性变化既有相对平稳的时期，也有发生剧烈变革的时期，科技规划的制定在两种时期中不断交替和演进，这促成了中国科技规划与经济社会的共融互通，成为中国科技发展的关键战略指南。在这之中，存在科技体系建设、科技创新体系建设和国家创新体系建设的三个阶段④。在此过程中国家科技发展的思路也在不断演进，从对科学技术的发展规律本身到科学技术所处的社会经济环境，中国科技规划的发展和改革的思路不断清晰，科技规划发挥的实际效用不断增强，科技规划的设计思路不断优化。地方性科技政策也依托于自主创新的思路，为我国追赶世界科技强国提供了可能。尤其是在科技竞争日趋激烈的背景下，自主创新的建设思路极大地保护了我国科技的安全性，能够在充分利用世界创新资源的同时，最大限度地保证自主性，对其他国家不产生过度的技术依赖。这项科技计划对地方科技支出也产生了重要影响，

---

① 胡维佳．"十二年科技规划"的制定、作用及其启示［J］．中国科学院院刊，2006（3）．

② 曹聪，李宁，孙玉涛．中国中长期科技规划与自主创新战略（2006—2012）［J］．科学学研究，2018，36（12）：2122-2124．

③ 蔺洁，王婷．中国科技规划的演化规律——基于政策间断—平衡框架的分析视角［J］．科研管理，2022，43（6）：1-8．

④ 王婷，蔺洁，刘小玲．历次科技规划核心理念、发展阶段和政策重点的演化分析——基于文本挖掘方法［J］．科学管理研究，2021，39（2）：42-51．

一些科技基础较好和竞争需求大的省份，科技规划的制定和发布对地方科技支出有明显的推动作用①。国家科技规划的制定对地方科技支出的作用，会进一步反映到地方的经济发展中。

中国科技规划的制定在管理和推进上不断进步，取得了在规划制定上的有效发展。但不可否认，科技规划的制定仍然有一些不完善之处，例如，在制定规划的决策过程中，政府投入较大，但是对后续执行的评估和改进似乎还不够平衡，实施方案和推进的过程评估缺乏约束手段，从而导致规划与实际的发展轨迹存在偏差②。科技规划的实施阶段存在模糊性，比如每个五年规划与中长期规划之间的目标界限不清晰，使得实施过程中如何去评价变得困难，同时科技规划的管理过程较为生硬，缺乏对特殊情况的审视和回应，在执行过程中也很难及时调整目标方向。在配套政策的科技评估上实施效果一般，科技规划的评估缺乏完善的体系，影响政策效果的实现③。中国科技规划的设计是在不断规范化和科学化的过程，科技规划的制定逐渐形成了一套较为完善的管理系统，从科技目标定位上更加清晰地界定为国家科技的顶层设计，服务于国家层面的战略大局，从方案咨询上更加依赖于团队化和智慧化的咨询专家团队和新型战略管理工具，从政府决策上更加明确地呈现了决策团队、程序和机制④。科技规划作为促进生产力的关键方式，科技规划的编制帮助政府在促进科技发展上主动发力，从而增强科技对经济的支持作用⑤。由此可知，中国科技规划的发展虽然经历了一个较长的发展时期，但是在发展思路和发展方向上还有较大的提升空间，尤其是随着数字化和智慧化时代的到来，如何采用更为科学的手段辅助决策，提升科技规划制定的合理性和有效性，成为当前科技治理变革的重要任务。

---

① 钱雪松，曹静，丁海.《科技规划纲要》、地方财政科技支出与创新——基于中国省级面板数据的经验研究［C］//中华外国经济学说研究会发展经济学研究分会.中国改革开放再出发：后小康社会中国经济高质量可持续发展——第十四届中华发展经济学年会会议论文摘要集，深圳：中华外国经济学说研究会发展经济学研究分会，2020.
② 黄宁燕，孙玉明，冯楚建.科技管理视角下的国家科技规划实施及顶层推进框架设计研究［J］.中国科技论坛，2014（10）：11-16.
③ 王再进，方衍，田德录.国家中长期科技规划纲要配套政策评估指标体系研究［J］.中国科技论坛，2011（09）：5-10.
④ 梁正，杨芳娟，陈佳.国家科技规划的制定与实施分析［J］.科技中国，2020（4）：4-10.
⑤ 张林鹏.中华人民共和国政府在科技发展中的作用研究——以《1978—1985年全国科学技术发展规划纲要》为核心的考察［J］.中国经济史研究，2023（1）：2.

二、基于技术预见的规划设计范式

技术预见作为科技规划设计的一种新范式，正在日趋成为科技管理和政策研究学界以及实践界的重要工具，也逐渐应用到我国的科技政策设计过程中。在科技规划设计中，使用技术预见的工具将极大地提升科技规划的科学性水平，这是区别于传统科技规划制定过程的一种新尝试，也是科技管理走向科技治理的鲜明特征。科技规划设计范式转换是首先发生在西方发达国家的，技术预见最早是由美国提出的一种描述技术未来发展轨迹的研究方法，随后在日本得到了广泛的应用，成为日本技术战略规划的重要支撑，也是日本对未来技术发展的关键规划。欧洲国家也非常重视技术预见，早在 1995年，英国就计划使用技术预见获取的信息来制定科技规划的优先资助领域。国际上，从亚太经合组织、联合国工业发展组织到国际经济合作发展组织都在推动技术预见的全球网络，尤其是邀请一些发达国家的技术专家为发展中国家的技术预见活动做前期的判断①。技术预见方法也从最初的德尔菲法，逐步升级为更为复杂和依赖客观数据的评估方法。技术预见作为科技规划设计的一种新范式，逐渐替代了传统单纯依靠专家主观判断或者决策者主观判断的政策设计范式。技术预见技术也随着计算机技术的快速发展，尤其是在大数据时代，开始出现更多先进的新型预见技术手段，为科学决策提供了良好的支撑。

虽然基于技术预见的科技规划模式在国内学术界的兴起有超过二十年的历史，国内较早将技术预见和科技规划结合起来的文献见于 21 世纪初，代表性的文献包括李建民和蒲根祥、万劲波和樊春良等。一项技术只有在社会发展中有较好的预期，才会得到政府和社会的多方面支持，技术具有发展潜力的判断对技术的发展至关重要，技术具有良好的预期将为技术的发展带来资金和资源支持，从而推动技术的进一步发展，而技术的预期不佳则更有可能会被埋没在技术浪潮之中②。技术该如何应用于科技规划成为中国技术预见研究中的前沿话题。技术预见作为一种技术规划和科技政策的前期管理过程，为科技战略和政策的制定提供了超越技术发展态势本身的丰富资料，这些信息不仅能够辅助技术发展本身，而且能够让政府和社会更快地发现在未来的技术场景中技术所处的位置，这为科学制定技术发展的政策和抢占技术发展

---

① 李万. APEC、UNIDO、OECD 与技术预见［J］. 世界科学, 2002（8）: 40-41.
② 李健民, 蒲根祥. 技术预期与政府控制［J］. 科学管理研究, 2001（3）: 24-27.

的世界高地提供了最好的支撑。技术预见突破了科技政策设计的决策方式，将科技政策决策过程中的资料信息搜集和评价作为科技政策设计的重要准备工作。技术预见在美、日、欧等发达国家的应用，已经为我国开展技术预见的前期探索提供了样板。技术预见作为一种前瞻性的决策活动，要求更多的创新系统成员能够参与其中，并覆盖了对创新发展的过程的全方位理解。在21世纪初，有学者就提出了要与亚太经合中心合作推动我国的技术预见在战略规划中的应用①。亚太经合组织的技术预见中心重点在于减少亚太地区国家的科技投入决策的不确定性，提升技术发展的科学规划能力，但结合当时中国的发展水平，开展技术预见存在着技术预见方法的权威性和可信性、技术预见咨询服务认同度和技术预见人才等方面的挑战②。

　　技术预见与技术预测是不同的，技术预见虽然以技术预测为基础，但是两者在哲学上的基本假设存在本质不同，前者以资源稀缺为基本假设，而后者以社会契约论作为基本假设③。技术预见的驱动力还来自经济发展和社会需求等多个方面④。上海市科学研究所也成为中国这一时期开展技术预见理论研究的中心机构，多数相关论述的学者都来自这一机构。上海也成为中国第一个开展技术预见的城市，在这一时期就广泛邀请科技专家作为技术预见专家，充分发挥科技在未来经济社会发展中的预见能力，将零碎的技术发展态势汇总为系统全面的科技发展信息⑤。正是在这些学者的推动下，上海的技术预见工作显然走在了中国的前列。在上海市科学学研究所主办期刊《世界科学》上，以世界各国的技术预见为主题发表了一系列的理论成果，介绍了技术预见在日本、德国、法国、奥地利、韩国的发展。德国的技术预见的特色在于建立了技术早期预警体系，在德尔菲问卷设计上也有自身的特色，主要是对未来三十年的技术发展和社会影响进行评估⑥。日本是技术预见最发达的国家之一，日本的技术预见起步早且成规模、成体系，整个系统的架构是非常值得学习的，问卷数量庞大，技术预见的世界影响力较大⑦。法国的技术预见比

① 万劲波. 技术预见在法国 [J]. 世界科学, 2002 (9)：33-34.
② 薛澜. 技术预见的研究与实践——以 APEC 技术预见中心为例 [J]. 世界科学, 2003 (4)：47-48.
③ 浦根祥, 孙中峰, 万劲波. 试论技术预见理论的基本假设 [J]. 自然辩证法研究, 2002 (7)：40-43.
④ 浦根祥. 经济发展与社会需求拉动技术预见 [J]. 世界科学, 2002 (5)：43-44.
⑤ 汪敏华. 上海广聘技术预见专家 [N]. 解放日报, 2002-01-24 (6).
⑥ 任奔. 技术预见在德国 [J]. 世界科学, 2002 (6)：41-42.
⑦ 孙中峰. 技术预见在日本 [J]. 世界科学, 2002 (7)：41-42.

较重视情境分析，是一种以定性描述为代表的技术预见行为，这也使得该国在技术预见上颇具特色①。这种传统实际上也延续了下来，在当今的技术预见活动中，通过定性描述去开展技术的预见是欧洲部分国家开展技术预见的主要方式。奥地利在技术预见上的特色则在于使用德尔菲法作为技术预见判断方法时将这种传统的方法分为技术和社会文化两类，从而为使用德尔菲法搜集技术的两方面影响提供了更多的便利，这种方式也能够更好地区分技术在不同领域的未来图景②。技术预见在韩国的发展也较好，韩国的技术预见活动重视对竞争力的评价，重视科技对社会经济竞争力的提升，这也使得该国的技术预见活动特色鲜明③。爱尔兰的技术预见活动主要是由爱尔兰国家发展计划委员会支持的，采用技术预见工程的方式推动，从而提升了国家在科技上的竞争能力和发展水平④。

随着技术预见在上海的早期实践的进行，技术预见不断发展，逐渐成为科技规划编制科学化过程的一种新范式，突破了先前科技政策主要依赖于经验的决策模式，开始走向经验和技术预见并举的过程。尽管技术预见推动了科技规划的范式转换，但是不可否认的是，这是一个漫长的过程，在此过程中，既有技术预见本身的发展成熟，也有科技政策决策者对新技术方法的接受和认同。在中国科学院牵头的"中国未来二十年技术预见"项目的推进中，技术预见的中国实践开始面向全国，但是这个过程中，仍然缺乏有经验的技术预见专家⑤。多数技术领域的专家对技术管理和技术治理并没有太多的了解，对技术预见也较少关注，尽管对技术的发展态势有不少见解，但是却很难对技术的经济社会影响有更加清晰的认识，这使得在一段时间内技术预见活动的发展受到了限制。技术预见的综合性判断，主要依托的德尔菲法在我国既有的实践中也较少使用，先前的研究更多的是专家咨询，而非真正意义上的德尔菲法，完整的德尔菲法应包括专家的多轮判断，在不同轮次的判断中，专家所参考的信息有所不同。通常在第二轮以后的专家判断，专家会根据已有的其他专家评价的平均值，来分析是否需要调整自己的判断结果，实际上这是一个专家与专家组交互意见的过程。中国科学院的项目推进不仅使

---

① 万劲波. 技术预见在法国 [J]. 世界科学, 2002 (9): 33-34.
② 黄善光. 技术预见在奥地利 [J]. 世界科学, 2002 (10): 42-43.
③ 王国进. 技术预见在韩国 [J]. 世界科学, 2002 (11): 39-40.
④ 叶继涛. 技术预见在爱尔兰 [J]. 世界科学, 2003 (12): 40-41.
⑤ 袁志彬. 提高技术专家预见能力的基本途径 [J]. 科学学与科学技术管理, 2004 (4): 133-136.

用了德尔菲法，而且使用了情景分析法等，推动了官产学研的磋商协同机制的建立①。

技术预见在发展过程中，日渐成为技术发展和政策设计的指南型参考。在高技术产业集群的发展过程中，技术预见帮助政府促进产业集群的集聚能力提供了较好的政策支持②。研究者们开始对技术预见的实施程序和实施策略给予了更多的关注，这也促成了国内对于技术预见的理论研究有了更深刻的认识。技术预见中较常见的德尔菲法也开始有了更多新的分类，比如经典的德尔菲法、大规模德尔菲法、市场德尔菲法等。市场德尔菲法的特色在于在征集候选技术时就会征求产业界的专家意见，从而提升问卷调查的质量，并充分挖掘市场所需要的技术，而非在调查之前的一些主观设计的技术，在问卷设计中也更加关注市场的情况，包括研发构成、投资与市场等信息，强调对目标的控制，更关注竞争力和技术发展的能力，更关心产业界专家的关注焦点③。尽管这一时期基于技术预见的科技规划已经进入中国的理论和实践视野，但是技术预见在中长期规划制定中的作用还处于起步阶段。这种范式的转换为科技规划的科学性带来了新的活力，也为我国提升科技政策质量创造了新的可能。

三、科技规划新范式的发展演进

技术预见作为科技规划的前期准备，作为一种新范式，在中国得到了快速的发展。中国科技规划的设计日趋完善，其中的一个关键性因素就是越来越多的政府决策者开始意识到传统决策方式过于依赖经验，更为科学的规划应该依靠管理技术的创新。技术预见作为一种管理技术集群，研究成果能为科技规划的设计提供最为直接和客观的建议，相较经验法更有说服力。科技规划的新范式正是在这样的背景下不断演进和革新。

科技规划的新范式主要以技术预见的发展和完善为依托，尤其是不少先进的管理技术正在成为辅助决策中至关重要的手段。技术预见参与到科技规划中的理论研究开始日渐成为科技政策研究的主流问题。在 2005 年，全国技

---

① 穆荣平，王瑞祥. 技术预见的发展及其在中国的应用 [J]. 中国科学院院刊，2004（4）：259-263.
② 崔志明，万劲波，施琴芬. 技术预见：高技术产业集群与集群式创新 [J]. 科技进步与对策，2004（10）：4-6.
③ 崔志明. 技术预见"市场德尔菲法"的特点及实施程序探讨 [J]. 科学学与科学技术管理，2004（12）：13-17.

术预见研讨会召开，会议在中国科技促进发展研究中心、中国科学院和上海市科学学研究所的联合支持下，提出了加强技术预见方法研究的宏观策略①。相关研究成果围绕竞争情报系统，重点在科技情报的基础上去拓展了技术预见研究，提出了如何利用竞争情报来发展技术预见能力，提升企业和政府在创新系统中的关键作用，提升双重竞争系统的信息融合和决策支持②。技术预见在应对知识产权纷争时可以提前探讨和预测技术产生纷争的可能性，尤其是对知识产权纷争的深入阐释。技术预见对企业的竞争力尤为关键，在技术变化的过程中选择好未来有潜力的技术并投资，将确保企业保持市场竞争力，而技术投资选择方向错误则会导致企业的未来发展前景不明甚至挫败，识别技术未来发展潜力是企业技术创新判识的关键工作③。技术预见对国家科技发展的宏观战略具有重要影响意义，一些国家选择了合适的未来技术投资，实际上会影响这些国家的科技创新实力，而错误的技术选择则有可能会使这些国家在全球竞争和发展中受到限制④。技术预见与国家利益的关系受到了较多的关注，诸如政治性、民族性和补偿性等国家利益，都是国家利益和技术之间的重要纽带，也会影响国家的技术政策设计⑤。

技术预见调查方法引发了很多理论研究思考。在技术预见过程中，最为直接的问题就是技术的界定问题，如何界定技术在技术课题选择中尤为关键⑥。提升对未来技术的预见能力，就需要界定技术的内涵和外延，正确的分类和技术选择是技术预见调查的重要目标之一。这反映出技术预见更强调需求定位理念，尤其是在高科技产业集群建设的过程中，产业界的充分参与将有利于技术路径的跃升，关键技术和通用技术展现了产业界对技术预见的需求，更强调一体化的推动技术预见活动⑦。技术路线图作为一种技术预见工具开始受到研究者的关注，技术路线图通过将技术与社会的关系和经济发展的

---

① 技术预见研讨会. 第二届全国技术预见研讨会召开 [J]. 世界科学, 2005 (1)：49.

② 万劲波, 周小玲. 发展基于竞争情报系统的技术预见 [J]. 研究与发展管理, 2004 (6)：97-102.

③ 郭宝. 间断性技术选择研究 [J]. 科学学与科学技术管理, 2005 (3)：5-9.

④ 高红阳, 张少杰. 基于外在技术预见的国家宏观发展战略研究思考 [J]. 科学学与科学技术管理, 2005 (3)：73-77.

⑤ 秦喆. 论技术与国家利益及其关系 [D]. 沈阳：东北大学, 2005.

⑥ 穆荣平, 任中保. 技术预见德尔菲调查中技术课题选择研究 [J]. 科学学与科学技术管理, 2006 (3)：22-27.

⑦ 孟晓华, 崔志明, 万劲波. 面向高科技产业群的技术预见——"需求定位"理念下的特点剖析 [J]. 科学学与科学技术管理, 2006 (5)：60-64.

关系相关联，提升了技术的场景性和适应性，在科技规划过程中发挥着基础性和前瞻性的作用，这也成为技术路线图在国际科技政策设计中具有较高地位的原因①。在此基础上，以城市为中心的技术预见活动也在快速展开，技术预见不断应用在上海之外的城市，如在武汉构建技术预见系统的实践活动，提升了国内城市在技术预见上的认知和价值提升。在2006年，中国科学院科技政策与管理科学研究所发布了《中国未来20年技术预见研究》的研究报告，系统地提出了中国未来技术的发展场景，尤其是在社会经济方面的应用和发展，覆盖率信息、通信电子、生物技术、先进制造等多个领域，研究也结合了中国的实际情况提出了中国开展技术预见的方法体系，将情景分析和技术监测加入德尔菲调查中，形成非常系统的技术预见成果②。这也是中国从国家层面上最早开展的技术预见研究成果的典型代表，这些技术预见的分析成果被应用到许多企业的经济决策，为企业做好未来投资的技术选择以及政府加大科技投入的方向指出了一条较为专业的指南性建议。技术预见成果的广泛使用，也同时促进了战略工具的持续发展和深入研究。技术预见一方面帮助企业和政府决策者在规避科技不确定性发展的风险，增强科技的发展可能性，以及减少科技的负面社会影响上，都有较好的推动作用，另一方面，技术预见也为区域创新系统的发展提供了导向，提升技术预见的应用性能力，增强对区域创新系统的贡献性，技术预见推动了区域创新的科技和经济驱动③。在一些情况下，技术预见对区域创新的贡献是通过科技规划的方式实现的，比如技术预见对技术选择的优化，列入科技规划之后，会促进科技和教育政策的协同发力，在人才培养和引进上不断聚焦，加大特定方向的科技投入，设立更为切实可行的发展目标，增加规划的协同过程，并为科技规划的实施提供更有可行性的系统性政策支撑④。同时，在城市科技发展的过程中，科技规划作为一种前瞻性政策文件对后续政策引导和资源利用都有非常重要的作用，而技术预见在城市科技规划中的作用，推动了城市在区域科技竞争力中的优势地位，做好技术预见能促进城市在区域经济科教竞争中处于有利

① 丁云龙，谭超．作为技术预见工具的技术路线图及其应用前景［J］．公共管理学报，2006（4）：40-45.
② 中国未来20年技术预见研究组．中国未来20年技术预见［M］．北京：科学出版社，2006.
③ 肖杰．浅析技术预见对科技创新推动作用［J］．广西大学学报（哲学社会科学版），2006（S2）：82-84；范建年，刘瑞东．技术预见在区域创新中的作用探析［J］．经济问题，2007（1）：46-48.
④ 贺善侃．技术预见：城市科技创新的引领［J］．科学技术与辩证法，2007（1）：78-81.

地位，并保持住这种地位。因此，在这一时期，在科教资源丰富的城市推动基于技术预见的科技规划，开始成为一种新的科技规划设计的理论潮流①。技术预见对区域科技政策的协同和促进还表现在技术预见的实施过程中，会将技术发展相关的主体集聚起来，能够增加在同一区域的科技经济交流，这种交流会增强区域创新的活力，提升整体的创新效率②。

　　在一些细分领域，比较中国和其他国家的技术预见成果也在不断涌现，这些成果为中外技术预见战略技术工具的发展提供了可能，也为找到我国在技术预见工具使用中的短板提供了一个研究角度。各国的技术预见比较实际上也为各国的科技战略规划比较提供了基础，能够以此分析出科技规划制定的科学性水平，尤其是与发达国家的科技规划相比，可以找出我国在哪些具体的方面还存在管理上的差距。比如对中日能源技术预见的比较调查，发现了中国和日本在能源技术预见领域分布上有相似的领域，但是在发展的侧重点上有一些差异，这很可能反映出国家之间的科技和经济构成上存在差别，在德尔菲方法的使用上我国更关注的是电网和大型煤气化等技术，而日本则更关注太阳能电池、燃料电池灯新型能源技术，从这些方面也能看到两国之间的技术偏好差异③。也有研究全方位比较了中日两国的技术预见差异，分析了共同点都是具有较为明确的技术预见目标，由政府主导技术预见工作，涉及较广的技术面，重视多种技术预见方法的协同并用，而不同之处在于日本的技术预见实施流程更加系统，从专家的遴选到问卷的设计乃至整体的调查反馈，都已经形成了一套非常成熟的体系，而我国在这些方面的规范性还不够好，日本由于技术预见时间久，已经能够对技术预见的成果准确性进行比较分析，整体的准确性高，我国目前的技术预见处于起步阶段，还很难比较这种准确性④。从中日技术预见的比较中，两国的整体领域重合度较高，但是两国在技术预见上的细致化水平上和分类方式上都有明显差异，我国在整体的前瞻性能力上仍然显得不够⑤。英国科技规划管理模式也从分散型走向集中型，更加重视主体的协作机制、规划实施的落实效果和科技投入的测量，在

---

① 李红玲. 区域科技管理中的技术预见——以武汉为例 [J]. 理论月刊, 2007 (2): 105-107.

② 涂辉文, 史永安, 裴学进. 论区域创新系统中技术预见的角色 [J]. 科技与经济, 2007 (1): 3-6.

③ 袁志彬, 穆荣平. 能源技术预见及其中日比较 [J]. 科学管理研究, 2007 (2): 34-37.

④ 杨幽红. 中日两国技术预见比较研究 [J]. 科技管理研究, 2012, 32 (20): 42-45.

⑤ 陈进东, 宋超, 张永伟, 等. 中国工程科技 2035 技术预见评估: 中日技术预见比较研究 [J]. 情报杂志, 2018, 37 (10): 62-69, 81.

一些管理手段上有可借鉴之处①。

　　随着技术预见的技术发展，许多新型技术开始引入到技术预见和科技规划的模式中来，科技规划的科学性大大增强。除了常见的技术路线图、德尔菲方法和情景分析等方法之外，还涌现出一些新的方法。例如，专利地图法同构对技术现状、技术结构和关键技术分析等方面，尤其是采用专利来分析前沿技术的创新方向，为技术预见研究提供了研究思路②。技术预见作为科技规划的前端选择过程，一些结合需求调研、专家咨询和市场德尔菲的方法开始实施，服务于重大科技专项的筛选过程③。专利计量方法的引入，也为技术规划的科学性提供了很好的帮助，通过专利计量的分析，将热门技术的关联和主题直观地反映出来，分析不同主题的技术关联和融合水平以及演化态势，在这个过程中为找出技术的创新点提供了可能④。科技规划模型的评价指标体系是考评科技规划设计效果的体系，这套指标体系根据研发基础、经济社会需求、科技实现、机遇挑战和科技特性等指标角度，为评价科技规划的设计质量和科技专项的技术投资方向提供了筛选的方法⑤。此外，科学计量学和知识可视化等技术也被引进到技术预见方法中，技术预见从一种专家的主观判断共识方法演化为与科技知识相关的主客观结合的研究方法，尤其是引文分析、词频分析、专利分析、知识图谱等方法的引入，为技术预见和创新决策提供了更多客观的依据和参考⑥。同时，文献计量和分布式决策支持系统、社会网络分析技术也被引入到技术预见的研究中⑦，结合社会网络分析和主题模型等方法的技术，也被运用到颠覆性技术的识别中，这些方法都给技术预见

---

①　王海燕，冷伏海．英国科技规划制定及组织实施的方法研究和启示［J］．科学学研究，2013，31（2）：217-222.

②　鲍志彦．专利地图在技术预见中的应用初探［J］．江苏科技信息，2012（12）：3-4.

③　王乾坤，左慰慰，何晨塚．基于技术预见的科技规划重大专项选择机制研究［J］．科技进步与对策，2013，30（14）：103-107.

④　乔杨．专利计量方法在技术预见中的应用——以国内冶金领域为例［J］．情报杂志，2013，32（4）：34-37.

⑤　王乾坤，左慰慰．基于技术预见的科技规划模式与指标评价研究［J］．科学管理研究，2014，32（4）：40-43.

⑥　葛慧丽，潘杏梅，吕琼芳．融合科学计量和知识可视化方法的技术预见模型研究［J］．现代情报，2014，34（6）：56-60.

⑦　高凯．基于文献计量与ExpertLens的技术预见方法研究［J］．科技情报开发与经济，2015，25（11）：121-123；王京安，申赟，刘丹．社会网络视角下的技术范式转换预见探讨［J］．科技管理研究，2015，35（21）：48-52.

方法和科技规划的高质量设计注入了新的活力①。技术预见方法的诸多细节也在不断完善，比如对于专家熟悉度的考虑，分析专家对所在领域的熟悉程度来判断技术预见的效果，技术生命周期方法在技术预见中的应用②。技术预见共识的形成有赖于议题的界定范围、协商的分布和参与动机的分析，结合新型数字技术能够为国家科技治理决策提供更具有价值的信息③。科技规划的新范式的演进是以技术预见方法为核心的，在此过程中囊括了多种相关学科的技术方法。未来的科技规划将更加强调技术预见方法的科学性，将专家咨询共识和数字化预测相结合，提升规划的预测能力和经济影响判断能力。

第三节　创新系统演化主体协同

一、创新生态系统的理论来源

创新生态系统最重要的来源是商业生态系统。商业生态系统指的是"企业在创新产品生产过程中，与其他合作伙伴合作研发、共同满足用户需求、推进新一轮的创新，所构建的共同演化的合作系统"。如表 2.5 所示，商业生态系统演化主要经历生成（Birth）、扩张（Expansion）、领导（Leadership）和自我革新（Self-Renewal）四个阶段。

表 2.5　商业生态系统演化阶段

主要阶段	合作挑战	竞争挑战
生成	与客户和供应商协作，围绕一个"创新种子想法"定义创新产品的价值	保护创新想法不被合作者获取进而产生竞争威胁。绑定关键客户、关键供应商和重要渠道

---

① 周源, 刘怀兰, 廖岭, 等. 基于主题模型的技术预见定量方法综述 [J]. 科技管理研究, 2017, 37 (11): 185-196.

② 陈进东, 张永伟, 周晓纪, 等. 专家熟悉度对技术预见的影响评估及参数优化 [J]. 科研管理, 2021, 42 (6): 128-138; 简兆权, 赵芸潼, 张少轩. 基于 K-means 与技术生命周期的技术预见方法研究——以水体净化技术为例 [J]. 科技进步与对策, 2022, 39 (6): 11-20.

③ 简兆权, 邓凌云, 李慧泉. 数字治理背景下技术预见共识形成机制研究 [J]. 科学学与科学技术管理, 2022, 43 (12): 46-56.

主要阶段	合作挑战	竞争挑战
扩张	与供应商和其他合作者合作，将新的产品投向市场，获取最大的市场占有率	击败替代性相似产品的生产和创造；通过市场主导地位，将自己的产品确立为市场和行业标准
领导	能够激励供应商和客户加强合作提升产品满意度，增强对产品未来的期望	在生态系统中能够与核心客户和有价值的供应商维持强大的议价能力
自我革新	与创新者合作将新的想法融入现存的生态系统中	维持高门槛组织其他创新者构造可替代的生态系统；维持高客户转换成本，进而保证自身有充足的时间去进行产品更新和升级

资料来源：MOORE J F. Predators and Prey: A New Ecology of Competition [J]. Harvard Business Review, 1993, 71 (3): 75.

此后，商业生态系统理论日渐成为企业管理领域的重要理论，不少学者按照上述四个阶段对商业生态系统开展了研究。从宏观上看，商业生态系统不仅有利于企业获取竞争优势，国家也能够从建立商业生态系统中获利，如Ali 等提出通过建立电子商务系统组建新的商业生态系统，将政府机构、企业和用户有机联系，有助于保持国家竞争力。从产业或行业层面，商业生态系统也越来越受到学术界和企业界研究者的认同，相关文献可参考医院管理①、碳交易产业发展②、移动物联网③等企业行业部门。本书从商业生态系统的特征、维度、建构、核心、关键成员等方面予以概括。

商业生态系统的特征主要包括：一是多主体合作性，利益相关者（Stakeholders）会为了实现某一商业目的开展合作，在合作过程中相互依赖；二是联络网络的立体化，即从二维的商业生态网络向三维的立体化的生态系统转变，体现出不同生态成员在系统中的差异性地位，联络的网络多表现为商业

---

① BAIN C A, STANDING C. A technology ecosystem perspective on hospital management information systems: lessons from the health literature [J]. International Journal of Electronic Healthcare, 2009, 5 (2).

② Hu G, Rong K, Shi Y, et al. Sustaining the emerging carbon trading industry development: a business ecosystem approach of carbon traders [J]. Energy Policy, 2014, 73.

③ Rong K, Hu G, Lin Y, et al. Understanding business ecosystem using a 6C framework in Internet-of-Things-based sectors [J]. International Journal of Production Economics, 2015, 159.

联络的平台；三是层次性和生态性，即商业生态系统的良性运行离不开成员和系统分层的生态性和共变性。也有学者将上述三种特征整合为共生性、平台性和共演性①。

　　商业生态系统可以按照驱动类型分为三个维度：情境驱动维度（Context）生态系统、构造模式维度（Configuration）生态系统、合作孵化维度（Cooperation）生态系统。情境驱动维度具体指的是商业生态系统的驱动力、阻力和生命周期，即这类生态系统是围绕 Moore 提出的演化四阶段进行分析的；构造模式维度指的是不同生态系统成员之间相互联结和相互作用的过程，涵盖成员范围较广，包括政府、企业、研究机构、客户等多种成员；合作孵化维度指的是不同生态系统成员之间的合作战略和集体行动②。Rong 将上述三个维度（"3C"）发展成了六个维度（"6C"），增加了结构维度（Construct）、能力维度（Capability）和变化维度（Change）。结构维度主要在于分析商业生态系统的结构和基础设施；能力维度指的是商业生态系统的沟通能力、整合协同能力、学习能力和适应能力；变化维度指的是商业生态系统的共同演化和自我革新模式③。

　　商业生态系统是如何建构的？有研究以思科公司、中国移动产业等为例展开了探讨，发现很多企业在商业系统建构时会采用关键基石战略，主要通过建立和分享高价值资产，促进创新、管理价值创造过程，与成员分享价值、分享外部网络，并通过生产率、稳健性和创新性三个指标来评价商业生态系统建构的有效性④。

　　商业生态系统的核心是创新技术或创新产品。以医疗创新技术为例，Bain 等提出以核心技术为中心的技术生态系统。核心技术和辅助性技术直接反映不同技术在生态系统中的作用定位，如主要部件地位、产品应用地位、支持和基础设施地位等。技术塑造力是技术发展过程中不同成员的作用力，如政府通过政策导向、财政支持机制、技术与人力资源、安全质量标准等都

---

①　Li Y. The technological roadmap of Cisco's business ecosystem ［J］. Technovation, 2009, 29 （5）.

②　Hu G, Rong K, Shi Y, et al. Sustaining the emerging carbon trading industry development: a business ecosystem approach of carbon traders ［J］. Energy Policy, 2014, 73.

③　Rong K, Hu G, Lin Y, et al. Understanding business ecosystem using a 6C framework in Internet-of-Things-based sectors ［J］. International Journal of Production Economics, 2015, 159.

④　Zhang J, Liang X. Business ecosystem strategies of mobile network operators in the 3G era: The case of China Mobile ［J］. Telecommunications Policy, 2011, 35 （2）.

会影响技术发展趋向①。

商业生态系统中利益相关者的关系转变和差异性作用地位也受到一些学者的关注。利益相关者可以根据所属权、经济依赖性和社会利益分为直接利益相关者和间接利益相关者，也可以根据重要性分为主要社会利益相关者、次要社会利益相关者等，还可以分为主动利益相关者和被动利益相关者②。但Lu 等首先将商业生态系统中的利益相关者分为运作型、参与型和主导型利益相关者三类，在研究了电动汽车产业商业生态系统演化过程中，提出利益相关者演化的"三震荡"模型和代理系统。这些利益相关者包括中央政府、地方政府、高校科研机构、主要供应商、产业联盟、基础设施、公共消费者、个人消费者等，分析了在不同商业生态系统阶段这些主体的作用关系。

创新生态系统与商业生态系统的概念是一脉相承的，重点强调了创新主体之间的生态性特征以及所形成的系统性关系。国内学者在 21 世纪初就开始直接使用"创新生态系统"概念来描述技术创新主体之间的关系，探讨了区域技术创新系统的特征和发展路径，阐释了创新生态系统的运行机理③。创新生态系统与商业生态系统的差别主要在于强调创新的作用，主体的行为是否对创新有所贡献，探讨的是在创新过程中不同主体的作用联系，而商业生态系统则更加关注企业之间的商业联系。两个概念的共通之处在于都是使用了生态的概念，引入了生态学的思想，将主体与主体之间的关系理解为生态系统中的成员关系，这种比拟式的理解有一定的合理性。第一，创新生态系统中的成员与自然生态环境中的成员的行为选择相似，比如都具有趋利避害的属性，这就使得在创新过程中的行为选择能够根据一些行为规律做出预判。第二，创新生态系统呈现了创新主体的背景环境，即一种相互影响的共生性环境，企业与企业主体、企业与用户、企业与政府、企业与服务商、企业与供应链等之间的关系都是基于共生的环境，这种共生性也符合生态系统中的生物之间的共生共存关系。第三，创新生态系统内也存在竞争性特征，企业

① BAIN C A, STANDING C. A technology ecosystem perspective on hospital management informa-tion systems: lessons from the health literature [J]. International Journal of Electronic Health-care, 2009, 5 (2).

② Lu C, Rong K, You J, et al. Business ecosystem and stakeholders' role transformation: Evi-dence from Chinese emerging electric vehicle industry [J]. Expert Systems with Applications, 2014, 41 (10).

③ 黄鲁成. 论区域技术创新生态系统的生存机制 [J]. 科学管理研究, 2003 (2): 47-51; 贺团涛, 曾德明. 知识创新生态系统的理论框架与运行机制研究 [J]. 情报杂志, 2008 (6): 23-25.

主体之间的竞争、政府主体之间的竞争、研发主体之间的竞争等，这些方面都增加了创新生态系统研究的契合度。正是创新生态系统概念具有较强的仿真性，这个概念很快在学术领域受到了认同，连续几十年在学术讨论中保持着较高的热度。以创新生态系统为基础理论审视创新主体之间的关系成为分析创新系统的最为代表性的视角。

二、创新生态系统的主体关系

创新生态系统中的主体关系是创新生态系统理论研究的核心问题。主体关系也是创新生态系统能称之为"生态"的关键内容。创新生态系统中的主体关系的数量较为丰富，这也是创新生态系统复杂性的最好体现。创新生态系统演化的不确定性与复杂性是相辅相成的，演化方向的不确定性和主体关系的复杂性提供了非常丰富的研究角度。

以产业关系为中心的创新生态系统研究是主体关系研究中的典型。研究者从科技园区的发展来分析创新生态系统的评价，研究将评价指标体系拆解为"态、流、势"等方面，通过对国家科技园区的考察，将科技园区的形态中的相对客观存在的投入指标作为形态类指标，将科技园区的产出指标作为发展势头的指标，将系统内外部资源流动的指标作为生态流的指标，刻画出了创新生态系统评价的关键维度和评估细节①。就技术标准的形成模式而言，创新生态系统提供了整个研发配套的体系和架构，创新生态系统中的标准许可和标准推广模式能够提升产品的市场潜力②。研究对于"价值创造"和"价值获取"的问题也较为关注，领军企业在构建了自身的创新生态系统之后会加强系统管理，发展系统中的合作和竞争关系，价值创造和价值获取是这一过程中的规则和基础，通过获取价值推动企业之间的合作关系，通过设计一个共同的远景目标，帮助系统内企业加强融通和价值共同创造③。例如，在创意产业生态系统中，创意产业园区的建设演化过程，体现了从简入繁的过程，也反映出政、产、学、研、用等多方主体在组织生态关系中的作用，尤其是在空间相近的主体之间如何通过资源交换和集聚提升集聚产业的分工协

---

① 陈向东，刘志春. 基于创新生态系统观点的我国科技园区发展观测 [J]. 中国软科学，2014（11）：151-161.

② 吴绍波，刘敦虎，彭双. 战略性新兴产业创新生态系统技术标准形成模式研究 [J]. 科技进步与对策，2014，31（18）：68-72.

③ 陈衍泰，孟媛媛，张露嘉，等. 产业创新生态系统的价值创造和获取机制分析——基于中国电动汽车的跨案例分析 [J]. 科研管理，2015，36（S1）：68-75.

作能力，增强产业主体的收益，促进创意产业创新生态系统的做大做强，体现在市场竞争中的关系跃升和改革①。又如在新能源汽车产业中，政府对新能源汽车产业的补贴政策的重点在不断转移，政府补贴并不一定是必要的，企业能够实现在系统资源的合作利用，补贴的方向应注重对弱势主体的补贴，从而提升弱势主体在创新生态系统中的发展能力②。从产业创新生态系统的发展而言，生态系统的运行机理是研究较为丰富的部分。产业创新生态系统是区域创新生态系统的构成部分，产业创新生态系统覆盖的范围广，不仅包括一些战略性新兴技术产业，也包括一些传统产业，创新生态系统是一个研究产业集聚和产业发展问题的经典思路。内部的共生和竞争关系、协同与集聚的过程、政府布局与产业自主优化等问题都是产业创新生态系统中的关注焦点，但也发现相关文献更加注重的是宏观层面较为模糊的泛指产业，而对于微观的和具体的产业创新生态系统的研究还较少，研究的系统性还不够③。还有一些研究探讨了知识流动在产业创新生态系统中的作用，分析了知识优势的影响因素，产业获得知识优势需要充分利用知识资源本身，并考虑社会资本、相关利益主体、外部环境变化等因素的影响④。

以高校和科研院所为主体的创新生态系统研究是从科学研究和技术创新角度对创新生态系统主体关系的一个阐释角度。一些研究重点介绍国外高校院所在创新生态系统构建过程中的作用和经验。如美国高校在创新创业生态系统培育过程中非常重视资金支持，注重师资队伍建设和与企业的产教关系，比较有代表性的机构包括加州大学的技术转换办公室、贝伊斯塔尔研究机构等⑤。美国斯坦福大学的创新创业教育中高校所扮演的角色包括中介、协调员、中心者和开拓者等，为美国的硅谷创新生态系统提供了关键的支撑，供给了大量创新创业人才，并带动了这个区域的创新创业气氛⑥。英国的弹射中

① 曹如中，史健勇，郭华，等．区域创意产业创新生态系统演进研究：动因、模型与功能划分［J］．经济地理，2015（2）：107-113.
② 郭燕青，李磊，姚远．中国新能源汽车产业创新生态系统中的补贴问题研究［J］．经济体制改革，2016（2）：29-34.
③ 洪帅，吕荣胜．中国产业创新生态系统研究综述［J］．经济问题探索，2017（5）：38-44，50.
④ 李其玮，顾新，赵长轶．产业创新生态系统知识优势影响因素：理论框架与实证研究［J］．经济问题探索，2017（9）：163-174.
⑤ 卓泽林，曹彦杰．美国高校如何构建创新创业生态系统——基于资源投入的视角［J］．学术论坛，2016，39（1）：162-167.
⑥ 姚小玲，张雅婷．美国斯坦福大学创新创业教育生态系统探究［J］．山西大学学报（哲学社会科学版），2018，41（5）：122-127.

心创新生态系统通过集聚各类生态主体，利用高校和科研机构、政府、创新企业形成了复杂运行的创新生态系统主体，在运行过程中从发展动力到协同共生，从资源整合到利益分配，都形成了一套较为完善的内部管理体系，使得整个技术创新中心能够高标准运行，充分发挥了组织的灵活性，组织内部管理更加注重关系的协调，主体关系处于一种相对平衡的状态，能够充分发挥出中心的创新优势①。研究将创新生态系统与创新创业系统相结合，提出了借鉴国外先进高效的经验，推动大学在创新创业上的发展，如学习以色列先进高校在创新创业教育上如何打造创新生态系统的过程②。如新西兰奥克兰大学在创新生态系统的建设中非常重视创业教育，侧重于在教师队伍建设中突出产业优势，增强教师的创新创业意识，通过教师挖掘学生创新创业的能力，推动创业教育生态系统的形成。由此可见，在国外高校的创新生态系统建设过程中，是通过发展创新创业教育来促进高校院所的教育与产业相结合的，鼓励学生在接受教育的同时关注产业和创新应用，能够将所学知识转化为实际应用。

而在国内高校创新生态系统的研究中，也体现出这种通过创业来驱动创新的趋势。例如，通过加强创新创业教育共同体建设的方式来搭建高校创新生态系统的内核，推动以课堂教学为中心的教学共同体，推动校内管理的互助协作，增强高校与企业的互动，加强高校与地方政府的联系，从而寻求更多的政策支持③。创客实践教育和众创空间在相当一段时间内热度较高，成为创新创业活力的策源地，而以此为目标的课程、平台、导师、实践基地和资金链等为推动力的创客教育，是高校融入区域创新生态系统的主要方式，通过创客孵化培养出一批具有创业能力和创业精神的毕业生，推动高校的创业进程④。高校创新生态系统更强调的是知识密集型服务业的发展，在上海杨浦区的调查中，已经出现了"环同济"的创新生态系统，这种趋势展现出高校对创新生态系统的供给能力，主要通过输出人才和知识促进创新生态系统的演化，并形成了以高校为中心的创新集群，这些创客群成为联系高校和产业

---

① 朱建民，陈琳．英国弹射中心创新生态系统运行模式对中国技术创新中心的启示［J］．经济体制改革，2021（1）：158-164.

② 郄海霞，赵蓓．以色列特拉维夫大学创新创业教育生态系统的构成及运行［J］．现代教育管理，2022（3）：30-39.

③ 田贤鹏．教育生态理论视域下创新创业教育共同体构建［J］．教育发展研究，2016，36（7）：66-72.

④ 米银俊，许泽浩．全过程融合　构建创客教育生态系统［J］．中国高等教育，2016（11）：46-48.

的纽带①。与此同时，还需要发挥高校在科技成果转化上的优势，政府通过资金投入鼓励高校科研人员将科研创新转化为实际的经济产出，这种方式存在区域性差异，中国东部高校的科技成果转化效率明显高于中西部高校，高级职称的科研人员成为科技成果转化的主力②。尤其是随着高校开始关注创新创业和对科研人员评价方式的改革，创新创业所带来的效益也成为科研评价的一个重要指标，这改变了过去不重视成果转化的问题。在人工智能时代，高校创新创业教育生态系统也产生了一些新的人才培养思路，政府主导的创新创业教育能够为高校创业提供启动支持，政策资源的调配能够辅助高校创业者更好地开始尝试创业，高校还要提升创新创业教育能力，推动人工智能对专业的支持，并且提升企业的教育参与能力，增加企业平台为学生创新创业教育提供更好的实践机会③。

政府在创新生态系统中的作用也越来越受到重视。尽管早期的创新生态系统研究更关注企业的核心作用，但在近年来的文献中，政府的职责和规制效应成为研究的热点。政府的改革创新成为国家提高科技创新能力的关键，通过政府改革创新推动科研管理制度改革，促进原始性创新能力，改善中小企业创新的政策环境，提升宏观层面上的创新效率和管理能力④。政府创新管理成为科技创新向政府方向发展的一个新趋势，政府创新管理是在寻求政府与市场之间的一种平衡关系，这种概念在美国的政府创新管理过程中已有相关探索，政府对技术发展的方向会产生影响，并成为人才培养和科技成果转化的关键动力⑤。政府在此过程中的重要作用在于创造一个适合创新和热爱创新的良好环境，政府应将服务作为主要内容，为企业排忧解难，帮助企业改善市场环境，开展协同高效的服务，促进各种不同主体在创新生态系统中都能获得价值，推动生态系统主体关系的高度，提升政府的创新治理能力⑥。政

① 陈强，李伯文，刘笑. 知识密集型服务业创新生态系统结构解析、问题诊断及其优化——以"环同济"为例 [J]. 科技管理研究，2017，37（1）：99-104.
② 林青宁，毛世平. 高校科技成果转化效率研究 [J]. 中国科技论坛，2019（5）：144-151，162.
③ 韩笑，胡奕璇，王超. 面向人工智能的高校创新创业教育生态系统建设研究 [J]. 高等工程教育研究，2023（3）：161-167.
④ 尚勇. 提高自主创新能力关键是加快体制机制创新 [J]. 中国软科学，2008（3）：4-10.
⑤ 陈强，李倩. 美国政府创新管理的趋势、特征及启示 [J]. 上海经济研究，2014（7）：80-89.
⑥ 苏英亮. 政府职能与城市创新生态系统研究 [J]. 现代管理科学，2017（1）：82-84.

府作为一个平台服务于创新生态系统中的各个主体，政府如何促进不同的主体都能在创新生态系统中受益，会最终导致一个区域的经济发展前景差异，政府在提升区域发展吸引力上的作用非常显著①。政府在管理创新生态系统中的作用在于通过管理创新推动创新生态系统的宏观管理能力，政府创新管理的过程推动了生态化的发展路径，通过多中心的管理思路，推动生态进化的动力、提升生态资源的整合、控制生态链接的关联、保障生态功能的发挥，并开展合理的生态服务评价，这反映出政府在创新生态系统管理中的多中心运行机制②。在国外的创新创业生态系统中，政府同样发挥着重要作用，在美国、日本和德国的案例中，政府通过提升行政服务改革的职能促进创新创业系统的流畅运行③。政府采用规制的方式管理绿色创新生态系统，通过对绿色创新行为补贴和非绿色创新行为的处罚方式，对绿色创新生态系统的运行有显著的影响作用④。此外，数字政府治理的创新生态系统也在形成，政府通过企业码的方式推动企业与社会的协同治理，将政府服务数字化，提升了当前的治理创新能力⑤。政府通过数据开放促进创新生态系统的价值提升和创造，增强政府的数据与创新资金的流动和人才的发展，提升整体创新生态系统的资源流动性⑥。

从创新生态系统中的主体关系关联可知，创新生态系统的主体关系复杂，关系的稳定性和确定性较低，政府在创新生态系统中的作用在于促进系统的稳定运行和环境优化，企业是创新生态系统的核心，高校和科研院所是创新生态系统的人才流和创新流的供给来源，是知识生产和传播的重要载体。创新生态系统的主体关系仍然有较大的研究空间，促进创新生态系统的关系平稳流畅运行意义重大。

---

① 张勇. 论区域创新生态中作为平台的政府 [J]. 技术经济与管理研究, 2018 (5)：125-128.

② 吴远卓，王宫水. 政府管理创新生态系统的构建及多中心运作机制研究 [J]. 江西社会科学, 2019, 39 (8)：200-207.

③ 王珍珍，黎青青，鲍星华. 创新创业生态系统下政府、高校、企业、社会的责任担当与协同发展——基于美、德、日三国的比较研究 [J]. 中国科技论坛, 2019 (9)：182-188.

④ 曲薪池，侯贵生，孙向彦. 政府规制下企业绿色创新生态系统的演化博弈分析——基于初始意愿差异化视角 [J]. 系统工程, 2019, 37 (6)：1-12.

⑤ 刘道学，董碧晨，卢瑶. 浙江数字政府治理创新生态系统优化研究——基于健康码和企业码案例 [J]. 浙江工业大学学报（社会科学版）, 2021, 20 (1)：50-57.

⑥ 孟雪，郝文强. 面向数字经济发展的政府数据开放价值创造系统建构与运行机制研究——基于创新生态系统的理论分析 [J]. 情报杂志, 2023, 42 (2)：134-141.

三、创新生态系统的协同调适

创新生态系统与协同创新的概念有一定的相通之处，但从概念的理论来源上却存在着非常大的差异。国际上对协同创新的概念界定主要是一种合作式创新，指的是创新主体之间通过合作共同促进创新生产的过程。在创新生态系统中，也存在着主体之间的关系协同与合作的过程，这是二者的关联。协同创新是一个非常具有中国化的学术术语，常见于"产学研协同创新"的相关研究中。政、产、学、研、用的协同创新发展策略，在中国的各个层级的创新生态系统中都已经被接受，并作为一种创新发展的共识。而这个概念中的"产学研"最早明确提出是在十五大报告中，经过了十多年的发展历程，逐步变得明确，在十八大报告中已经表述得非常清楚，明确了"企业的创新主体地位"，并提出了"构建产学研技术创新体系"，而在这一过程中，推动创新生态系统协同调适的关键就在于"协同"，这又能具体表现在平台建设、效率提升和影响力提升等方面①。

创新生态系统的协同调适过程主要体现在知识、主体、主导与配合、竞争等多个方面。通过知识投入激励，核心企业将知识激励作为一种投入方式，增加知识投入的利润转化，提升上下游企业在创新生态系统中的配合能力，将技术的创新环节放在企业内部，而将技术的生产和推广扩散在其他外围配套企业中，通过这种架构方式来建构创新生态系统，并通过对外围企业的知识投入激励，增强核心企业与外围企业的联系，这在战略性新兴产业的创新生态系统中尤为适用②。在创新生态系统运行中，激励企业之间的互赖性，提升技术学习能力，通过开放共享和协商共治的运行机制推动治理目标的实现，推动企业重视创新生态系统的架构和运行，形成稳定的合作伙伴关系和增加企业组织之间的创新协同能力③。创新生态系统的共生关系在协同创新过程中也非常重要，这种共生关系不仅表现在组织之间的共生互利方面，还表现在组织之间的共生模式、共生环境构建和协同创新的共生持续性方面，稳定的

---

① 余凌，鉴定. 面向协同的产学研创新能力提升路径与对策研究 [J]. 理论月刊，2013（7）：104-106.

② 吴绍波. 战略性新兴产业创新生态系统协同创新的知识投入激励研究 [J]. 科学学与科学技术管理，2013，34（9）：71-76.

③ 吴绍波. 战略性新兴产业创新生态系统协同创新的治理机制研究 [J]. 中国科技论坛，2013（10）：5-9.

协同创新能够为企业带来长久的创新效率提升机遇①。协同创新构成了创新生态系统的驱动模式，从时代性和创新形态上，协同创新能够驱动新技术服务框架的产生和发展，如采用协同创新模式推动云计算行业的服务水准②。

创新驱动过程中，知识、主体、规制和空间共同构成了创新生态系统中的协同架构，主体调适主要是在这四个方面展开运行，知识协同推进创新能力的系统关联，组织协同推进创新生态群体的联系，制度协同推动创新生态的规则适配，空间协同推动创新集群的集聚式发展③。创新生态系统中的优势主体和高水平的创新组织在系统中发挥着主导作用，这种主导性成为创新生态系统演化的关键动力，优势主体通过发挥自身的协同动态能力，控制着创新生态系统中的优质资源，比如吸引了大量高质量的创新人才，这些资源能够维持优势主体在系统中的地位，尤其反映在区域的主导产业的优质企业中④。在创新生态系统中的创新网络协同过程主要依赖于创新节点、创新群和创新环境，这些方面的协同过程能够促进创新生态系统的高速运行和跨越式发展，以阿里巴巴、谷歌和浙大网新为代表的企业创新生态系统在运行中嵌入了网络的特征，打通了主体之间的协同关系，推动了开放式创新资源的接入水平，将创新与外部协同网络加入创新的系统架构中，成为创新生态系统中网络化分布的典型代表⑤。区域创新生态系统成为研究创新群落协同演化关系的重点，协同创新的思想在区域创新中更为重要，是汇聚人才资源、物力资源与经济资源的关键，不同区域之间如何协调制度环境上的差异，将影响区域的知识流动和创新扩散水平⑥。

创新生态系统中的规划框架协同创新过程是内外部共同作用的结果，而非只靠内部或者外部的一方。例如，在科技金融领域，创新生态系统的发展需要从内部治理效率和外部资源环境两个方面加强投入，这主要是考虑科技

① 李煜华，武晓锋，胡瑶瑛. 共生视角下战略性新兴产业创新生态系统协同创新策略分析 [J]. 科技进步与对策，2014，31（2）：47-50.

② 张亚明，刘海鸥. 协同创新驱动下的云计算行业服务框架——以设计服务云为例 [J]. 科技进步与对策，2014，31（6）：63-68.

③ 王海花，谢富纪，周嵩安. 创新生态系统视角下我国实施创新驱动发展战略的"四维"协同框架 [J]. 科技进步与对策，2014，31（17）：7-11.

④ 梁中. 基于生态学视角的区域主导产业协同创新机制研究 [J]. 经济问题探索，2015（6）：157-161.

⑤ 黄海霞，陈劲. 创新生态系统的协同创新网络模式 [J]. 技术经济，2016，35（8）：31-37.

⑥ 王凯，邹晓东. 由国家创新系统到区域创新生态系统——产学协同创新研究的新视域 [J]. 自然辩证法研究，2016，32（9）：97-101.

金融创新的特殊性，科技金融的创新行为具有多样性，协同创新的风险更高，同时表现出的自组织特征，使得在这个领域加强创新网络构建和寻求更多的合作伙伴将能够提升创新生态系统的内部效率，而在外部环境上，最为重要的是能够优化政策环境，并提升市场的配置作用①。此外，在科技金融生态系统中，"物种"类组织的利益分配机制研究分析了科技金融生态系统中的分配问题，阐释了协同创新的绩效受益过程，主体通过协同合作从创新生态系统的资源循环中获取收益，经过一次和二次利益分配找到创新生态系统中的利益均衡水平，维持住整体的平衡性②。从研究到实践都越来越能体现从产学研走向协同创新的过程，产学研创新更强调不同组织部门之间的合作，协同创新重在探讨资源的整合和知识的协同，这是对产学研创新的推进，主体之间的关系从合作走向协同的过程也反映出组织从创新网络演化为创新生态系统的过程③。在这个过程中，供需协同问题也是一个关注的焦点。供需协同主要是从需求和供给角度阐释了创新生态系统的资源流动目标，产业生态系统的构建不仅需要上下游产业链的协作支持，而且需要对消费者有足够的了解，消费者需求是产业创新生态系统中的关键因素，消费者需求是产业创新生态系统的拉动力，政府部门则发挥着协调供给需求的作用，通过政策制定完善生态系统主体之间的协作能力，鼓励研发创新为技术企业提供技术支持，供给和需求是完善创新生态系统的两个重要维度，考虑保持供给和需求的平衡是政府政策制定实施的关键④。

区域创新生态系统中的知识协同也是研究者关注的问题。产学知识的协同过程影响区域创新生态系统的整体效率和信息流通，产学知识主要指的是产业界与高校的知识流动过程，在这个过程中，产业向大学提供需求和市场方向，大学则通过对科学技术的转移转化向产业输送最新的技术和人才，通过知识网络和社会网络嵌入到生态系统的协同过程，实现创新生态系统的效

① 张华. 科技金融创新生态系统的规划框架与协同创新机制 [J]. 科学管理研究, 2016, 34 (5)：89-93.
② 张忠寿，高鹏. 科技金融生态系统协同创新及利益分配机制研究 [J]. 宏观经济研究, 2019 (9)：47-57.
③ 方刚，周青，杨伟. 产学研合作到协同创新的研究脉络与进展——基于文献计量分析 [J]. 技术经济, 2016, 35 (10)：26-33.
④ 李维梁，高雅. 供需协同的产业创新生态系统构建及对策研究 [J]. 华东经济管理, 2016, 30 (11)：180-184.

率最大化①。在一些地方区域创新建设过程中，创新走廊作为一种新形态在发达国家和发展中国家都发挥着创新集聚的作用，创新走廊的代表就是美国的硅谷，从最早的铁路运输和港口的发展，逐步演化到电力和通信技术的发展，再到几代信息技术的持续壮大，在这个过程中，高校与产业园区不断融合，形成了创新的区域化过程，在韩国京畿道、德国法兰克福、以色列特拉维夫－雅法创新区和日本筑波科学城都有类似的区域创新集聚的过程，在这些区域创新系统中创新走廊的形成和创新资源的集聚是创新系统发展的主要影响指标②。虽然创新生态系统的概念已经有几十年的发展历程，但创新生态系统的概念界定却尚无定论，在不同学者的研究中创新生态系统的概念也有一些差别。一个有趣的研究角度是将创新生态系统的内涵进一步细分为两类：主流创新系统主要从技术创新过程中的创新要素和内外部主体形成的复杂系统；新流创新系统则指的是经过突变和分岔产生的复杂适应性系统③。两类创新系统对应了创新生态系统演变过程中的不同阶段，在这种情况下，主流创新系统和新流创新系统的转换就会产生较为明显的关系波动，随即产生的是主体的内外部适应过程，这种协同性过程实际上是对创新生态系统演化的创新理解。

政府在创新生态系统的协同调适中发挥着关键作用，这种作用主要反映在环境的搭建上。政府通过提升市场环境的质量，改善创新发展的环境，促进公平和创新的氛围，尤其是在对后发企业的支持中，通过支持后发企业的技术追赶促进企业与创新生态主体的连接，增加后发企业的资源获取能力，提升追赶的效率④。如在陕西秦创原创新驱动平台建设中，政府通过系列政策提升平台的创新能力，搭建了促进发展的共享平台，并且通过人才引进和培养的方式，加快对人才的吸引，通过引导风险投资机构、证券公司、银行等金融服务机构为技术创新提供资金支持，形成了一套高质量的政府创新支持服务系统，此外，还推动了城市发展区之间的联动关系，共同推动创新驱动平台的建设和发展，尤其是国有企业的领头作用在这个过程中得到了很好发

① 邹晓东，王凯．区域创新生态系统情境下的产学知识协同创新：现实问题、理论背景与研究议题［J］．浙江大学学报（人文社会科学版），2016，46（6）：5-18.
② 汤临佳，李翱，池仁勇．创新走廊：空间集聚下协同创新的新范式［J］．自然辩证法研究，2017，33（1）：31-37.
③ 任大帅，朱斌．主流创新生态系统与新流创新生态系统：概念界定及竞争与协同机制［J］．技术经济，2018，37（2）：28-38.
④ 韦铁，谢林玲．后发企业技术追赶影响因素协同效应研究：基于创新生态系统视角［J］．广西大学学报（哲学社会科学版），2022，44（4）：123-130.

挥，还通过企业与高校合作促进创新的供给①。教育领域的协同创新也为创新生态系统的发展注入了活力。教育系统的内部与外部协同，推动了教育系统自身的发展，学校通过与创新生态系统中的社区、社会组织、博物馆等教育主体建设的协同，推动了人才的协同培养过程，极大地提升了人才的复合型教育水平②。总体而言，创新生态系统的协同调适能力取决于系统主体与组织知识的互动过程，信息的流动和知识的融通正是创新生态系统发展的核心思路，推动系统的升级更需要创新主体的配合和联动。

第四节 本章小结

本章通过对政策与组织的间断平衡、科技规划设计的范式变革和创新系统演化主体协同三个方面的理论分析，较为全面地分析了在科技治理变革和创新系统演化过程中的核心理论概念。通过理论的梳理和反思可知，科技治理变革和创新生态系统的研究存在诸多可结合的研究点，两个方面的研究正表现出明显的融合特征，但现有研究对于共同演化问题的理解还有较多的探讨空间。本书正是以此作为重点，分析科技质量变革与创新生态系统的共演问题。研究思路构成了两条主线：一条是从创新生态系统的层级区域上解析科技治理变革之"变"；另一条是从科技治理变革的内容上分析创新生态系统中的政府作用。两条主线都通过丰富的研究方法展示了研究的发现，最终提出共演难题优化的建议。

---

① 陈敏灵，米雪梅，薛静. 创新驱动平台的构建、协同创新机制及治理研究——以陕西秦创原为例 [J]. 科学管理研究，2023，41（2）：73-82.
② 哈巍，范皑皑，李孟泽，等. 从全球到中国：社会与学校的教育协同创新 [J]. 华东师范大学学报（教育科学版），2022，40（12）：110-126.

第三章

国家创新系统中的技术路线图设计

在国家创新系统中产业技术路线图的设计非常重要，不仅会影响宏观层面的科技战略规划，还会给相关行业的发展带来资金、政策和社会资源。产业技术路线图作为一种战略管理工具，已经成为各国发展关键性产业的基础性支持。通过技术路线图的设计窥探各个国家创新系统的宏观战略，能够找出我国在技术路线图设计上的优化思路。这里以机器人产业为例，展示了国家创新系统中的技术路线图设计的思路和优质路线图的特征，并采用定量的方法评价了路线图优化设计的思路。

第一节　主要国家技术路线图脉络演进

一、国内外机器人产业及战略规划概述

机器人产业研究的背景可以追溯到 20 世纪 50 年代，当时的研究主要集中在机器人的机械结构、传感器和控制系统等方面，随着计算机技术和人工智能的迅速发展，机器人研究逐渐扩展到感知、决策和执行等多个领域，而现代机器人研究涵盖了从硬件设计到软件开发各个方面，涉及机械工程、计算机科学、人工智能、控制论等多个学科领域，也因此取得了许多卓越成果。例如，波士顿动力公司开发的 Atlas 机器人在模仿人类的外貌和动作方面取得了重大突破，能够进行平衡、行走和搬运等动作；哈佛大学以蟑螂为灵感研发的 HAMR（Harvard Ambulatory MicroRobot）微型机器人；日本产业技术综合研究所（AIST）研发的 HRP-5P 建筑装配机器人，尝试用于解决国内建筑工人短缺的问题；MJI Robotics 公司推出的 MJI Communication Robot 蛋形桌面设备，能够用于显示天气、新闻等。

机器人产业作为新兴前沿技术产业，是中国制造业的重要组成部分，扮演着推动经济转型升级和实现高质量发展的关键角色。在《中国制造 2025》的整体战略框架下，机器人产业被明确定位为十大重点优势战略产业之一。

这一定位背后既是国家对于机器人技术和产业所呈现出的巨大潜力和战略重要性的认识，同时也反映出机器人产业在经济社会发展和国家安全重大需求方面的突出作用，一方面为经济社会快速发展注入新动力，加速新旧产业升级转换，持续激活新的经济增长点；另一方面也为国家安全和国防建设提供重要的科技支撑。

在国际舞台上，随着全球制造业的快速发展和全球化竞争的加剧，机器人在提升生产效率、降低成本、改善产品质量等方面表现出的巨大优势导致机器人产业竞争日趋激烈，欧盟、美国、日本等发达国家都将机器人技术和产业发展视为国家战略，并制定了长远的发展规划和战略路线图。具体而言，欧盟为推动自身机器人技术产业发展，早在 2010 年就推出《欧洲机器人行动计划》，该计划提出了一系列政策措施，包括资助研究项目、建立研究网络、制定法规和标准、支持创新和市场推广等，旨在促进欧洲机器人技术的发展和应用，在 2018 年提出《欧洲人工智能战略》，强调了人工智能和机器人技术在各个领域的潜在应用和重要性，并提出了相应的政策和行动方向，以期推动欧洲人工智能领域的发展，在 2020 年提出《欧洲数据战略》，其中智能机器人被视为关键技术之一，通过人工智能和机器人技术发展推动欧洲经济的增长；美国国家科学技术委员会（NSTC）在 2016 年发布《为人工智能的未来做好准备》及《国家人工智能研究与发展战略计划》，提出了涵盖机器人技术的发展和应用等方面的多个关键目标，以推动美国在人工智能领域的研究和发展，此后《国家人工智能研究与发展战略计划》在 2019 年又再一次更新，增补了对人工智能领域的公私伙伴合作的关注；日本政府在 2013 年就发布了《日本产业竞争力增强计划》，该计划中提到了机器人技术的发展，并强调了在制造业和服务业等领域推广机器人应用的重要性，在 2014 年发布《机器人革命战略》，提出了一系列包括推进机器人技术的研发、促进机器人的应用、培养人才、制定相关法规的目标和政策，此后日本政府在 2016 年提出《第五次科学技术基本计划》，该计划时间线涵盖了 2016 年至 2020 年五年时间，其中阐释了五年内关于机器人技术的研究和发展的内容，强调了机器人技术在制造业、医疗保健、辅助生活等领域的应用。

中国作为世界上最大的制造大国，面临着传统产业转型升级困难和人口红利逐渐减弱的挑战，机器人产业的发展因此成为加速实现制造业高质量发展、提升国际竞争力的重要途径。在过去的几十年里，中国的机器人研究和产业化经历了快速发展的阶段，国家的"七五"科技攻关计划和"863"计划为机器人产业的兴起提供了重要支持和引导，并且国内也逐渐有了国产智能工业机器人"四小龙"（新松、埃夫特、埃斯顿及广州数控四家企业），反映出国内智能工业机器人发展的"蓬勃"之势。但相比于日本、美国、欧盟等发达国家，中国机器人研究和产业化的起步相对较晚，因此在发展过程中也暴露出一些问题。例如，国内机器人产业技术水平和创新能力相对较低，企业普遍集中在低技术型产品，高端技术和核心关键技术仍然依赖进口，以及产业战略布局不合理、市场需求多样化和竞争激烈等亟待解决的问题。因此，加强中国机器人产业战略研究显得尤为重要。这一方面意味着要加大对技术预见能力的优化和研究，明确未来机器人产业发展的趋势和方向。另一方面需要加强产学研合作，促进技术创新和人才培养，提高核心关键技术的自主研发能力。只有通过整体战略规划和系统性的推进，中国机器人产业才能在国际市场中占据更有竞争力的地位，实现从"中国制造"向"中国智造"、从"中国速度"向"中国质量"的转变。

二、机器人产业技术路线图初窥

国外机器人产业研究形成了初步的体系，主要以美国、日本等发达国家为案例样本。这些国家在机器人技术领域取得了显著的成就，成为全球机器人产业的领导者。在本章节的研究中，关注的重点主要集中在合作研发行为、商业模式建构、技术组织演化和战略政策制定四个方面。具体而言，针对合作研发行为的研究有助于优化机器人产业研究中各方的扮演角色、参与程度、资源共享水平；商业模式的识别和改进能够了解不同国家商业模式的运作机制和市场效应，以期比较更具竞争力和可持续发展的商业模式，减少市场的过度集中和降低对龙头企业的依赖提供可选方案；技术组织演化能够对技术组织整体更新演变的脉络有一个清晰的把握，为推动技术创新和产业演化提供强劲动力；战略政策制定则着眼于战略规划设计的各种细节，通过比对分析以深度了解不同国家战略制定中对各种细节的把握及考量。技术路线图（Technology Roadmap，TRM）是机器人产业合作和信息分享的系统性战略工具，用于规划和管理机器人技术的发展方向和时间表，通过制定技术路线图，各个研发伙伴可以在同一个框架下协同合作，避免重复努力和资源浪费，实现知识和技术的共享和交流。那么，究竟什么样的机器人产业技术路线图文本具有更好的导向性呢？国内外技术路线图是否存在差距？未来修订的方向在哪里？

技术路线图原是摩托罗拉公司开发设计的一种战略决策工具，用于规划和指导技术发展和创新的路径，是一个包括技术目标、关键里程碑、资源需求以及实施策略等方面的计划群。分而述之，技术目标指技术路线图明确规定了未来的技术发展方向，这些目标可以涉及新技术的研发、现有技术的改进、关键技术的突破等，旨在满足特定需求和推动行业或领域的进步；关键里程碑指技术路线图通常以时间为基准，制定了一系列实现技术目标所需关键技术和核心能力的里程碑和时间节点，以技术发展的"时间轴"为序，指导决策者和实施者在不同阶段采取适当的行动，以确保技术的可行性和商业化的成功；资源需求指技术路线图考虑实施技术发展计划所需的资源，包括资金、人力、设备、合作伙伴等，帮助规划和优化资源配置，确保技术发展的顺利进行；实施策略则指技术路线图对具体行动计划的翔实规划，确保提升计划的可操作性，保证计划能尽可能达到预期目标。技术路线图被广泛应用于研究和规划领域，如制造业、能源、信息技术、医疗、交通等领域内新技术的研发、现有技术的升级、产业转型升级等，可以帮助组织和政府制定明确的技术发展路径和目标，在相关研究中，技术路线图的研究可分为三类：研制技术优化、实施与执行过程、应用领域拓展。第一，研制技术优化方面，技术路线图的发展从主观判断转向了量化预测，并引入了一些定量方法，如文本挖掘（Text-mining）和数据挖掘（Data-mining）。这些方法可以在研制过程中分析专利产品技术关键词法（Patent Product and Technology Keyword）、形态学分析法（Morphology Analysis）、文献分析法（Bibliometric Analysis）、主谓宾分析（Subject-Action-Object Analysis）、关联规则挖掘（Association Rule Mining）等数据，从而更加客观地评估技术发展的趋势和潜力。第二，技术路线图与产业政策制定逐步融合。一些国家的技术路线图，如日本政府的技术路线图和英国的"共识路线图"（Concensus Roadmap），将工业政策与技术动态结合起来。这种融合可以促进不同领域的技术融合和协同发展，确保制定的战略和政策的有效性。第三，技术路线图的应用领域不断拓宽，除了应用于制造业新兴技术、可持续能源等技术规划之外，技术路线图还被用于政府、企业、科研机构等组织的发展规划。当然也应当注意到，目前政府在采用技术路线图制定产业规划方面仍处于初级阶段。因此，《中国制造2025》中的机器人技术路线图的设计能否与政策实施相匹配，并且与其他主要机器人制造国的技术路线图水平相比如何，仍属于亟待研究的问题。

三、研究方法选择及框架设计

根据检索结果，只有少数技术路线图评价文献可用，而且大多数是关于实施效果的事后评价。基于上述情况，本书综合考虑采用了层次分析法（An-alytic Hierarchy Process）和模糊综合评价法开展接下来的研究，之所以采用层次分析法及模糊综合评价法原因在于，一方面，层次分析法是一种用于多准则决策的定量方法，它将决策问题分解成一系列层次结构，通过比较和评估不同层次的准则和子准则，最终得出综合评估结果，而在本章节中层次分析法将被应用于构建评价指标框架，并确定各指标的权重，这有助于对技术路线图文本进行全面而系统的评估，确保评价的客观性和科学性；另一方面，模糊综合评价法是一种用于处理模糊信息和不确定性的评价方法。在本章节中模糊综合评价法被用于综合评估技术路线图文本的质量和有效性，它可以考虑不同指标之间的模糊关系，允许模糊数学的运算和推理，从而提供更全面和准确的评价结果。通过结合层次分析法和模糊综合评价法，对中国、美国、欧盟和日本机器人产业技术路线图的文本进行了事前评价，从而尽可能以量化结果识别文本中存在的缺失之处，提供对技术路线图的改进和完善的建议，这对于中国每两年修订一次技术路线图的决策过程具有重要意义，同时可以帮助技术路线图的制定者更好地了解和评估当前路线图的有效性，并能够针对性地进行修订和更新。

技术路线图制作评价指标框架如表 3.1 所示，现有研究从技术路线图利用水平、可信度、效益效果和成功水平等角度展开，评判和审视了技术路线图实施的效果。基于这些评价体系和相关文献，与领域专家多次商量议定后，在保留已有的事前评价因子基础上，进一步整合和增删，最终提出了技术路线图文本评价模糊层次分析框架（见图 3.1）。

表 3.1　技术路线图制作评价指标框架

学者及年份	评价角度	评价时间	评价指标
Lee 等（2011）	技术路线图利用水平	事后评价	①组织支持；②有效路线图过程；③恰当的软件；④企业目标一致度
Lee 等（2012）	技术路线图可信度	事前评价	①制作团队方面（合作意愿、减少不确定性意愿）；②制作团队—用户交流程度；③沟通渠道（书面渠道沟通；面对面渠道沟通）

续表

学者及年份	评价角度	评价时间	评价指标
李瑞光等（2012）	产业技术路线图评价系统	事后评价	①市场效益（技术进入市场情况；预期目标实现度）；②技术效益（识别技术情况；技术壁垒情况；关键技术攻克情况）；③产业效益（研究水平提高程度；新技术应用能力；合作研发能力变化；战略共享情况；技术转移情况；技术战略联盟形成情况；产业总体目标实现情况）；④其他效益（内部环境预测准确性；外部环境预测准确性；风险预测情况；资源保障情况）
张哲等（2012）	技术路线图实施效果评价	事后评价	①一级指标为技术路线图各项技术环节评价；②二级指标为子技术目标完成情况评价；③三级指标为项目中关键技术指标完成情况
Jeffrey等（2013）	多组织技术路线图成功水平	事后评价	①技术路线图架构与准备（作者权威性；受众覆盖度；语言表达；利益相关者顾及度；易于使用度）；②技术路线图形成与目标实现（政策建议执行状态；技术路线图引用；技术；供应链）

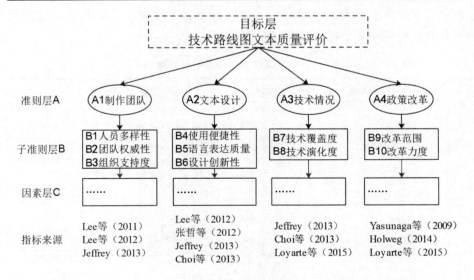

图 3.1 技术路线图文本评价模糊层次分析框架

针对《美国机器人技术路线图 2013 版：从因特网走向机器人》《欧盟机器人技术路线图（2016—2020）》《日本新机器人战略（2015—2020）》和《中国制造 2025（2015 版）》四个机器人技术路线图文本，第一，深入研读和比较了四个文本的内容，凝练得到内容架构；第二，确定层次分析框架并请专家确定权重，如图 3.1 和表 3.4 所示；第三，咨询 10 位机器人产业专家对四个文本在各个因素上的表现从 1 级到 5 级依次评为差、较差、一般、较好和好，并将同级评语次数转换为隶属度；第四，结合层次分析权重，计算出四国或地区机器人产业技术路线图文本设计模糊综合评价结果。

第二节 主要国家技术路线图设计详述

一、美国机器人技术路线图 2013 版：从因特网走向机器人

《美国机器人技术路线图 2013 版：从因特网走向机器人》是一份由佐治亚理工学院、卡内基梅隆大学、斯坦福大学等美国顶级机器人学术研究机构组织共同编写的指南，经过多次专题研讨会的探究而形成，旨在为美国机器人产业未来十五年的发展提供方向。该版本技术路线图是在 2009 版的基础上进行了更新和提升，展现了日益成熟的技术预见水平。其技术路线图文本部分包括前言概述和五个章节，在佐证了机器人在经济中的关键作用后，重点围绕制造业机器人（特指在制造领域中应用的自动化机器人系统，该类机器人可以在生产线上完成重复、危险或高精度的任务，提高生产效率和产品质量。例如，汽车制造商广泛使用装配机器人来进行车身焊接和零部件组装）、医疗机器人（特指应用于医疗领域的机器人系统，可以辅助医生进行诊断、手术和康复治疗等任务，例如，可以帮助外科医生进行精确的微创手术的达·芬奇外科手术机器人系统）、服务机器人（特指家庭清洁机器人、餐厅服务机器人和医院护理机器人等设计用于提供各种服务的机器人系统。这些机器人可以减轻人们的日常工作负担，并提供便利和支持，例如，iRobot 推出的 Roomba 系列家庭清洁机器人可以自动清扫地板，为家庭主人提供方便）、太空机器人（指用于太空探索和任务的机器人系统，它们可以在太空中执行卫星维修、空间站建设和行星探测等各种任务，例如，国际空间站上安装的加拿大机械手臂 Canadarm2 以及我国空间站上搭载的机械臂都是非常典型的太空机器人，主要用于空间站维修和装配任务）和国防机器人（指无人飞行

器、无人地面车辆和战场机器人等用于军事领域的机器人系统，它们可以用于侦察、排雷和作战等任务，减少对人员的风险，例如，美国军方使用的无人侦察飞行器 Global Hawk 可以执行远程侦察任务，收集情报并监视敌方活动）这五个领域。针对不同时间跨度（5 年、10 年和 15 年），并围绕这五个领域从关键能力、技术和应用领域三个层面进行技术路线图设计。具体而言，如图 3.2 所示，在关键能力层面，该层面侧重机器人在特定领域中需要具备的核心能力和特征，例如，制造业机器人需要具备高精度控制、自适应性和高效率等能力，以适应快速变化的生产需求；医疗机器人需要具备精确的操作和感知能力，以进行精细的医疗操作；服务机器人需要具备人机交互和环境适应等能力，以提供个性化和智能化的服务；太空机器人需要具备自主导航、长期自持和抗辐射等能力，以适应极端的太空环境；国防机器人需要具备高度的自主决策和自主协作能力，以适应复杂的战场环境。在技术层面，技术路线图提出了在不同时间跨度内需要发展的关键技术，如制造业机器人需要发展高精度传感器、先进的控制算法和灵活的机械设计等技术；医疗机器人需要发展精确感知技术、远程操作技术和人机交互技术等；服务机器人需要发展情感识别技术、智能规划和导航技术以及自然语言处理技术等；太空机器人需要发展自主导航和探测技术、高效能源系统和可靠的通信技术等；国防机器人需要发展自主决策和协作技术、感知与认知技术以及安全和隐蔽技术等。在应用领域层面，技术路线图指出了机器人在各个领域中的具体应用，如制造业机器人可以应用于汽车制造、电子制造和物流领域，提高生产效率和质量；医疗机器人可以用于手术、康复和远程医疗等领域，提高医疗水平和患者护理质量；服务机器人可以在家庭、商业和医疗环境中提供各种服务，提升人们的生活品质；太空机器人可以支持太空探索和卫星维护任务，拓展人类的科学研究和资源开发能力；国防机器人可以用于军事任务和救援行动，提升作战效能和保障人员安全。总之，通过制定并实施该技术路线图，强调了制造业机器人、医疗机器人、服务机器人、太空机器人和国防机器人等不同领域的关键能力、技术和应用场景，可以推动机器人技术在各个领域的创新和应用，为美国机器人产业的未来发展提供了指导和规划，促进了美国机器人产业的繁荣和发展。

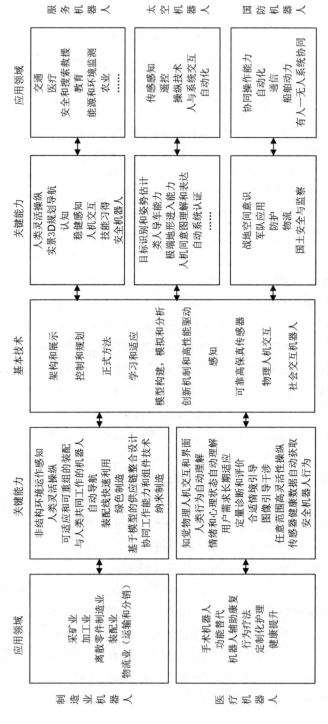

图3.2 美国机器人技术路线图内容架构

二、欧盟机器人技术路线图（2016—2020）

2016 年至 2020 年，欧盟机器人技术路线图归属于欧盟"视野 2020"计划（Horizon 2020），是该计划的组成部分之一，它是由欧盟机器人公私合作（Public Private Partnership，PPP）组织进行研究和设计的，并且每年更新一次。在欧盟机器人技术路线图制定过程中，欧洲机器人协会（euRobotics）发挥了重要的协调和推动作用，欧洲机器人协会是一个在欧洲范围内代表机器人产业和研究机构的非营利组织，它致力于促进欧洲机器人领域的合作与创新，欧洲机器人协会与欧盟委员会有着紧密的合作关系，而欧盟机器人公私合作组织就是由欧盟委员会、欧洲机器人协会以及研发机构共同搭建的，目的在于推动欧洲的机器人技术发展，该组织在 2012 年启动了名为"SPARC"的全球最大民用机器人研发计划，"SPARC"研发计划的目标是推动欧洲机器人产业的发展和创新，并为欧洲的机器人技术研究和创新提供了重要的资金支持和保障，有助于提高欧洲机器人技术在全球市场上的竞争力，通过与欧洲机器人协会、研发机构以及私营企业的合作，SPARC 计划为欧洲机器人技术的发展奠定了坚实的基础，并在欧盟机器人技术路线图的制定中发挥了重要的推动作用。欧盟的机器人技术战略主要由两部分组成：战略研究议程（Strategic Research Agenda）和跨年度路线图（Multi-Annual Roadmap）。研究人员包括私有方（机器人制造及零部件企业、终端用户、科研院所及高校等）和公有方（欧盟委员会）。这些研究人员的目标是帮助企业部门了解市场动态，帮助科研人员探索未来机器人技术发展的趋势，并辅助政策制定者理解机器人市场应用的潜力。

在技术战略的制定过程中，通过组织内外专家形成了 25 个研究团队，这些研究团队的目标是通过深入研讨和讨论，持续推动机器人技术的发展和应用，其研究范围涉及机器人在各个领域的应用，包括但不限于太空、海洋、建筑工程、物流和运输、矿产开采、公众交通、医疗保健、教育与培训、创业等领域。这些领域涉及不同类型的机器人应用和相关技术。如空中机器人研究团队专注于开发和应用无人机技术，农业机器人研究团队致力于农业自动化和精准农业技术，人工智能和认知机器人研究团队关注人工智能在机器人中的应用，自动导航机器人研究团队探索自主导航和定位技术等。通过深入研究和跨领域的合作，这些研究团队所得成果将对欧盟的机器人技术战略和路线图的制定起到十分重要的指导作用，他们将推动机器人技术在欧洲的创新和发展，促进机器人在各个行业和领域的应用，为未来创业提供新的机遇和可能，并给社会和经济带来更大的效益。

　　欧盟机器人技术路线图（2016—2020）是欧盟在该时期制订的一项重要计划，它主要涵盖市场应用、机器人分类、系统能力、技术阶梯式变化和技术成熟度水平五个方面。这些方面共同构成了技术路线图的内容架构，以图3.3所示的形式进行整理。在这个技术路线图中，技术阶梯式变化是设计的基础，也是技术发展和演进的核心。它对技术应用的路径产生影响，主要有两个方向："技术阶梯式变化→系统能力→技术应用"和"技术阶梯式变化→技术成熟度水平→技术应用"。技术路线图的文本设计逻辑非常严谨且思路清晰，它从"机会和障碍"的角度出发，考虑市场数据、当前地位和主要产品等因素，从而进一步分析系统能力和技术目标的预见。这种设计方式有助于全面评估技术发展的机遇和挑战，并为欧盟在机器人领域制定相应的战略和政策提供依据。归结起来，该机器人技术路线图是欧盟在机器人技术领域的指导性文件，对于促进欧洲机器人技术的创新和发展具有重要意义，其通过明确市场应用、机器人分类、系统能力、技术阶梯式变化和技术成熟度水平等方面的目标和路径，以期能够更好地引导和支持机器人技术的研发和应用，推动欧洲在全球机器人市场中的竞争力和影响力。

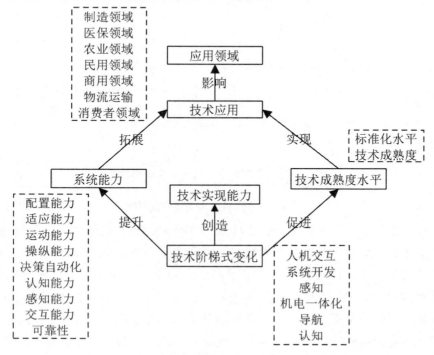

图 3.3　欧盟机器人技术路线图内容架构

三、日本新机器人战略（2015—2020）

日本机器人研究和产业发展具有悠久的历史，并且在全球范围内一直保持着领先地位。特别是在工业机器人领域，日本长期以来一直是世界第一的产值国家。此外，日本还在关键的机器人零部件领域，如精密减速齿轮等，占据了全球超过90%的市场份额，展现出其在机器人技术领域的强大实力。为了进一步推动机器人技术的发展，2014年，日本经济产业省组织政府、产业界、高校和科研机构的专家共同制定了《日本新机器人战略（2015—2020）》文本，以规划未来五年的机器人技术发展方向，内容架构如图3.4所示。

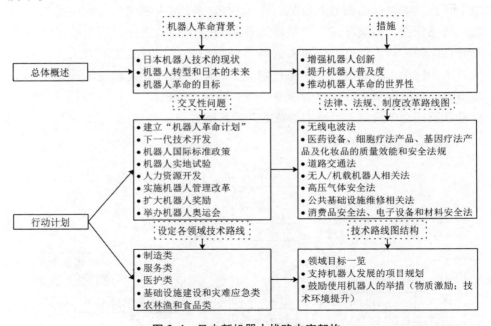

图3.4　日本新机器人战略内容架构

该文本包括两个主要部分：总体概述和行动计划。总体概述部分详细阐述了日本积极推动机器人发展的战略背景和主要目标，既着眼于日本当前面临的社会变革和经济挑战，如人口老龄化、劳动力短缺和产业竞争加剧等，为了更好地应对这些挑战并促进经济增长，故日本将机器人技术视为一个关键领域，并致力于通过机器人革命实现社会的转型。而后基于此提出了实现机器人革命的措施，即增强机器人的创新性、提高机器人的普及率以及推动机器人技术的全球化，在增强机器人的创新性方面，日本侧重于推动核心技术的研发，包括人工智能、感知技术、控制技术和自主决策等，通过推进这些关键技术的创新，提高机器人的智能水平和应用领域的多样性；在提升机器人的普及度方面，日本制定了一系列政策，以推动机器人技术在各个领域的广泛应用，其中包括减少机器人成本、提高机器人的易用性和安全性，培养人才并推动机器人教育的普及，并通过降低机器人的使用门槛和技术支持，促进机器人技术在日常生活和各个行业的广泛应用；在推动机器人发展的全球化方面，作为新机器人战略的另一个重要目标，日本计划加强国际合作，促进机器人技术的国际交流和共享，以推动全球机器人产业的发展。这包括与其他国家和地区的合作研究项目、技术标准的制定和推广，进而促进机器人技术的国际贸易和市场拓展等。

在行动计划部分，新机器人战略涉及许多关键问题和具体的行动措施，涵盖了与机器人技术相关的各种交叉性问题。其中包括下一代技术的开发（如更先进的人机交互技术、柔性机器人和协作机器人）、人力资源的培养和开发（如加强人才培养和开发，提供机器人相关教育和培训，建立机器人专业人才队伍，支持创业和创新企业的发展）等。此外，针对不同行业的需求，还制定了相应的机器人技术战略，这包括制造业、医疗保健、农业、建筑和服务业等各个领域，通过针对性的技术战略，旨在满足不同领域的需求并推动机器人技术在各个行业的广泛应用。通过新机器人战略的制定，日本为机器人技术的发展提供了明确的蓝图和指导方针，这使得日本能够在机器人技术研究和产业应用方面保持领先地位，并推动全球机器人产业的进步，这一战略的实施最终形成了一张技术路线图，为日本在未来五年内推动机器人技术的创新和发展提供了清晰的路径。

综上所述，新机器人战略为日本机器人技术的发展制定了清晰的目标和行动计划。通过加强创新、提升普及度和推动全球化，日本致力于进一步巩固其在机器人技术领域的领先地位，并为未来机器人技术的发展提供了明确的方向和路线。

四、中国制造 2025（2015 版）

我国的国家制造强国建设战略咨询委员会于 2015 年 10 月公布了《中国制造 2025》重点领域技术路线图，这是《中国制造 2025》行动纲领的具体化和落实。该技术路线图的发布具有重要的宏观背景，《中国制造 2025》是中国政府提出的一项重要战略，旨在推动中国制造业的转型升级和创新发展，其中技术路线图是实现该战略目标的关键指导文件，其明确了中国制造业从

"大国"迈向"强国"的路径，并确定了推进实现工业4.0的十大重点领域，以加强自主研发和创新能力，培育核心技术和关键产品，加强研发能力和市场应用，促进机器人在工业、服务业和社会其他领域的广泛应用，推动制造业向高端、智能化和可持续发展的方向迈进。具体而言，这些重点领域包括新一代信息技术产业、高档数控机床和机器人、航空航天设备、海洋工程装备及高技术船舶、先进轨道交通设备、节能与新能源汽车、电力设备、农业设备、新材料、生物医药及高性能医疗器械。该技术路线图的编制涉及众多专家和相关领域的精英人士，包括48位院士、400多位专家以及相关企业高层管理人员参与其中（机器人领域共有60位专家参与了技术路线图的编制），在广泛征集了来自企业、高校、科研机构和专业学会协会的意见和建议的基础上，确保了技术路线图的全面性和专业性。

　　该技术路线图的发布背景可以追溯到工业4.0掀起的全球浪潮，工业4.0是指以物联网、大数据、云计算等先进技术为基础，实现制造业数字化、智能化、柔性化和可持续发展的新阶段。机器人制造作为工业4.0的重要组成部分，扮演着提升生产效率、降低成本、实现灵活生产和智能化制造的关键角色，而技术路线图则在推进技术发展方面为政府、企业、高校及科研院所提供了参考指南，其中包含需求、目标、重点产品、应用示范工程、战略支撑和保障五个主要方面，如图3.5所示，形成了一套以五年为阶段的相对完整的机器人制造技术路线图。该套技术路线图的内容涵盖了多个方面，首先，需求方面考虑了市场的需求和高智能化生产设备需求、服务机器人需求及医疗护理机器人需求，明确了机器人制造的发展方向；其次，目标旨在确定技术指标、实现技术突破、提升市场占有率与国产化率、无故障时间及自主品牌普及与企业培育，进而提振机器人制造的核心竞争力；重点产品则明确了关键技术和关注领域，以指导研发和应用；应用示范工程旨在推动技术成果的实际应用和验证，促进产业化进程；最后，战略支撑和保障方面考虑政策支持、资源保障等关键因素，包括编制机器人规划、建立协同创新中心、建立检测评定中心及推动行业标准化，为技术发展提供了全方位的支持。归结起来，这套以五年为阶段的机器人制造技术路线图是一个涵盖全面且十分具体的行动计划，有助于推动中国在机器人制造领域的发展，通过明确目标和重点，整合资源和协同创新，中国能够加强自主研发和创新能力，提升机器人制造的水平和竞争力，这对于推动制造业转型升级、实现经济结构优化和提高国家创新能力具有重要意义，同时机器人制造技术的发展也将给国内各行各业带来更多的应用机会和发展空间。

图 3.5 《中国制造 2025》机器人技术路线图内容架构

五、文本设计异化成因解析

不同国家的机器人技术路线图在设计上存在明显的区别，这可以归结为几个主要原因。

第一，各国的机器人制造技术和产业发展水平存在差异。这种差异主要源于不同国家在机器人领域的历史发展和投入。美国、欧盟和日本在机器人制造技术方面具有较高水平，他们在研究和开发领域投入了大量资源，并拥有先进的制造技术和设施，如美国在 1962 年就生产了第一台工业机器人，日本在 20 世纪 80 年代机器人制造业就较为普及，2012 年工业机器人产值达 3400 亿日元，占据世界市场近 50% 的份额；相比之下，一些新兴国家在机器人技术方面可能相对滞后，因为他们在该领域的发展相对较新，需要时间来赶上先进国家的水平。

第二，技术路线图的制定还受到国家的发展战略和需求的影响。不同国家对于机器人技术的应用和发展重点可能存在差异。例如，一些国家可能更注重机器人在制造业中的应用，而另一些国家可能更注重机器人在服务业、医疗保健或农业等领域的应用。因此，技术路线图的设计将根据国家的战略定位和需求，针对性地制定相关的技术目标和计划。

第三，技术路线图的设计通常要经历几次滚动更新。机器人技术的发展速度非常快，新的技术和应用不断涌现，为了紧跟技术的发展以及应对新的挑战，各国的技术路线图通常会进行定期的更新，这些更新往往基于最新的研究成果、行业趋势和政策导向，以确保技术路线图的有效性和适应性。如美国机器人技术路线图 2013 版就是对 2009 版的更新，欧盟机器人技术路线图则每年更新一次，中国则是首次制作制造业技术路线图，计划每两年更新一次，且机器人制造仅为其中的一个部分。

总体而言，不同国家的机器人技术路线图的差异是由其机器人制造技术和产业发展水平、国家发展战略和需求以及技术路线图的滚动更新等因素共同决定的。通过制定具体的技术目标和计划，各国可以推动机器人技术的进步，并在相应的领域中取得竞争优势。随着机器人技术的不断发展和应用领域的扩大，各国的技术路线图将继续演进，以适应不断变化的机遇和挑战。

第三节　主要国家技术路线图文本评价比较及分析

根据模糊层次分析框架，对上述四个机器人制造技术路线图进行综合评价和排序，实施步骤如下所示。

一、层次分析法权重确定及一致性检验

首先，采用 9 级标度法对模糊层次分析框架中的 A、B、C 三层的指标进行两两比较得到该层次相对上一层次的重要性。例如，准则层判断矩阵 U_A 是 A1，A2，A3 和 A4 相对于目标层而言的相对重要性，依次类推。在专家咨询和调整后，生成如下所示的判断矩阵 U_K（K=A，B1，B2，B3，B4，C1，C2，C3，C4）。

$$U_A = \begin{bmatrix} 1 & 1/2 & 1/3 & 1/2 \\ 2 & 1 & 1/2 & 3 \\ 3 & 2 & 1 & 3 \\ 2 & 1/3 & 1/3 & 1 \end{bmatrix}$$

$$U_{B1} = \begin{bmatrix} 1 & 1/5 & 1/2 \\ 5 & 1 & 3 \\ 2 & 1/3 & 1 \end{bmatrix} \quad U_{B2} = \begin{bmatrix} 1 & 3 & 1/2 \\ 1/3 & 1 & 1/5 \\ 2 & 5 & 1 \end{bmatrix} \quad U_{B3} = \begin{bmatrix} 1 & 3 \\ 1/3 & 1 \end{bmatrix} \quad U_{B4} = \begin{bmatrix} 1 & 1/2 \\ 2 & 1 \end{bmatrix}$$

$$U_{C1} = \begin{bmatrix} 1 & 2 \\ 1/2 & 1 \end{bmatrix} \quad U_{C2} = \begin{bmatrix} 1 & 1/2 \\ 2 & 1 \end{bmatrix} \quad U_{C3} = \begin{bmatrix} 1 & 2 \\ 1/2 & 1 \end{bmatrix} \quad U_{C4} = \begin{bmatrix} 1 & 1/7 & 1/5 \\ 7 & 1 & 3 \\ 5 & 1/3 & 1 \end{bmatrix}$$

$$U_{C5} = \begin{bmatrix} 1 & 1/3 \\ 3 & 1 \end{bmatrix} \quad U_{C6} = \begin{bmatrix} 1 & 2 \\ 1/2 & 1 \end{bmatrix} \quad U_{C7} = \begin{bmatrix} 1 & 1/3 & 1/2 \\ 3 & 1 & 4 \\ 2 & 1/4 & 1 \end{bmatrix} \quad U_{C8} = \begin{bmatrix} 1 & 5 \\ 1/5 & 1 \end{bmatrix}$$

$$U_{C9} = \begin{bmatrix} 1 & 1/3 & 1/2 \\ 3 & 1 & 2 \\ 2 & 1/2 & 1 \end{bmatrix} \quad U_{C10} = \begin{bmatrix} 1 & 2 \\ 1/2 & 1 \end{bmatrix}$$

运用 MATLAB 软件，输入层次分析法算法代码求得权重并进行一致性检验。各层次权重结果如表 3.4 所示。

由 Perron 定理，判断矩阵 A 存在最大特征值 $\lambda_{max} \geq n$，当 A 一致时，$\lambda_{max} = n$；当 A 不一致时，$\lambda_{max} > n$。因此，为了测试评判一致性，采用式（1）作为衡量判断矩阵偏离一致性的指标：

$$CI = \frac{\lambda_{max} - n}{n - 1} \tag{1}$$

并在 CI 的基础上求平均得到平均随机一致性指标 RI。通常 1、2 阶判断矩阵总具有完全一致性，那么 RI = 0。3-7 阶的 RI 值则如表 3.2 所示。

表 3.2 判断矩阵 RI 值表

n	1	2	3	4	5	6	7
RI	0	0	0.58	0.90	1.12	1.24	1.32

对于阶数>2，需要通过 CR 值来判断一致性，一般 CR 值在 10% 左右就具有较为满意的一致性，否则必须加以调整。CR 的计算公式为

$$CR = \frac{CI}{RI} \tag{2}$$

由此，技术路线图文本评价判断矩阵通过 MATLAB 代码计算出权重、CI、RI 和 CR 值如表 3.3 所示。

表 3.3 技术路线图文本评价一致性检验表

相对层次	n	λ_{max}	CI	RI	CR	一致性检验
准则层—目标层	4	4.1431	0.0477	0.90	0.0524	通过
子准则层—A1	3	3.0037	0.0018	0.58	0.0032	通过
子准则层—A2	3	3.0037	0.0018	0.58	0.0032	通过
子准则层—A3	2	2.0000	0	—	—	通过
子准则层—A4	2	2.0000	0	—	—	通过

续表

相对层次	n	λ_{max}	CI	RI	CR	一致性检验
因素层—B1	2	2.0000	0	——	——	通过
因素层—B2	2	2.0000	0	——	——	通过
因素层—B3	2	2.0000	0	——	——	通过
因素层—B4	3	3.0649	0.0324	0.58	0.0559	通过
因素层—B5	2	2.0000	0	——	——	通过
因素层—B6	2	2.0000	0	——	——	通过
因素层—B7	3	3.1078	0.0539	0.58	0.0930	通过
因素层—B8	2	2.0000	0	——	——	通过
因素层—B9	3	3.0092	0.0046	0.58	0.0079	通过
因素层—B10	2	2.0000	0	——	——	通过

并进一步计算综合权重值结果如下：

表3.4　技术路线图文本评价模糊层次分析权重表

单排序权重			C层总排序权重	指标解释
准则层（A）	子准则层（B）	因素层（C）		
A1 制作团队 （0.1171）	B1 人员多样性 （0.1220）	C1 编制人员数（0.6667）	0.0095	根据参编人员数的得分
		C2 人员类别数（0.3333）	0.0048	根据参编人员类别数的得分
	B2 团队权威性 （0.6483）	C3 研讨会次数（0.3333）	0.0253	根据研讨会次数的得分
		C4 编制时长（0.6667）	0.0506	根据编制历时的得分
	B3 组织支持度 （0.2297）	C5 合作形式（0.6667）	0.0179	单位的合作形式优劣评分
		C6 编制单位数（0.3333）	0.0090	根据编制单位总数的得分

单排序权重			C 层总排序权重	指标解释
准则层（A）	子准则层（B）	因素层（C）		
A2 文本设计（0.2898）	B4 使用便捷性（0.3090）	C7 设计目标（0.0719）	0.0064	设计目标准确性得分
		C8 数据分析（0.6491）	0.0581	产业数据健全程度得分
		C9 用户导向（0.2790）	0.0250	用户引导能力得分
	B5 语言表达质量（0.1095）	C10 逻辑内容（0.2500）	0.0079	内容逻辑严谨程度得分
		C11 细节描述（0.7500）	0.0238	细节分析的准确程度得分
	B6 设计创新性（0.5816）	C12 内容创新（0.6667）	0.1124	内容创新的表现得分
		C13 结构创新（0.3333）	0.0562	结构创新的表现得分
A3 技术水平（0.4412）	B7 技术覆盖度（0.7500）	C14 技术领域（0.1515）	0.0501	技术领域覆盖数量评分
		C15 技术分析（0.6301）	0.2085	技术分析翔实程度得分
		C16 供应链覆盖（0.2184）	0.0723	供应链成员关系清晰得分
	B8 技术演化度（0.2500）	C17 共性技术演化（0.1667）	0.0184	共性技术覆盖和演化得分
		C18 核心能力演化（0.8333）	0.0919	核心能力深度和细致性得分

续表

单排序权重			C层总排序权重	指标解释
准则层（A）	子准则层（B）	因素层（C）		
A4 政策改革 （0.1520）	B9 改革范围 （0.3333）	C19 改革服务领域 （0.1634）	0.0083	改革服务领域的全面性得分
		C20 改革措施种类 （0.5396）	0.0273	改革措施种类的合理性得分
		C21 改革时间跨度 （0.2970）	0.0150	改革时间跨度的合理性得分
	B10 改革力度 （0.6667）	C22 改革目标匹配 （0.6667）	0.0676	改革目标与措施适配度得分
		C23 改革措施变化 （0.3333）	0.0338	改革目标变化渐进性得分

并通过式（3）求 B 层和 C 层的总排序一致性检验结果。

$$CR = \frac{\sum_{j=1}^{m} a_j (CI)_j}{\sum_{j=1}^{m} a_j (RI)_j} \tag{3}$$

其中，a_j 是所求层次因子总排序权重值，CI_j 和 RI_j 是其对应的单排序 CI 值和 RI 值。求得 B 层总排序 CR = 0.0031；C 层总排序 CR = 0.0767。故均通过一致性检验。

二、技术路线图文本模糊综合评价

确定权重后，咨询了 10 位机器人技术研究专家，分别对中、美、日、欧的机器人制造技术路线图按照因素层各因子进行评价打分，后转化为模糊评价矩阵，结果如表 3.5 所示。

$$R_{m*n} = \begin{bmatrix} r_{11} & r_{12} & \cdots & r_{1m} \\ r_{21} & r_{22} & \cdots & r_{2m} \\ \cdots & \cdots & \ddots & \cdots \\ r_{n1} & r_{n2} & \cdots & r_{nm} \end{bmatrix} \tag{4}$$

表 3.5　机器人制造国技术路线图文本评价隶属度

国别\等级	中国（CN）					美国（US）					日本（JP）					欧盟（EU）				
	1	2	3	4	5	1	2	3	4	5	1	2	3	4	5	1	2	3	4	5
C1	0	0.1	0.8	0.1	0	0	0	0	0.7	0.3	0	0	0	0.9	0.1	0	0	0	0.6	0.4
C2	0	0.2	0.7	0.1	0	0	0	0	0.9	0.1	0	0	0.5	0.5	0	0	0	0	0.2	0.8
C3	0	0.1	0.6	0.3	0	0	0	0.7	0.2	0.1	0	0	0.7	0.3	0	0	0	0	0.1	0.9
C4	0	0	0.8	0.2	0	0	0	0.7	0.3	0	0	0	0.5	0.5	0	0	0	0	0.1	0.9
C5	0	0.6	0.4	0	0	0	0	0.1	0.6	0.3	0	0.5	0.3	0.2	0	0	0	0	0.6	0.4
C6	0.6	0.3	0.1	0	0	0	0	0.1	0.6	0.3	0	0	0.1	0.3	0.6	0	0	0.1	0.1	0.8
C7	0	0	0.2	0.6	0.2	0	0	0.3	0.7	0.1	0	0	0	0.8	0.2	0	0	0	0.5	0.5
C8	0.8	0.1	0.1	0	0	0	0	0.1	0.7	0.2	0	0	0.3	0.6	0.1	0	0	0	0.6	0.4
C9	0	0.1	0.8	0.1	0	0	0	0.8	0.2	0	0	0	0.5	0.4	0.1	0	0	0	0.5	0.5
C10	0	0	0.2	0.5	0.3	0	0.3	0.3	0.3	0.1	0	0	0.4	0.6	0	0	0	0.1	0.8	0.1
C11	0.8	0.1	0	0.1	0	0	0	0.1	0.8	0.1	0	0	0.2	0.8	0	0	0	0	0.2	0.8
C12	0	0	0	0.8	0.2	0	0	0.1	0.7	0.2	0	0	0.4	0.5	0.1	0	0	0	0.5	0.5
C13	0	0	0.9	0.1	0	0	0.8	0.1	0.1	0	0	0	0	0.8	0.2	0	0	0	0.1	0.9
C14	0.1	0.6	0.3	0	0	0	0	0.2	0.3	0.5	0	0	0.3	0.3	0.4	0	0	0	0.4	0.6
C15	0.3	0.3	0.3	0.1	0	0	0	0.4	0.2	0.1	0.1	0.4	0.4	0	0	0	0	0.3	0.2	0.5
C16	0.4	0.3	0.3	0	0	0	0	0.5	0.4	0.1	0.2	0.2	0.6	0	0	0	0	0	0.4	0.6
C17	0	0	0.4	0.4	0.2	0	0	0.3	0.5	0.2	0	0.5	0.4	0.1	0	0	0	0	0.3	0.7
C18	0	0	0.7	0.3	0	0	0	0.1	0.8	0.1	0	0.1	0.8	0.1	0	0	0	0.2	0.7	0.1
C19	0	0	0.1	0.2	0.8	0.8	0.2	0	0	0	0	0	0.2	0.8	0	0.8	0.1	0.1	0	0
C20	0	0	0	0.3	0.7	0.4	0.4	0.2	0	0	0	0	0.1	0.5	0.4	0.4	0.4	0.2	0	0
C21	0	0	0	0.2	0.8	0.4	0.5	0.1	0	0	0	0	0.1	0.9	0	0.8	0.2	0	0	0
C22	0	0.1	0.8	0.1	0	0.5	0.4	0.1	0	0	0	0	0.2	0.8	0	0.8	0.1	0.1	0	0
C23	0	0.1	0.9	0	0	0.3	0.6	0.1	0	0	0	0	0.1	0.1	0.8	0.1	0.7	0.2	0	0

又根据式（4）（5）和表 3.5 求得四国或地区机器人产业技术路线图模糊综合评价结果。

$$Y_{Bi} = W * R = (w_{C1}, \ w_{C2}, \ \cdots, \ w_{C23}) \begin{bmatrix} r_{11} & r_{12} & \cdots & r_{1m} \\ r_{21} & r_{22} & \cdots & r_{2m} \\ \cdots & \cdots & \ddots & \cdots \\ r_{n1} & r_{n2} & \cdots & r_{nm} \end{bmatrix}$$

（i=1, 2, …, 10）　　　　　　　　　　　　（5）

其中，Y_{Bi} 为某个国家或地区机器人制造技术路线图三级模糊评价结果；W 是 C 层总排序权重值。

根据式（5）可计算相对于子准则层的模糊综合评价结果，如表 3.6 所示。

表 3.6 机器人技术路线图三级模糊评价结果

相对层次	中国	美国	日本	欧盟
因素层—B1	0, 0.002, 0.011, 0.001, 0	0, 0, 0, 0.011, 0.003	0, 0, 0.002, 0.011, 0.001	0, 0, 0, 0.007, 0.008
因素层—B2	0, 0.003, 0.056, 0.018, 0	0, 0, 0.053, 0.02, 0.003	0, 0, 0.043, 0.033, 0	0, 0, 0, 0.008, 0.068
因素层—B3	0.005, 0.013, 0.008, 0, 0	0, 0, 0.003, 0.016, 0.008	0, 0.009, 0.006, 0.006, 0.005	0, 0, 0.001, 0.012, 0.014
因素层—B4	0.047, 0.008, 0.027, 0.006, 0.001	0, 0, 0.028, 0.05, 0.012	0, 0, 0.03, 0.05, 0.01	0, 0, 0, 0.051, 0.039
因素层—B5	0.019, 0.002, 0.002, 0.006, 0.002	0, 0.002, 0.005, 0.021, 0.003	0, 0, 0.008, 0.024, 0	0, 0, 0.001, 0.011, 0.02
因素层—B6	0, 0, 0.051, 0.096, 0.023	0, 0, 0.056, 0.084, 0.028	0, 0, 0.045, 0.101, 0.023	0, 0, 0, 0.062, 0.107
因素层—B7	0.097, 0.114, 0.099, 0.021, 0	0, 0, 0.13, 0.127, 0.074	0.035, 0.098, 0.0142, 0.036, 0.02	0, 0, 0.063, 0.091, 0.178
因素层—B8	0, 0, 0.072, 0.035, 0.004	0, 0, 0.015, 0.083, 0.013	0, 0.018, 0.081, 0.011, 0	0, 0, 0.018, 0.07, 0.022
因素层—B9	0, 0, 0.001, 0.013, 0.038	0.018, 0.019, 0.013, 0.002, 0	0, 0, 0.003, 0.017, 0.031	0.03, 0.015, 0.006, 0, 0
因素层—B10	0, 0.01, 0.085, 0.007, 0	0.044, 0.047, 0.01, 0, 0	0, 0, 0.003, 0.017, 0.081	0.058, 0.03, 0.014, 0, 0

　　经过专家模糊综合评价，以因素层—B1、因素层—B2、因素层—B3 为例，提出如下解释。如表 3.6 所示，该层中欧盟得到"好"的权重值最高（0.008），美国和日本在"较好"上权重最大（均为 0.011），中国则在"一般"的评价上达到最大权重值（0.011）。这主要归结于国外技术路线图制作团队的特征是团队人数多、研讨会次数多、参编单位数量大、人员属类相对丰富，国内团队在上述方面则相对较少（见表 3.7）；二是美国和欧盟制作团队较为全面地覆盖了政府机构、终端用户、企业以及学术科研机构，而中国和日本机器人技术路线图的参与人员中缺少终端用户，这在一定程度上会忽略用户的需求，造成一些"无效供给"；三是组织合作和支持方式差异较大，多种合作方式优于单一合作方式。欧盟机器人技术路线图组织方属于"公私合作型"，是欧盟和欧洲机器人协会（euRobotics AISBL）共建的 SPARC 合作计划项目；美国的组织方属于"高校+产业主导型"，即在国家科学基金资助下，由 8 所高校（佐治亚理工学院等）和机器人技术联盟（Robotics Technology Consortium）等联合编制；日本和中国的组织方类似，都属于单一的"政府主导型"，分别由日本经济产业省和中国工业和信息化部组织编制。

表 3.7　主要机器人制造国技术路线图制作团队评价

国别	团队人数	研讨会次数	编制历时（月）	参编单位数	人员属类
美国	160	5	6	97	G/U/B/A
欧盟	225	25	10	180	G/U/B/A
日本	180	6	6	146	G/B/A
中国	60	4	6	53	G/B/A

注：数据为文献和二手资料整理而得。G—政府；U—用户；B—产业；A—学术科研机构

　　由三级模糊评价汇总求得二级模糊评价结果如表 3.8 所示。

表 3.8　机器人技术路线图二级模糊评价结果

相对层次	中国	美国	日本	欧盟
子准则层—A1	0.005，0.018，0.075，0.019，0	0，0，0.056，0.047，0.014	0，0.009，0.052，0.05，0.006	0，0，0.001，0.026，0.09
子准则层—A2	0.066，0.011，0.079，0.108，0.026	0，0.002，0.089，0.156，0.044	0，0，0.083，0.175，0.032	0，0，0.001，0.124，0.166

相对层次	中国	美国	日本	欧盟
子准则层—A3	0.097, 0.114, 0.171, 0.056, 0.004	0, 0, 0.144, 0.21, 0.087	0.035, 0.116, 0.223, 0.047, 0.02	0, 0, 0.081, 0.161, 0.2
子准则层—A4	0, 0.01, 0.085, 0.02, 0.038	0.062, 0.066, 0.023, 0.002	0, 0, 0.006, 0.034, 0.112	0.087, 0.045, 0.02, 0, 0

针对 A2、A3、A4 二级模糊评价结果做出如下解释：

第一，对于文本设计（A2），欧盟获最高的"好"评值（0.166）、美国日本居次（0.044 和 0.032），中国最后（0.026），原因在于欧盟的技术路线图对机器人技术细分、用户导向性、数据分析都非常细致，尤其是独具创新地引入了标准化规则和技术成熟度水平（Technology Readiness Levels，TRLs）使得规划的标准有规可循；美日的优势是在技术路线图中提供了详细的市场数据。

第二，各国在技术水平（A3）和文本设计的排序相同。①技术覆盖方面，欧盟的机器人市场和技术细分最为精细，包括制造业机器人、医疗机器人、农业机器人、民用机器人、商用机器人等 13 类，美国和日本也细分为 5类，而中国则仅笼统地分为工业机器人、服务机器人、新一代机器人；②技术演化上，美欧的设计价值最高（见图 3.2~图 3.5），如欧盟的技术路线图按照技术关系提出了"系统开发""人机交互""机电一体化""感知、导航和认知"四类共性技术，旨在实现系统工具优化、交互优化、机器优化和行动意识优化，每项技术都详述了技术基础情况、关键技术方法、预期分步变化、技术标准和指标、对领域和产品的影响、对系统能力的影响以及对其他技术的影响。

第三，日本和中国在政策改革（A4）的设计中优于美欧，这里列出了一些表现：①日本技术路线图既有针对工业机器人、服务机器人、医疗保健机器人等领域的措施，又有全国性的政策和改革措施（见图 3.4），比如建立"机器人革命计划"（Robot Revolution Initiative），全球机器人标准化政策等；目标匹配性好，提出了"机器人革命"的措施，即"提升机器人创造力""机器人利用普及化"和"全球机器人革命的推进"。改革措施时间跨度比较合理，改革的渐进性较强，均是对已有政策措施的推进。②中国技术路线图的改革措施种类涉及奖励制度、教育措施（如人才培养示范工程）、项目和机构设置（如建立国家机器人协同中心等），但并没有涉及法律法规改革；目标匹配性也较好，总目标"形成完善的机器人产业体系，机器人研发、制造及系统集成能力力争达到世界先进水平"与改革措施（见图3.5）有一定匹配性，但改革措施衔接和连贯性较弱。③美欧在政策改革上基本没有涉及。

再次综合二级评价结果，得到总体评价结果，如表3.9所示。引入向量 $V = (v_1, v_2, \cdots, v_n)^T = (20, 40, 60, 80, 100)$，则可求得分数并排序。四个机器人技术路线图文本评价排序依次为欧盟、美国、日本和中国。

表 3.9　机器人技术路线图一级模糊评价结果

排序	国别	模糊评价权重	分数
1	欧盟	0.087, 0.045, 0.102, 0.31, 0.456	80.06
2	美国	0.062, 0.068, 0.312, 0.415, 0.144	71.08
3	日本	0.035, 0.125, 0.363, 0.306, 0.171	69.06
4	中国	0.1674, 0.153, 0.41, 0.201, 0.068	56.95

三、技术路线图脉络演进脉络分析

随着人工智能、自动化技术和传感器技术的快速发展，机器人在制造业、医疗保健、物流和交通等领域的应用逐渐增加，为提高生产效率、改善工作环境和满足人们日益增长的需求提供了新的解决方案。近年来，机器人研究和应用正处于快速发展的阶段，引起了全球范围内各方力量的密切关注与角逐。而机器人技术路线图作为推进智能制造业发展的重要预见工具，它为机器人技术和产业的发展提供了宏观的科技规划。

如前所述，机器人技术路线图是一种系统性的战略规划，旨在确定科技发展的目标、方向和路径，包括了对科技资源的调配、研发投入的确定和技术创新的引导。其编制过程集结了包括政府、企业、高校研究机构以及核心用户等各方研究力量的参与。在技术路线图的编制过程中，各国通常通过广泛调研、召开研讨会和专家论证等方式，多渠道参与以确定技术路线图的关键任务、时间计划和发展策略，其中不仅考虑了当前技术的发展趋势，还需要预见未来技术的发展方向和市场需求，从而在宏观上为机器人产业发展提供了科学的指导和支持。

鉴于此，深度解剖、评价和比较不同国家的技术路线图对于把握国际技术动态和优化国内技术预见工具具有重要意义。通过对技术路线图的深入分析和评价，可以更好地了解不同国家在机器人技术领域"差异化"的发展策略和重点方向。这有助于更好地借鉴和吸收国际先进经验，加强国际合作，促进技术交流和创新，加速国内机器人技术的发展，提高自主创新能力，并为国家经济和社会发展做出积极贡献。同时，通过比较不同国家技术路线图之间的差异性和共同点，可以发现各国在机器人技术研究和产业发展方面的优势和劣势。这不仅为国内技术预见工具的优化提供了宝贵的思路，考虑中国与其他国家国情的不同，也有助于进一步摸索具有"中国特色"的国内技术预见工具，革除技术预见工具这一"舶来品"可能存在的"水土不服"，真正服务于我国机器人产业发展。

综上所述，机器人技术路线图在推动机器人产业发展、指导科技规划和促进国际合作方面具有重要作用。通过对技术路线图的深入研究和评价，可以为国内机器人技术的发展提供宝贵的参考和指导，助力实现智能制造业的升级和创新发展。通过前几节内容的分析，得出如下研究结论：一方面，基于前述观察及测度结果，在技术路线图的制作团队、文本设计和技术情况上所呈现出的一个明显趋势是"欧盟>美国≥日本>中国"。这样的趋势排序也反映出相较于其他国家欧盟在技术路线图的制作团队、文本设计和技术情况上处于明显的领先地位，其制定技术路线图的团队具备强大的专业背景和能力，而其文本设计和技术情况也处于较高水平。美国与日本的能力和水平相当，略低于欧盟，而中国在这些方面相对滞后。另一方面，在政策改革设计上，"日本>中国>美国和欧盟"的趋势意味着日本在此领域具有较为积极和创新的政策环境，中国在政策改革方面也取得了一定的进展，而美国和欧盟则需要加强政策改革以适应科技发展的快速变化。

具体而言，之所以会在制作团队、文本设计、技术情况及政策改革设计上出现异化的趋势排序，原因在于以下几方面：

第一，国外制作团队更加注重人员多样性，其团队的组织支持呈现出"多元化"特征。国外制作团队的招募和调配更倾向于具有不同学科背景和专业知识的人员，并全力激活政府、产业、学术科研以及各类用户参与制作的"积极性"，这种"多元化"人员构成能够为技术路线图的制定带来更广泛的视野和专业知识，增强团队的权威性和可信度。此外，国外制作团队通常会经历多次技术路线图的制作或修订，他们能够从历次制作中吸取教训，不断改进和完善路线图，使其更加符合实际需求和科技发展趋势，也因此积累了丰富的经验和知识，其在技术路线图的制作或修订方面经验更为成熟，例如欧盟和美国技术路线图的制作或修订是由"公私合作"或"产业+高校"联合设计的，这意味着政府、私营企业、高等院校等各方共同参与技术路线图的制定，形成了一个协同合作的生态系统，之后再经过政府的审批和认可，技术路线图才最终得以实施。相比之下，中国的技术路线图制作团队主要由院士专家组成，并且只包含少量的企业代表；此外，这些团队在忽略了用户参与方面存在一定的不足。用户作为技术的最终使用者，他们的意见和反馈对于制定科技发展策略至关重要，然而在中国的制作团队中，对用户的参与并没有得到充分的重视；最后中国的技术路线图通常是首次制作，缺乏经验积累和历次修订的机会。这使得中国团队在制定技术路线图时面临着一些挑战和不确定性。在组织支持方面，中国的制作团队更加依赖于政府的支持和引导。政府在技术路线图制定过程中发挥着重要的作用，提供资源和指导，但相对缺乏来自产业和学术科研等其他方面的支持。总结起来，国外制作团队在技术路线图制定方面注重人员多样性，团队更为权威且经验更为成熟，组织支持更为多元化。相比之下，中国的团队虽由专家组成，但缺乏用户参与、经验不足且依赖政府的支持。这些因素将对各国技术路线图的制定和科技发展产生不同的影响。

第二，在文本设计方面国外技术路线图展现了一些共性优势。首先，国外技术路线图的文本设计具有逻辑思路清晰的特点，这意味着他们能够以清晰的结构和流程来展示技术发展的路径和目标，使技术路线图的受众能够更好地理解和跟随文本内容；其次，国外技术路线图的文本设计更加具有用户针对性，这意味着他们在制定文本时考虑不同利益相关方的需求和利益，并将其纳入设计中，通过与用户的密切合作和参与，国外团队所制定的技术路线图能够更好地满足用户的实际需求，使技术路线图更具有实用性和可操作性；最后，除了逻辑思路清晰及用户针对性方面的共性优势外，国外团队在技术评估标准方面进行了量化水平区分，他们对技术发展的不同阶段和水平进行了明确的划分和评估，这为机器人技术的全球标准提供了重要的参考依据，通过这种量化的评估标准，国外团队能够更准确地衡量技术的发展程度以及成熟度，并制定相应的发展策略和目标。相比国外技术路线图在文本设计中呈现出逻辑思路清晰、用户针对性以及技术评估标准方面的共性优势，中国技术路线图的文本设计则相应存在一些有待提升和改进之处。首先，中国技术路线图的文本设计过于宏观，缺乏对产业领域的细致划分。这意味着在技术路线图制定过程中没有充分考虑不同产业领域的特点和需求，尽管站在整体性、全局性的宏观视角来设计技术路线图，但引致文本内容细致性不足，存在相对模糊的情况；其次，中国技术路线图在设计上较为传统。这意味着国内技术路线图在文本的结构和表达方式上较为保守，没有充分利用现代化的技术和沟通手段，这就会引致文本的呈现方式相对单一和传统，缺乏创新性和吸引力。结合以上表述，国外技术路线图在文本设计方面具有逻辑思路清晰、用户针对性强和量化评估标准的优势。而中国技术路线图的文本设计则存在宏观性过强、产业领域划分不够细致和设计上过于传统等不足之处，而这些差异也是引致国内外技术路线图传达和实施不同结果的原因所在。

第三，在国外的技术路线图中，技术分析覆盖范围更广，呈现出更全面的特点。技术分析涉及对各种技术的趋势、创新和应用前景进行深入研究，以便更好地了解技术的发展动向和潜力，而技术分析的覆盖性则是指技术路线图所包含各种技术的趋势、创新和应用前景的技术范围以及内容的广泛程度。国外技术路线图在技术分析覆盖度方面的优势，说明了国外技术路线图在制定过程中考虑各个技术领域的发展情况，其专业制作团队可能采用各种方法和工具，如市场调研、专家咨询和数据分析等，从多渠道、全方位、立体化的角度收集和分析相关的技术信息，并能够对不同领域的技术进行详尽的分析和评估。此外，国外技术路线图在技术演化设计方面也较为符合技术发展的需要，技术演化设计考虑技术的持续演进和创新，以满足不断变化的市场需求和科技进步，这进一步反映出国外团队将技术路线图设计为一个"动态"可调整框架，能够灵活地适应新兴技术和不断变化的环境，他们在设计过程中加入了对技术的迭代发展、关键技术的突破和技术整合等多角度的深入考量，以确保技术路线图始终具有可持续性、前瞻性和有效性。以国外技术路线图的技术分析为鉴，国内技术路线图在技术分析方面提升和改进的着眼点在于以下几方面。其中一个方面是国内技术路线图的技术细分过于粗略，技术细分需要将广泛的技术领域细化为更具体、更具有针对性的子领域或技术类别，这样做是为了更准确地了解各个技术领域的现状和发展趋势，并为技术路线图的制定提供更具体的指导和决策依据，国外技术路线图技术分析在细化层面明显更优，国内技术路线图的技术分析则缺乏对不同技术领域的详细划分和分析，故有待进一步提升。另一方面，国内技术路线图在技术分析的覆盖性方面也存在一定的不足，由于技术细分不够细致，国内技术路线图的制作和修订因此无法全面涵盖各个技术领域的发展趋势和关键技术的突破点，这便会导致路线图在引导技术发展方面的局限性，无法提供全面和具体的技术路线和发展策略。总而言之，结合对国内外技术路线图在技术分析层面的异化比较，国外技术路线图在技术分析的全面性和技术演化设计的符合性方面具有明显优势，而国内技术路线图在技术细分和覆盖性方面还存在提升和改进的部分，从而加强技术路线图实施的有效性。

第四，在国外的技术路线图中，日本是唯一一个设计了完备政策改革方案的国家。这反映出日本在制定技术路线图的同时，也着重考虑政策层面的改革和支持措施。其政策改革方案涵盖了针对科技创新的资金支持、法律法规的调整、研发补贴和税收优惠等各方面的政策措施，这些政策改革能够为日本的技术发展提供更好的政策环境和利好条件，并持续提振其国内机器人产业的创新和竞争力。与设计了完备技术路线图政策改革方案的日本相比，欧盟和美国在技术路线图的制定过程中忽略了政策设计的重要性，未提供详细的政策改革方案，这意味着他们将政策改革的责任分散在各个政府部门或其他独立政策机构，而非在技术路线图中直接体现，便可能导致政策改革和技术发展之间的协调性和一致性不足。而与日本、欧盟及美国相比，国内技术路线图中虽然也包含了政策改革的设计，但在目标匹配和措施变化方面仍有一些不足，其中目标匹配指的是政策改革的目标与技术路线图中所设定的技术目标之间的一致性和配合性；而措施变化则涉及政策的调整和改变以适应技术发展的需要，中国技术路线图在这两方面可能还需要进一步完善，以确保政策改革的目标与技术发展的方向和需求相互匹配，并能够根据技术的演化和市场的变化灵活调整政策措施。综上所述，虽然政策改革对于技术发展的推动和落实至关重要，但国外技术路线图中只有日本设计了完备的政策改革方案，欧盟和美国忽略了政策设计，而中国技术路线图虽然包含了政策改革的设计，但在目标匹配和措施变化方面仍有改进的空间。

归结以上四个方面，通过对国内外技术路线图这一重要预见工具的比较分析，所得研究结论一方面基于深度剖析各国异化技术路线图，能够为国内机器人技术产业更好地把握技术发展的趋势和方向提供智力支持，有助其在制定战略规划和决策时做出更加科学和明智的选择，以及能够持续助益国内机器人产业技术创新与更新活力，为不断提振国内机器人产业技术水平和市场竞争力保驾护航。另一方面所得研究结论也对其他领域技术路线图的事前评价提供了思路与借鉴，技术路线图是指导技术发展和创新的重要工具，事前评价则是对技术路线图进行综合评估和优化的过程，其他领域技术路线图制定者在制定过程中也能够借鉴在探索机器人产业技术路线图时所得研究结论中提出的思路和方法，可以更加全面地考虑技术的发展趋势、市场需求和政策支持等因素，从而制定更具有前瞻性和可行性的技术路线图。总而言之，前述研究结论为国内机器人技术产业的深入理解及滚动更新技术路线图提供了启发，为其他领域的技术路线图事前评价提供了有益的思路，为国内机器人技术产业和其他领域的技术发展可以更加精准地指明战略方向，实现技术创新和产业升级提供了重要支撑。

四、技术路线图滚动更新路径分析

机器人技术路线图是一种规划和指导技术发展的战略性文件，旨在提供关于技术发展方向、重点领域和关键技术的指引，在 21 世纪的今天，技术进步日新月异，新的技术不断涌现，科技发展的趋势不断出现新变化，而旧版本的技术路线图必然无法有效应对不断革新的技术挑战和需求。故机器人技术路线图的滚动更新是极其必要的，通常各国政府部门、行业机构、研究机构和核心用户等都会定期参与机器人技术路线图的制定，各国的技术路线图经多次更新保证了其时效性，与时俱进同时也更加符合技术发展的需要。例如，美国的机器人技术路线图在 2013 年对 2009 年版的进行了更新，其更新是为了及时反映新兴技术的发展和应用，2013 年版对 2009 年版进行了修订和补充，以纳入新的技术领域和重点研究方向。这样的滚动更新能够帮助美国在机器人技术领域保持竞争优势，促进技术的商业化和产业化。而欧盟的技术路线图在 2016 年对 2015 年版进行了完善，欧盟技术路线图的滚动更新确保了其与欧洲机器人技术的发展保持一致。2016 年版也是在 2015 年版的基础上进一步修订和优化，以涵盖最新的研究成果、市场需求和政策支持，尤其是欧盟每年都会对技术路线图进行一次更新，以有效保持技术路线图的前瞻性以及更好应对快速变化的技术环境。有鉴于前述的研究结论，滚动更新对于国内机器人技术路线图意义重大，不难预见，通过定期更新技术路线图，国内机器人技术路线图可以更好地适应技术的演变和市场需求的变化，推动机器人技术的创新和应用，同时，更新还可以帮助中国在机器人技术领域与其他国家保持竞争力，并加强与国际技术标准和发展趋势的对接，为中国在全球机器人市场的竞争中取得优势提供支持。具体而言，基于对欧盟、美国、日本机器人产业技术路线图的比较分析，对中国机器人路线图的制定有着如下启示。

第一，为了提升中国机器人技术路线图制作团队效能，可以着眼于以下几个方面加以改进：人员多样性的提升、建立机器人行业专家信息数据库以及强化组织支持。首先，中国机器人技术路线图制作团队应该广泛吸纳来自政府、产业、高校、科研院所以及终端核心用户的积极参与。这种"多元主体"参与的方式有助于充分汇集各方资源和智慧，确保技术路线图的有效性和实操性，在"多元主体"共同参与的合作框架下，制作团队可以开展小组讨论来探讨不同领域或不同技术路线图的设计思路，多元主体的参与背景经过小组讨论的"催化"，不仅能够促进团队成员之间的交流和合作，不同观点和意见的"交织碰撞"也有助于激化思想的"火花"，而这种协同工作方式最终形成的统一意见和建议势必有助于提振技术路线图的质量和准确性；同时也特别需要重视和加强的是终端核心用户的参与，可以通过终端核心用户线上电子参与以及线下推举代表参与相结合的方式，使终端核心用户的需求和反馈能够充分融入技术路线图的制定过程，并可以利用大数据手段捕获用户需求信息和市场信息，为机器人技术路线图的制定提供有力支持。其次，应以建立机器人行业专家信息数据库为"切入点"，提升对建立该信息数据库的重视程度，在数据库建立伊始可以邀请国内外知名机器人制造和智能制造领域的专家和学者加入，使他们的专业知识和经验能够得到充分利用，并时常保持机器人行业专家信息数据库的更新，持续为数据库补充"新鲜血液"，而通过与专家的深入交流和合作，技术路线图制作团队能够更好地把握技术发展前沿和产业需求，确保技术路线图的科学性和前瞻性。最后，需要转变现有的"政府主导型"机器人技术路线图组织方式，必须提升和增强对多元主体参与机器人产业技术路线图制定的重视程度，这种积极的转变能够有效激发各方的积极性，形成产业发动、技术驱使和多元组织互动的机器人路线图组织支持，通过强化各方的参与和合作，可以确保技术路线图的制定更加贴近实际需求，同时提高技术的应用和推广效果。综上所述，通过提升制作团队人员多样性、建立机器人行业专家信息数据库以及强化组织支持等措施，中国机器人技术路线图制作团队可以更好地开展工作，提供更准确、实用和前瞻的技术路线图，推动中国机器人技术的发展和应用。

第二，为了提高中国机器人技术路线图的质量和实用性，可以增加以下几个方面的考量：提高文本可读性和易读性、增补现有文本的数据分析、培养用户意识、借鉴国外数据分析和量化评价方法以及在设计创新性上有所突破。其一，提高文本可读性和易读性十分重要，技术路线图的文本应该具有清晰明了的逻辑结构，语言简洁明快，避免使用过多的专业术语和复杂的句子结构，这样可以使技术路线图更容易被广大读者理解和应用，并且可以多使用图表、图像和其他视觉辅助工具提升文本的可读性和吸引力。其二，现有的技术路线图文本需要增补机器人产业和技术现状的数据，数据相比文字能够更加直观地了解当前机器人产业发展的实时动态，这部分的数据应当涵盖收集和分析当前中国机器人技术和产业的世界位次和关键缺陷，并应该包含能够反映技术水平、市场规模、产业发展趋势等关键指标信息，通过深入分析，以全面了解中国机器人技术的现状，为技术路线图的预见性和客观性提供有力支持。其三，必须重视培养和强化技术路线图文本的用户意识，不同领域的人员，如政府、学术科研机构、产业市场和终端核心用户，对技术路线图的信息需求有所不同，故文本应该满足这些不同领域人员的需求，并提供相关的技术信息，这可以通过与相关领域的专家和用户进行深入交流和合作来实现，以确保技术路线图的实用性和适应性。其四，应当认识到借鉴国外的技术路线图设计方法的有益之处，国外的技术路线图通常采用定量的数据分析和评价方法，将技术成熟度水平进行合理分级，并进行实施效果的评价，国内在技术路线图制作过程中也可以借鉴这些方法，以提高技术规划的准确性和可行性，确保技术目标的实现。其五，为了突破较为传统的技术路线图框架，设计创新性是非常重要的，国内技术路线图可以尝试引入新的概念、方法和技术，推动技术创新和发展，这既需要对国内外的最新技术趋势进行深入研究，同时也需要审慎考虑将其融入技术路线图的设计中，通过创新性的设计，可以使技术路线图更具前瞻性和领导力，为中国机器人技术的发展不断提供新的思路和方向。综上所述，通过提高文本可读性和易读性、增补数据分析、培养用户意识、借鉴国外方法以及进行设计创新，中国机器人技术路线图可以变得更加全面、准确和具有前瞻性，为中国机器人技术得到更好发展和应用提供重要的指导和支持。

第三，在中国机器人技术路线图的制定中，有几个方面应该考虑进一步扩展和改进：细化技术领域、区分技术和能力、增强技术演化设计的指向性。首先，细化机器人技术领域十分关键，当前将机器人技术产品仅划分为工业机器人、服务机器人和新一代机器人不够细致，中国可以学习国外的做法，进一步细分机器人的种类和应用领域，以提高规划的精确度。例如，可以将机器人按照功能特点、应用场景、技术能力等方面进行分类，进一步细化技术领域的分类。其次，要重视区分技术和能力，国外的技术路线图在文本中明确区分了技术和能力，共性技术可以提升技术的系统能力，而技术系统能力又会进一步推动技术的应用，这两者之间的关系非常重要，中国的技术路线图应该进一步厘清技术的内部逻辑关系，确保技术和能力的发展相辅相成。最后，技术演化设计应更加灵活，并加强核心能力的演化设计，技术演化设计是指随着技术的发展和变化，对技术路线图进行不断调整和优化，中国的技术路线图可以借鉴国外在技术演化设计层面的思路，在设计中注重核心能力的发展，以推动产品的演化和升级，这有助于加速技术的商品化进程，促进机器人技术的市场化应用，而在技术演化设计的过程中，可以利用生长模型等多种技术产品采纳曲线，生长模型可以帮助预测技术产品在市场上的接受程度和采纳趋势，从而指导技术路线图的制定和产品的研发。除此之外，构建机器人产品生态系统也是非常重要的一环，即在技术路线图的指导下，建立起一系列相互关联的机器人产品、服务、支持和应用等环节，从而促进整个机器人产业的发展和壮大。综上所述，通过细化技术领域、区分技术和能力、加强技术演化设计等措施，中国机器人技术路线图的制定将更加全面和精准，为机器人技术的发展提供有效的指导和支持，而这些改进措施也有助于推动中国机器人产业的创新和进步，并提升在全球机器人领域的竞争力。

第四，为推动国内机器人技术的持续健康发展，应当着手建立和完善机器人配套法律法规体系，并加大政策改革力度，从而能够为国内机器人产业不断精进提供强有力的制度支撑。首先，建立健全与机器人技术的迅猛发展相匹配的法律法规体系至关重要。中国在机器人技术领域的政策改革措施与日本相比存在一定差距，主要表现在缺乏实质性的政策和法律法规改革，而为了弥补这一差距，需要在技术路线图的战略支撑和政策改革中，针对工业制造、医疗保健、道路交通等各类新兴机器人技术和产品所涉及的领域，制定相关的政策法规和法律改革方案。具体而言，在工业制造领域，政府可以制定政策法规，针对机器人技术的广泛应用对生产效率和质量提升的重要意义，鼓励企业投资和采用机器人技术，并提供相应的财务和税收支持，同时还可以通过法律法规明确机器人在生产线上的安全标准和规范，确保工作环境的安全性；在医疗保健领域，政府制定政策时要着眼于机器人技术应用对于医疗服务效率效能的提升作用，鼓励和支持医疗机构引进和使用机器人技术，并提供必要的资金帮扶和培训支持，同时相关法律法规加强针对医疗领域机器人使用安全性监督管理；在道路交通领域，自动驾驶技术和智能交通系统的发展给交通运输行业带来极大便利，政府制定政策法规时应从推动自动驾驶技术的研发和应用、规范相关的道路交通管理和安全标准、确保机器人技术的安全性和道路交通的顺畅性方面着手；此外，为了促进机器人技术的普及和应用，也需要适度放宽机器人产品普及过程中的法律约束，政府应当以灵活可调的政策为机器人技术的商业化提供便利，但也应该在法律中明确机器人技术产品的合规要求和责任分配，做好必要法律准备，保障公众的安全和权益。其次，政策改革力度需要进一步加强，相比于日本等国家，中国在实质性的政策和法律法规改革方面存在差距，因此在建立技术类和检测评定类机构的同时，还应着重破除一些不适应机器人技术发展的落后政策规定，这些过时的规定会对机器人技术的应用和创新产生限制，故迫切需要进行相应改革以适应快速发展的机器人技术。而为了促进中国机器人技术在国际市场的竞争力，政府应鼓励和引导行业共同制定与国际接轨的机器人技术标准，这些标准可以确保中国的机器人产品在质量、安全和性能方面达到国际水平，从而为中国机器人技术在国外市场的占有率提供便利，并且制定与国际接轨的标准还有助于促进国内机器人产业的协同发展和技术创新，提高整体竞争力。政府可以充分利用创新驱动发展战略，针对机器人技术研发、生产和推广应用等方面，加大财税支持力度，以及通过中央财政科技规划、市场融资等多重资金融汇渠道，为机器人产业从低端走向高端提供必要的资金支持和保障，以推动机器人产业的升级和创新，提升中国机器人技术的竞争力，并推动整个产业的升级和发展。总的来说，建立和完善机器人配套法律法规体系，并加大政策改革力度，通过破除不适应发展的政策规定、制定国际标准以及提供财税支持，是推动中国机器人技术的发展、促进产业创新的重要举措，这些措施必将为国内机器人产业发展提供更加稳定和有利的发展环境，提升其在国内外市场的竞争力，并推动中国机器人技术走向更高水平和得到更广泛应用。

第四节　本章小结

本章重点分析了世界主要国家技术路线图，并采用模糊层次分析法对各国在机器人产业技术路线图的设计进行了比较研究。以《中国制造（2025）（2015版）》《美国机器人技术路线图 2013版：从因特网走向机器人》《欧盟机器人技术路线图（2016—2020）》和《日本新机器人新战略（2015—2020）》为研究对象，从制作团队、文本设计、技术水平和政策改革四个维度开展了中外机器人制造技术路线图文本设计评价。研究发现：在制作团队、文本设计和技术水平质量上呈现出"欧盟>美国≥日本>中国"的趋势，而在政策改革质量上则呈现出"日本>中国>美国和欧盟"的趋势。在此基础上，提出了对技术路线图的演进脉络和滚动更新的路径分析。

第四章

城市创新系统中的新业态培育

城市创新系统是城市的"智慧大脑",是城市中政产学研用协同发展的核心系统。在当前的城市建设中,许多城市在行政区的基础上设置了经济功能区。这些经济功能区发挥着创新引领的作用。较为常见的经济功能区包括高新技术开发区和经济开发区,这些经济功能区是城市经济和创新产出的引擎,助力城市朝着创新和科技方向发展。城市创新系统是宏观的国家创新系统的原子,正是这些一个个的城市创新系统,共同构成了宏观层面上的国家创新系统。城市创新系统的特征在于主体丰富性,尤其是在经济功能区的建设过程中,经济功能区并不是传统意义上的行政区,但在经济建设和高新技术等方面发挥着部分行政职能,这成为城市创新系统中极具特色的政府管理环节。那么,在城市创新系统中,各个主体之间是如何协同促进产业的新业态培育的,这是我们开展城市科技治理变革中需要关注的问题。从影响新业态发展的影响因素出发,探讨城市创新系统中的新业态,能找出阻碍新业态发展的因素,针对这些因素能够提出有价值的对策建议。本章节以徐州市应急产业集聚的高新区作为研究对象,重点分析了徐州市高新区在城市创新系统中的新业态培育过程。

第一节　城市创新系统中的核心产业发展现状

2019 年年底,徐州市高新区被列为第三批国家级应急产业示范基地,标志着徐州市在全国国家应急产业基地建设布局中进入前二十名,是江苏省入选的两家单位之一。对中国安全谷和国家安全科技产业园的实地调查发现,目前徐州市应急制造业仍然是以传统制造模式为主,在"服务型制造"的探索上仍然刚刚起步。应急产业不仅包括应急制造业,而且包括应急服务业。推动应急产业新业态,成为政产学研用一体化推进产业发展的重要方向。

　　随着突发性事件的高频出现，应急产业日渐受到国家和省市地方政府的重视①，但应急产业仍然是新兴产业。徐州市早在 2005 年就开始了向安全产业的探索，依托中国矿业大学在安全领域的科研基础，从矿山装备向矿山安全起步，逐步建立起"中国安全谷"的拳头品牌，在国内同领域竞争中形成了自身独有的特色，为发展应急产业奠定了天然的基础。在全国范围内，应急产业的发展也取得了不少进步，应急产品制造能力不断提升，应急物资保障已有一定的基础支持，能够快速调动物资，直面应急风险。

　　但是产业边界模糊已经成为政府发展应急产业的瓶颈。应急产业与安全产业联系紧密，二者也存在不少差异。安全产业界定存在困难，其原因在于安全问题的"泛在性"，应急产业则将重点聚焦于"应急处置与救援"，目前在政府管理实践中较少对二者加以区分，学界对应急产业的定义也有多种，如唐林霞等较早提出应急产业从形态上可划分为应急产品和应急服务两类②；张纪海等提出"应急产业是指在应急管理的预防与应急准备、预警与监测、应急处置与救援、事后恢复与重建四个阶段，为满足应对各类突发事件的需求，保障人民生命财产安全和社会稳定，向国家和社会公众提供各种应急功能产品和服务的各类社会经济主体的集合"③。这里采用将应急产业按照最终产品形态划分，主要从应急制造和应急服务的角度开展论述。

　　通过对徐州市国家安全科技产业园和中国安全谷在应急产业新业态培育开展的调查，将研究对象从"安全产业"进一步细化为"应急产业"，试图排除安全产业模糊性带来的干扰。研究重点从"服务型制造"新业态培育的角度，以期推动应急产业从安全产业中剥离出新，并为驱动徐州市应急产业的发展提供针对性对策建议。

一、徐州市高新区应急产业的发展现状

　　徐州市高新区的核心产业是安全应急产业。本部分主要从调查入手，分析了徐州市应急制造业和应急服务业的现状，概括了应急产业的发展趋势，并分析了徐州市应急产业"服务型制造"新业态的初期表现。通过对徐州市

---

① 范维澄. 应急产业研究：一个新的开始 [DB/OL]. 清华大学新闻网（2020-05-11）[2023-08-02] https：//www. tsinghua. edu. cn/info/1182/51001. htm.

② 唐林霞，邹积亮. 应急产业发展的动力机制及政策激励分析 [J]. 中国行政管理，2010（3）：80-83.

③ 张纪海，杨婧，刘建昌. 中国应急产业发展的现状分析及对策建议 [J]. 北京理工大学学报（社会科学版），2013，15（1）：93-98.

应急制造业的现状调查，发现在徐州市高新区的应急产业主要具有以下特征：

（1）传统应急制造粗具规模，政产学研用协同发展趋势明显，徐州市在应急制造业上有明显优势

以徐工集团、中国矿大系列企业为核心的传统应急制造企业主要集聚在徐州市高新区，规模超过 200 家，这些企业主要是依托原有工业基地的生产优势发展应急制造，规模效益显著。应急制造业以矿山救援应急、消防应急、危化品应急、公共突发性事件应急和个人生活应急为目标，形成了上述五大应急制造业领域。而从应急管理过程而言，应急制造企业又可分为应急救援处置、应急感知预警、应急防护技术和应急培训服务四个方面，前三种属于应急制造业。由此，列举了代表性传统应急制造企业名单（见表 4.1）。

表 4.1　徐州市传统应急制造代表性企业名单

应急制造类型	代表性企业
应急救援处置	徐工汽车（应急救援多功能工程车、消防登高专用底盘）、徐工消防（消防与登高）、东方恒基（航空救援）、八达重工（应急救援设备）
应急感知预警	鸿鹄无人机（灭火侦查与实施）、江师大中红外激光（激光技术研发与产业化）、奥斯利特（晶振体及装备）、徐工防爆（防爆装备与技术）、攻关传感（AGV 无人车传感系统）
应急防护技术	美驰车桥（工程车辆配套）、肯纳金属（专用刀具滚齿）、爱思科（工程机械耐磨件）、安元科技（危化品装备与系统）、新奥安全（石油天然气安全技术与装备）

通过对高新区管理部门的资料分析和实地走访，目前徐州市的应急产业正处于发展的旺盛期，传统制造企业在依托企业、高校、政府等资源利用上均有较好的表现。政产学研用融合极大地促进了应急传统制造业的发展。以清华大学、中国矿业大学、江苏师范大学等高校为合作单位，这类企业汲取了高校科技研发创新的优势，不断谋求新的创新增长点，成为传统应急制造业发展的领航企业。

目前徐州市应急制造业仍以传统制造为主，集群式发展的规模效应初显。据高新区管理部门资料统计，传统应急制造业的产值达 200 多亿元，成为高新区经济发展的重要支柱。这些企业以专用设备制造、仪器仪表制造、电子设备制造、交通运输制造、电气机械制造、汽车设备制造为主。

（2）智慧应急制造开始出现，从自动化逐步升级为智慧化

智慧应急制造已经在安全科技产业园和中国安全谷中萌发。随着数字化和智能化社会的快速转型，智慧化也同样成为应急制造业的发展趋势。从徐州市应急制造业的发展可知，早期应急产品主要依赖于人工监测、排查和救援，一些新型的应急产品正在满足和替代人工，从自动化向智慧化迈进。徐州市应急制造企业从自动化向智慧化的发展过程中，智慧化技术突破了自动化和智能化制造技术交互水平低的障碍。

智慧应急制造正成为应急产业的新增长点。例如，消防应急产品制造领域，徐州市东方恒基、鸿鹄无人机、鲁班智能等企业已经走在同领域前列，探索出应急产品的智慧化发展路径，极大地克服了应急监测和救援过程中存在的高风险困难。例如，鸿鹄无人机研发的 HS6 系列产品已经开始提供智能辅助侦查和决策模块，推动城市公安消防应急与辅助救援的智慧化。鲁班智能在机器人、应急无人船、无人机等设备，成为智慧应急新生企业的代表。蓝安科技则侧重于安全大数据装备和数据开发应用，为应急救援提供数据支持。

在应急制造业的发展基础上，徐州市的应急产业也在应急服务业上有一些探索，但是应急服务企业数量相对较少，应急服务的协同配合程度还不够。

（1）专业应急服务企业数量少，规模小，受重视程度低

虽然不少制造企业也提供应急服务，但是专业化应急服务企业数量少，规模小，受重视程度低。目前高新区的应急服务企业的代表企业包括清华城市安全示范工程（城市安全指挥中心、安全教育体验中心）、广联科技（应急安全教育培训）、DNV.GL（安全评级与培训）等。专业应急服务企业，长期处于应急产业发展的边缘，这很可能与我国应急管理发展的困境有关。

多数应急管理部门及相关重点企业将防范事故和事件的风险放在技术支持上，而对人员应急意识培育不够重视，同时应急意识和应急行为之间存在一定偏差①，单纯依赖技术规避风险仍不成熟。因此，多数重大事故和突发性事件都有人员意识不足的原因。专业应急服务企业的发展限制已经开始影响应急管理的整体效果。

（2）应急服务企业体系化水平差，协同配合能力弱

比较分析了目前在徐州市的应急服务企业，发现主要以综合性安全培训

---

① 王义保，王天宇，刘卓，等. 基于 SOR 模型的突发公共卫生事件公众应急行为研究［J］. 重庆社会科学，2020（5）：19–31.

为主，能够为安全和应急知识普及提供服务，但应急培训并没有形成一套完善的体系和特色，应急服务企业间缺乏协同配合，应急教育培训内容分散，应急产品服务的覆盖度不够，应急服务企业针对性不强。目前专业化应急服务企业非常少，应急服务提供的意识薄弱，使得不少应急产品使用缺乏培训，造成了大量的物力资源浪费，应急服务效果尚待提升。

二、徐州市应急产业"服务型制造"新业态分析

在徐州市应急产业新业态培育的过程中，"服务型制造"已经日渐成为一种新的行业发展趋势。提升服务型制造的水平，应加强应急产业在应急服务和应急制造两方面的产业融合。从"服务型制造"的新业态发展水平上看，目前新业态并没有得到充分的挖掘。

"服务型制造"与应急产业有很好的切入口，对制造业效率提升有显著作用①，却尚未得到充分发掘。徐州市在安全产业上的探索有较长的发展史，为发展应急产业提供了良好的基础，不少安全防护产品也是应急产品，但在应急产品制造上的先天优势正在逐渐丧失。随着国家对应急产业重视程度的提升，国内主要制造业大城市都开始关注应急制造业的发展，但传统的应急产品服务却一直未受重视。从产业发展方面而言，"服务型制造"是"基于服务的制造"和"基于制造的服务"的结合，这理应成为徐州市加快升级应急产业的方向，推动应急产业的"服务型制造"水平的提升。

"服务型制造"成为应急制造和应急服务的新形式。"服务型制造"在徐州市应急产业中出现了一些新形态，但多处于初创期和萌发期。国内应急装备制造的竞争非常激烈，提升应急服务能够为制造型企业发展提供升级路径。徐工集团作为徐州市应急装备制造的龙头企业，建立了"产品+服务"的发展模式，拓展应急产品的全生命周期链。蓝安科技等安全大数据开发应用企业提供定制化应急大数据服务，成为中小应急产品企业开展服务型制造的代表。

推动徐州市应急产业的"服务型制造"趋势，将成为徐州市发展应急产业的特色。国内应急产业相对滞后的最突出表现就是服务缺失，这将为突破产品同质化困境提供出路。应急产业"服务型制造"的新业态包括"产品+服务"互嵌型企业、应急服务衍生型制造企业、应急制造衍生型服务企业等多种类型，尤其是在智慧城市背景下，推动服务型制造在应急产业的发展

---

① 郭然，原毅军. 服务型制造对制造业效率的影响机制研究［J］. 科学学研究，2020，38（3）：448-456.

从而助力智慧城市层级的跃升。

第二节 城市创新系统中核心产业发展的影响因素调查

为了全面了解城市创新系统中核心产业发展的影响因素，这里对徐州市高新区的应急产业开展了问卷调查，从而了解城市创新系统中核心产业发展受到哪些因素的影响。安全应急产业是徐州市高新区的支柱产业，在徐州市创新系统中发挥着重要作用。研究将调查对象设定为徐州市应急制造和应急服务企业，重点研究应急制造和应急服务企业在新业态培育上的影响因素。

一、影响因素调查设计

（一）调查研究对象

本次调查研究以徐州市应急制造和应急服务企业为调查对象，采用抽样调查方式，共发放问卷 312 份，回收有效问卷 252 份，回收率为 80.7%，涉及矿山应急、消防应急、危化品应急、居家应急等领域企业。在参与调查者中，男性占 72.6%，女性占 27.4%。年龄分布情况为：30 岁以下的填答者占 25.6%，30 岁至 44 岁占 60.1%，45 岁至 59 岁占 14.3%，参与调查的主要是应急产业的一线工作者。从学历层次上看，专科及以下占 8.1%，本科占 72.7%，硕士占 16.9%，博士占 2.3%。

（二）调查指标体系

应急产业的发展受到来自产业、政府和市场等多方面因素的影响①。本研究在已有研究的基础上，结合徐州市应急产业实际发展现状，从产业层面、政策层面和市场层面设计了应急产业"服务型制造"影响因素指标体系，如表 4.2 所示。

---

① 马颖，谢莹莹，康萍，等. 我国应急产业发展影响因素的作用机理研究：基于结构方程模型 [J]. 科研管理，2020，41（9）：257-267.

表 4.2 徐州市应急产业服务型制造的影响因素指标体系

一级指标	二级指标	三级指标
产业层面	应急制造业水平	应急制造企业效益增长水平
		应急企业技术产品在国内水平
		应急企业技术研发水平
		应急企业管理水平
	应急服务业水平	应急服务企业效益增长水平
		应急服务需求满足能力
		应急服务人员培训水平
		应急服务开发水平
	应急产业融合态势	应急制造与服务一体化程度
		应急制造与服务协同配合度
		应急产业链衍生水平
政策层面	应急产业政策覆盖度	政策横向覆盖范围满意度
		政策纵向覆盖范围满意度
	应急产业政策支持度	政策部门间协同水平
		企业—政府间关系
		政策内容前瞻性
	应急产业政策利用度	政策获知便捷性
		政策利用的效果
市场层面	应急产品需求满意度	应急制造技术的智慧化水平
		应急制造与城市应急管理契合水平
		应急制造与企业应急管理契合水平
		应急制造满足家庭应急防护需求的水平
	应急服务需求满意度	应急服务易用性
		应急服务有效性
		应急服务时效性
		应急服务创新性

　　研究主要采用 7 级李克特量表对上述指标体系因子打分评价，获取应急制造业和服务业工作者对应急产业"服务型制造"新业态的影响因素的评价，

进而筛选出关键性因子。研究主要从应急产业的一线工作人员获取感知性信息，以此描述应急产业"服务型制造"的影响要素。

二、关键影响因素分析

研究从产业层面、政策层面和市场层面比较了影响应急产业"服务型制造"的要素，分别从三个维度探究影响因素的重要性。

（一）产业层面

在"应急制造业水平""应急服务业水平"和"应急产业融合态势"指标上，重要性排序依次为应急制造业水平（mean = 5. 18）、应急产业融合态势（mean = 4. 75）和应急服务业水平（mean = 4. 12）。由此可见，一方面多数受访者认同应重点发展应急制造业，也较为支持应急制造业和服务业的融合态势；另一方面，应急服务业并非与制造业处于对等的地位，应急服务业可作为应急制造业的良好补充，却不能替代应急制造业的主导优势。

在应急制造业水平评价中，认为所在应急制造企业近五年的效益增长呈现递增趋势的受访者占 73. 3%，这与高新区近年来重视产业园发展和国内安全事故管理水平提升息息相关。一方面，政府应急管理和企业应急管理都开始大量投入，应急物资储备和应急制造技术已经成为近年来备受关注的重点；另一方面，徐州市应急制造企业的服务范围涵盖全国主要城市，以重工机械制造为基础，加强与国内安全科学技术、应急管理等知名研究院所合作，形成徐州市应急产业的特色。尽管应急制造企业效益逐渐增长，但徐州市应急制造企业的技术产品和研发水平受到的认同度较低，56. 3% 的受访者认为应急企业技术产品在国内水平处于中等以下，52. 4% 的受访者认为应急企业技术研发水平未达到平均水平。这反映出徐州市应急制造企业的创新性不强，企业技术研发尚未成为竞争优势。

在应急服务业水平评价中，只有 52. 3% 的受访者认为应急服务企业近五年的效益呈上升趋势。调研发现，应急服务企业大多创立时间不长，企业效益增长有明显的起伏，没有应急制造企业效益稳定。应急服务需求满足和人员培训水平的均值都在中等水平，反映出当前企业已经能够满足相当一部分的应急服务需求，并在人员培训水平上有一定的质量。但不可否认，应急服务开发仍然是在常规需求上，为应急需求方定制化应急服务还没有突破。

目前应急制造业和服务业已有初步融合的态势，但制造业和服务业深度融合，打通产业的全生命周期链条，仍需未来大量的探索实践。目前的一体化程度和配合性都不够强，产业链的衍生性还不够好，对应急服务的开发还不够重视。

（二）政策层面

从应急产业政策的覆盖度、支持度和利用度三个维度数据可知，呈现出政策覆盖度高于政策利用度、政策利用度高于政策支持度的趋势，平均分依次为 5.77 分、5.23 分和 4.29 分，均高于 4 分的平均基准。由此可见，当前应急产业政策已经取得一定的辅助性效果，能够为应急"服务型制造"提供基础性保障。

政策覆盖度评价的得分最高，反映出当前设定的政策范围能够涵盖大部分的应急技术产品和服务，但政策横向覆盖得分好于纵向覆盖。应急产业作为新兴产业，具有较强的模糊性，主要依赖于国家发布的安全产品目录来确定政策对象范围。徐州市高新区在招商引资和行政审批上狠下功夫，推进项目签约落地，极大提升了企业的政策利用度。政策获知便捷性和利用效果均表现良好。而应急产业政策支持度则相对较差，政策部门间协同水平最差，企业—政府间关系也有待提升，这很可能归咎于政策设计的定位不够精准。政策层面的调研，反映出应急产业政策仍然嵌入在安全产业政策之中。尽管二者有较强的交叉空间，但是应急产业和安全产业政策应该有所侧重，这很可能与应急产业和传统的安全产业较难剥离有关。

（三）市场层面

应急产品需求满意度高于应急服务需求满意度，二者都高于中等水平。具体而言，应急制造技术的智慧化水平仍然较低，满意度低于应急制造满足、城市、企业和家庭应急需求的水平。应急制造正在经历智慧化转型，这也是服务型制造的核心要义。推动以服务型制造为目标的应急技术发展，其重点就是提升应急技术的人性化水平，但是当前应急制造技术的智慧化水平不高，还有较大的提升空间。从城市、企业和家庭的应急需求方面，满意度最高的是城市应急需求和企业应急需求，而家庭应急需求则处于弱势地位。这很可能和资金投入息息相关。政府和企业在应急需求上的投入较多，而普通家庭则较少关注应急产品。

从应急服务需求满意度的结果来看，得分最高的是应急服务的易用性，服务的有效性和时效性得分居中，服务的创新性得分最低。应急服务市场扩大的驱动力在于组织和个人意识的增强。应急服务的易用性均值为 5.67，说明应急服务的获得较为便捷，这对提升应急意识很有帮助。应急服务的有效性和时效性居中，多数受访者认为企业提供的应急服务能够帮助培育工作和生活中的应急意识，对防范应急风险具有较好的作用，但是不少应急知识内容陈旧，培训内容落后于时代发展，当前提供的应急服务还尚未达到高速动态的效果。应急服务的质量不高，不少应急服务项目培训方法老旧，很难引起参训者的兴趣，也很难产生相应的服务成效，这也是不少应急服务项目难以受到重视的原因之一。除此之外，应急服务创新性表现较差，应急服务种类与十年前相比没有显著变化，相对应急制造的发展速度而言，应急服务的发展缓慢。

第三节　城市创新系统中新业态培育的问题及优化策略

一、应急产业新业态培育存在的问题

综合上述调查发现，尽管徐州市应急产业"服务型制造"已有初步进展，但仍然存在着问题。

（一）智慧化制造与定制化服务的融合性仍然较弱

智慧化制造和定制化服务在应急产业中有很大的发展空间。当前多数应急制造企业的智能化水平较低，应急服务专业化虽然不断增强，但针对不同客户的定制化应急服务较为鲜见。即使是专业开展应急服务的企业，也较少从定制化服务入手，联系应急制造企业构筑"服务型制造"的产业生命周期链条。

当前应急服务的科普性是多数专业应急服务平台或企业的工作重点，缺少对智慧化制造的辅助支持。应急制造企业的产品线陈旧，不少应急产品不能满足不断变化的应急新需求，这给应急救援带来了不便，同时对产品的改进关注较少。从源头上看，这是应急服务不到位所致。

智慧化制造和定制化服务的融合能力不佳已经影响城市应急管理的落实。在市场走访中发现，不少使用应急产品和服务的企业认为，尽管企业购买了产品和服务，但应急培训不到位，培养员工的应急意识存在难度，同时产品的智慧化程度低，通常需要培训专职管理员以防突发性事件，这给企业应急管理带来了不少负担。城市应急管理亦是如此，从相关人员反馈中也发现存在上述问题。

（二）"服务型制造"的政策支撑缺乏聚焦性

从国家到省市地方都对"服务型制造"出台了相关政策，如《中国制造2025》《国务院关于深化制造业与互联网融合发展的指导意见》《智能制造发展规划（2016—2020年）》，江苏省出台的《关于进一步加快智能制造发展的意见》等，这些政策对国家和省级层面的推动作用显著，但对应急产业的政策支撑不够。徐州市作为江苏省应急产业国家级产业基地的两座城市之一，推动应急制造业的"服务型制造"和"智慧化制造"的政策聚焦还不够，多数政策过于宏观，而应急产业作为新兴产业在产业竞争上有一些劣势，很难与传统制造业的历史性优势对比，但应急产业的战略重要性强，政策支持的战略价值显著。当前徐州市政策支撑焦点不利于应急产业的发展。

当前应急产业"服务型制造"新业态尚处于雏形阶段，亟须获得政策支撑，但应急产业受到重视的程度呈现较强的波动性。连贯性政策不够，短时促进产生的成效有限。徐州市应从服务型制造角度突破制造业和服务业政策支撑的界线，更长远谋划特色型产业集群的发展。徐州市已经在新能源、集成电路和生物制药等方向形成了一定规模的产业集群，巩固安全产业基础，强势发展应急产业，使之成为徐州市的新经济增长点，在全世界都比以往更加重视应急管理的时代背景下，政策适当倾斜和聚焦将为原有良好的基础增添新动能。

（三）"服务型制造"新业态的本质创新性不足

应急产业现有的"服务型制造"新业态仍主要是在原有制造企业的基础上增加应急服务，本质创新性不足。应急产业具有发展"服务型制造"的先天优势：应急管理过程本质上是应急服务过程。应急制造应成为应急服务的物质构成。西方发达国家的应急服务较为先进，形成了应急制造服务于应急服务业的发展态势[①]。而目前应急产业的"服务型制造"新业态更像是"制造"和"服务"的拼凑，缺乏协同性和系统性，使得不少新业态流于形式，缺乏内涵。

应急产业"服务型制造"并非"传统制造业"和"新兴服务业"的简单拼凑。应急制造企业缺乏应急服务系统化业务，与应急服务对接不够紧密；

---

① 张辉，王淑青，刘桂法. 国外应急产业发展现状及对我国的启示［J］. 中国安全生产，
2020，15（5）：60-61.

应急服务企业则对精细化应急制造配合不好，服务定位模糊不清，尚未形成完备的发展模式。如何推动本质创新，拓展应急制造业和服务业的形态类型，融合多种现代服务产品，已经成为摆在企业管理者面前亟待回答的问题。

二、增强新业态培育能力的优化建议

如何增强新业态的培育能力是城市科技管理者非常关注的问题。在城市创新系统中发展新业态是促进制造业和服务业融合的重要动力，推动新业态的产生能给城市经济带来新的增长点，能在促进创新方面发挥资源集聚和创新集群的效应。结合对徐州市应急产业的调查研究，主要从三个方面提出增强新业态培育的优化建议。

（一）促进产服融合，推动应急产业智慧化和定制化

应急服务滞后成为应急产业发展的潜在突破口。长期以来，国内应急产业发展落后于西方发达国家的重点就在于应急服务不到位。以应急服务作为基础性背景，鼓励应急制造企业关注应急服务，以人工智能、大数据等互联网新兴技术发掘传统应急制造的潜力[1]。在应急预警、应急救援等过程中，将制造技术产品作为应急服务的辅助，重点推动应急制造和应急服务的融合。

应急制造和应急服务融合，协同推进智慧化和定制化的路径如下：第一，以智能制造为契机，提升应急制造的智慧属性，尤其是重视应急制造产品的服务性软件开发[2]，以智能制造技术智能化为应急产品使用方提供最全面的服务；第二，推动定制化应急服务，提升应急服务的专业化，将应急科普和应急专业服务同时作为应急服务企业的发展重点，为应急产品客户提供符合需求的应急服务。

徐州市应重点关注"新基建"给应急产业带来的机遇，推动在 5G 时代背景下，应急安全制造和服务应与智能化基础设施协同发展。新基建将为新一轮应急产业发展提供资金和需求。一方面，在高速发展的互联网时代，应急制造和服务纳入万物互联和智慧感应成为融入新基建的方向。另一方面，应急与安全是发展新基建的要求。新基建和智慧城市的推广和建设，应急数据和服务是这轮建设的重点之一，具有广阔的市场。促进应急产服融合，抓住

---

① 苏黄菲菲，黄跃. 让"数字"为"两业"融合赋能［J］. 人民论坛，2020（18）：70-71.

② HU Q，KAPUCU N. Information Communication Technology Utilization for Effective Emergency Management Networks［J］. Public Management Review，2016，18（3）.

新基建建设机遇，推升产业链演化。

（二）凝聚政策焦点，向应急产业"服务型制造"有所倾斜

应在国家和省级产业政策的基础上，进一步凝聚特色型行业的智能制造和服务型制造产业政策。应急产业虽然嵌入在装备制造、软件开发等多个领域，但其应用目标具有较强的战略性和特色性。而在徐州市产业发展的定位中，应急产业的重视程度还不够，政策支持性不好，政策协同性不强，政策的利用度还有一定的提升空间。凝聚地方性产业政策焦点，扶持具有较强战略性的应急产业，发展"服务型制造"将会提升徐州市产业发展的社会服务性。

作为制造业基地，徐州市应进一步凝练面向应急服务的产业政策。应急服务在全国范围内都是应急管理的薄弱环节。应急管理很难单纯依赖应急制造解决实际问题，应以服务型制造为依托，大力发展应急服务业，将应急服务的范围从徐州市辐射到全国。完善政策设计，运用好政策工具，调整应急服务业的结构。提升应急服务的异质性和专业性，改变当前应急服务同质化的发展态势，积极鼓励企业开拓应急服务的空间，降低应急服务的成本，使得更多的应急产业客户愿意获取应急服务。

应急服务是安全管理和应急管理的过渡区。加强应急服务业的政策支持，不仅抓住了应急管理在政府层面和市场层面的短板，而且为降低重大突发性事故的概率提供了基础。推动应急服务业的发展，能极大推进徐州市发展应急产业和安全产业的特色，也是"服务型制造"在应急产业落地的重要标志。抓住国家发展应急产业的契机，利用徐州市在安全产业上的既有优势，助力应急服务业的升级。

（三）发现应急需求，丰富应急制造和服务的产品种类

目前应急制造产品和服务能够满足应急管理的基本需求，在防范风险和应急事故处置中能够发挥一定的作用，但多数企业缺乏创新活力，对于应急领域新需求的探索还较少，尤其是一些互联网时代衍生出的新型应急需求。例如，应注重互联网时代用户在应急管理中的作用①，在应急事故处置中，防范互联网的"放大效应"，控制网络谣言的传播，防止因网络谣言造成的突发

---

① VILLODRE J, CRIADO J I. User roles for emergency management in social media：Understanding actors' behavior during the 2018 Majorca Island flash floods ［J］. Government Information Quarterly, 2020, 37 (4).

性舆情事件等。应急制造和服务的产品种类长期以来的变化较小，这要求应急产业应注重"服务型制造"中的需求满足，促进应急制造和服务的多元化，形成通用品和专用品①、通识服务和专门服务的产业生态体系。

丰富产品服务种类也是推动应急产业"服务型制造"新业态的基本内容。应急产业应进一步细化应急需求，并探索新型应急需求，而非单纯依靠扩大生产规模获取效益，改变应急产业市场低质量产品服务居多的现状，提升应急制造品与应急管理过程的深度契合，推动应急服务在时效性和创新性上的突破。例如，随着"安责险"的推广，利用保险公司的业务联络进一步开发应急金融服务。又如加强对家庭应急产业需求的探索，分析民众防灾意识的培育和自救培训②。结合大数据分析等智慧化手段和全生命周期的应急管理流程，开拓新型应急制造和服务的产品种类，将为应急产业的转型升级提供较强的推动力。

第四节　本章小结

本章节主要通过对徐州市应急产业新业态培育及影响因素的研究，探索了新业态培育的影响因素。研究发现，在新业态培育上存在智慧化制造与定制化服务融合水平较弱、服务型制造缺乏政策支撑、新业态的本质性创新不足等方面的问题，新业态培育的水平还有很大提升空间。新业态培育是一个关系城市创新系统多主体的系统工程，增强新业态的培育不仅要关注原有的产业政策，而且要考虑新业态相关产业的协同发展，要重视主体的交互影响作用，推动制造业和服务业的智慧化融合，提升应急制造和应急服务的交融质量，关心产业链的发展变化，提升协同发展的能力。要凝聚政策焦点，向"服务型制造"倾斜，给应急产业的制造业和服务业带来更多政策优惠。要重视应急产业的发展需求，通过防范社会风险，提升应急处置能力，加强企业在创新需求上的探索，丰富应急制造和应急服务的种类，让应急产品更加契合市场的需求，充分发挥产品的市场竞争机制，为产业的快速发展提出更多可探索的空间。

---

① 徐建华，孙虎，董炳艳. 我国应急产业培育模式研究——论打造两大应急产业生态体系 [J]. 中国软科学，2020（6）：22-29.
② 王晓红. 我国家庭应急产业发展的动力机制与路径探析——基于自组织理论和事件系统理论的危机事件分析 [J]. 财经科学，2020（7）：120-132.

第五章

微观创新系统中的用户活跃性变化

第一节　数字经济时代下的创新驱动发展战略

随着新一轮信息技术革命的驱动，数字技术快速发展并广泛应用于实际，世界上的主要经济形态再次发生改变，衍生出继农业经济、工业经济之后的数字经济这一主要经济形态。数字经济的内涵与外延比较宽广，许多司空见惯的事物都属于数字经济的范畴。需要注意的是，大数据通过资源优化配置和再生，能够快速实现数据的识别、选择和使用，能够快速地提高生产效率，提升发展的质量水平。数字化信息和知识已经成为数字经济发展的重要资源，而在此之中最为重要的资源是数据，数据资源作为一种新型资源和要素，通过现代信息网络联动大数据、云计算等技术，尤其是随着物联网、人工智能和 5G 技术的快速发展和变革，互联网科技成为数字经济的重要支撑性技术，这些技术在提升通信质量方面有重要作用。信息通信技术与实际相融合的能力成为数字经济和创新发展的关键动力，而全要素数字化转型也正在成为提升创新质量，增强社会总体产出，提升公平和效率的关键。

在数字经济与创新驱动协同发展的过程中，技术和数据作为最为核心的指标，正在成为中国推动新一轮社会变革的重要方式，也是全世界经济增长的关键动力，在全球创新经济发展和变革的过程中，数字化创新模式正在以一种新的发展方向，引领着全球数字化的发展趋势。正是在这种背景下，中国对数字经济发展的质量非常关注，也对数字经济和创新驱动发展战略有了更多的投入和支持。提升国家在数字经济和创新驱动发展战略上的优势，加强对核心竞争力的引导，增强在新一轮信息技术革命中的技术领先性，是我国在数字经济时代发展创新和推动创新的重要方式。

国家对数字经济的高度关注也体现在近年来党的报告中。在党的十八大报告中就将数字经济作为国家战略出台了发展规划。在党的十九大报告中，进一步地说明了数据要素和数字经济的重要性，如何推动数字经济成为实体经济的一部分，将数字技术与现有产业融合，推动互联网、大数据和人工智能的应用和发展，并提出在产业发展过程中，推动中国的数字化建设。数字化的建设正在不断推进，这些都为数字经济和创新发展提供了很好的平台。数据作为一种新要素正在成为数字经济时代最为重要的发展性要素，数据能够在驱动经济高质量发展上发挥积极作用，并成为发展"新基建"的重要生产资料来源①。在党的二十大报告中，又进一步提出"必须坚持科技是第一生产力、人才是第一资源、创新是第一动力，深入实施科教兴国战略、人才强国战略、创新驱动发展战略，开辟发展新领域新赛道，不断塑造发展新动能新优势"②。由此可见，科技创新正在成为国家发展的关键动能。数字经济的快速发展，尤其是数字技术的更新升级，能够对社会产生重要影响。微信作为一种数字经济的支付方式和沟通方式，已经改变了我们的社会形态，推动社会的数字化转型。那么活跃用户数的变化是否也能够反映出微观创新系统的发展演化过程，这些问题是在本章节需要探讨的，在深入探讨研究这些问题之前，我们需要先了解一些基本理论与主要概念。

一、数字经济时代商业生态系统的新发展

商业生态系统的概念源自自然界的生态系统，是一个生物学引入管理研究中的概念。商业生态系统概念的引入促成了战略管理领域的许多新思考，推动了研究者将多学科和多领域知识融会贯通。企业从原有的组织实体，进化为一个系统化的实体，在系统中扮演着相互关联和共生竞争的物种，这种思想推动了后来对协同进化和协同创新的理论思考。商业生态系统理论在数字经济时代也有着重要的创新和发展。商业生态系统最早是由 Moore 引入，将生态系统的概念引入企业与其他组织的互动过程中，从这个视角去分析组织的利益关联和经济贡献。在这个过程中，许多相关理论不断介入，形成了商业生态系统和创新生态系统的庞大学术理论。在这套理论中，组织和个人如何利用资源，如何建立互动关系成为理论发展的核心要素。Moore 对商业生态的理解，将传统上对企业的内向研究转向为企业与外部的关联研究，将对内的管理转变为内外互通的管理，这也使得理论的研究方向有了很大程度上

---

① 郭建峰，王莫愁，刘启雷. 数字赋能企业商业生态系统跃迁升级的机理及路径研究 [J]. 技术经济，2022，41（10）：138-148.

② 习近平强调，坚持科技是第一生产力人才是第一资源创新是第一动力 [EB/OL]. 新华网，2022-10-16. ［2023-08-04］. http：//cpc. people. com. cn/20th/n1/2022/1016/c448334-32546191. html.

的创新，为研究企业与产业链以及跨界互动系统的过程提供了思路①。Moore深入探讨了商业生态系统的概念，认为商业生态系统是由客户、投资商、生产商、行业协会、政府和其他利益相关者等多个不同类型的组织构成的复杂动态系统②。由于研究的不断深入，许多在商业管理实践活动中的行为思考和实证分析被加入商业生态系统的分析中来，这就使得商业生态系统的研究突破了对平台和组织的思路，将个体行为纳入商业生态系统的研究中来。这些研究都有一个共性特征，那就是讨论了价值共创问题③。价值是商业生态系统发展和创新的关键，主体之间的互动关系也是通过价值共同体的方式关联，因此，从价值创造角度研究商业生态系统有一定的优势。

　　商业生态系统的研究已经积累了几十年的成果，文献非常丰富，但从发展脉络上看还是有了不少新的思考和演进。商业生态系统的活动构型是参与者将价值活动作为中心的多边集合，商业生态系统的参与者通过提供有价值的活动产生了与其他活动者之间的关系，在这种关系中形成价值并创造价值，但参与者之间并不存在隶属关系④。商业生态系统将组织与个人、组织与组织、个人与个人之间的价值共创过程体现出来，并且促进了这种多种价值融合的联盟，这种联盟的过程实际上最终是要实现共创价值的商业化⑤。一些研究在对商业生态系统的解读和阐释中加入资源协奏的理论，这种分析过程更为重视资源的整合过程和资源分析不同主体之间在资源整合中的配合作用⑥。将传统资源整合行为的某个阶段性过程作为研究的重点是一种常见的研究视角，但却没有对资源和价值的关系进行深入解析，使得很多研究缺乏对价值

① 李鸿磊，王凤彬，张敬伟. 什么样的商业生态系统在重度负面冲击中更具整体韧性？——基于复杂系统层次嵌套理论视角的双案例研究［J］. 南开管理评论，2022；孙新波，孙浩博. 数字时代商业生态系统何以共创价值——基于动态能力与资源行动视角的单案例研究［J］. 技术经济，2022，41（11）：152-164.

② MOORE J. The rise of a new corporate form［J］. Washington Quarterly，1998，21（1）.

③ 孙新波，孙浩博. 数字时代商业生态系统何以共创价值——基于动态能力与资源行动视角的单案例研究［J］. 技术经济，2022，41（11）：152-164.

④ 李鸿磊，王凤彬，张敬伟. 什么样的商业生态系统在重度负面冲击中更具整体韧性？——基于复杂系统层次嵌套理论视角的双案例研究［J/OL］. 南开管理评论，2022：1-23［2023-08-04］. http：//kns. cnki. net/kcms/detail/12. 1288. F. 20221214. 0911. 001. html.

⑤ ADNER R. Ecosystem as Structure［J］. Journal of Management，2017，43（1）.

⑥ 孙新波，孙浩博. 数字时代商业生态系统何以共创价值——基于动态能力与资源行动视角的单案例研究［J］. 技术经济，2022，41（11）：152-164；韩炜，邓渝. 商业生态系统研究述评与展望［J］. 南开管理评论，2020，23（3）：14-27.

共创的深度理解。商业生态系统的发展和演化过程要能够融入更多的核心思路，只有将资源、价值和个体行为都纳入考虑的范畴，商业生态系统的研究才能更加全面，尤其是对演化视角的分析①。从管理情景视角来看，在数字化时代，企业可以利用技术与算法等手段实现对资源的实时获取，资源特性和价值创造机制的改变，已经使得传统的商业生态系统的管理情景模式发生了翻天覆地的变化②。以上从多个视角、多种维度展示了现有商业生态系统研究中的丰富成果，但是也能发现对于商业生态系统的研究还存有研究深度不够的地方，可延伸探讨的空间很大，基于能力与资源等视角探索数字时代商业生态系统生成价值的动态过程亟须深入研究。

党的二十大报告对我国经济发展提出了新要求，对于我国企业在数字化转型过程中如何进一步发展给出了新的指引方向。数字化转型是数字经济发展的核心，数字化转型以数字技术为中心，推动整体效率的提升，增强国家在创新能力和核心竞争力上的跃升。商业生态系统的建构，不仅要关注新产品创造，还必须洞察产品创新的采纳过程，并根据其结果实施切实可行的市场战略，以此提升整个系统的健康水平。微信作为一款能让用户通过移动客户端使用语音消息、视频通话的移动即时通信软件，也是移动支付和电子支付的领导者，打通了人们生活中的娱乐交友、新闻资讯、购物消费、金融服务、生活消费和生活分享等多种功能，已经发展成为当今中国社会生活中不可缺少的手机应用软件，并形成了一个强大的围绕微信的创新生态系统。微信成为互联网时代最为重要的生态系统，直接威胁了一些传统互联网产品，比如飞信业务就已经关闭，这曾经是一款免费发送短信的软件。通过用户轨迹和用户体验的调查，能够更好地获取微信在发展历程中的变化，尤其是用户采纳的过程，这对于发展微信的创新生态系统非常重要。

二、数字经济时代下的微观创新系统

创新扩散已经成为创新研究的关键领域，这是数字化社会转型和社会整体变革中的关键课题。在综合国力不断发展的过程中，创新是驱动我国经济增长的关键性因素。创新本身是一件极为复杂的现象和行为，影响创新的因

---

① 孙新波，孙浩博. 数字时代商业生态系统何以共创价值——基于动态能力与资源行动视角的单案例研究 [J]. 技术经济，2022，41 (11)：152-164；韩炜，邓渝. 商业生态系统研究述评与展望 [J]. 南开管理评论，2020，23 (3)：14-27.
② 王永霞，孙新波，张明超，等. 数字化转型情境下组织韧性形成机理——基于数据赋能视角的单案例研究 [J]. 技术经济，2022，41 (5)：97-108.

素有很多，不仅包括企业内部对创新的影响，也包括企业外部环境产生的影响因素。尽管通常所谈到的创新往往是狭义上的技术创新，但实际上创新的领域非常宽，不仅包括技术创新这种技术发展过程中的一个环节，而且也包括通过新技术对现有的产品和服务加以改进的过程。创新的范围有时也比较宽泛，所以，对创新的界定不仅包括创新的技术，而且包括对于社会范围内的创新，比如社会场景中的创新就有很多是对现有的社会治理过程的创新。尽管在理论上看，创新一直是一个交叉学科，涉及经济学、管理学、社会学、教育学等多个学科领域，创新能够驱动组织的发展和进步，能够为长期的竞争关系提供支撑，也是企业获得创新绩效、政府获取治理绩效的关键方式。创新能力的提升会影响企业的长久发展，影响企业在发展过程中多大程度上能够持续进步，保持自身的竞争力，能够对企业和社会的进步产生重要的作用。创新的范畴具有广泛性，创新对技术的影响和对社会的影响都非常大，这种影响不仅是来自技术层面上的作用，也有可能是来源于政策上和治理上的创新，甚至是行为模式上的创新。通过微观创新系统去了解创新也是一种新的研究视角，能够帮助研究者思考创新的价值，理解创新的对象，分析创新采纳过程中的影响要素。本章节在围绕微观创新系统探讨用户活跃性变化时，针对创新采纳，不仅要考虑技术创新的作用，也要考虑管理创新在创新采纳过程中发挥的作用。

创新的重要性前文已进行了详细的阐述，接下来将对创新采纳这一行为进行更为翔实的说明，展示创新采纳的发展过程、重要地位以及进行探讨的重要性。创新采纳是采纳意向的一种，而"采纳意向"又属于众多行为意向之一①。从这一点可以推理出创新采纳其实就是一种创新者与接受者双向互动的"行为"，其中有许多方面因素影响着新技术、新产品、新工艺等的最终应用程度，即成功被采纳抑或失败而半路夭折。新媒体及新技术之所以能够快速、广泛地被接受，创新采纳无疑发挥着重要作用，且是这些新兴事物得以应用、生存的基点，也是创新扩散过程中不可或缺的环节。谈起创新采纳在新兴技术、新媒体应用、生存与发展方面所发挥的作用时，创新采纳作为一种行为实际上发挥的作用是个体与商品之间的关系，但采纳本身又是极为复杂的现象，在这个过程中，将采纳置于不同的场景则会产生不同的研究方向和现实场景。这也为学术上讨论创新采纳提供了更为丰富的研究思路。创新

---

① 金兼斌，廖望．创新的采纳和使用：西方理论与中国经验 [J]．中国地质大学学报（社会科学版），2011，11（2）：88-96.

采纳研究的创新就在于能够将创新产品被个体和社会采纳的过程揭示出来，一方面能够丰富现有的理论思考，另一方面也能够与其他相关理论融合形成一些新的理论研究方向。与此同时，也使得在围绕着具体的新媒体平台及新技术所进行的相关研究时，选择与应用的理论变得更为复杂多样。这也说明，理论构建和发展已经呈现出多层次、多领域、多元化的创新采纳场域。通过理论与实践经验相结合，提升理论对经验的适用性，加强对创新采纳的进一步理解，并能够对创新采纳在中国场景中的发展提供参考价值，创新采纳的研究能够对国家在发展经济和整体的社会转型中发挥充分的理论价值。当前对创新采纳过程的理解在很多方面缺乏对中国场景的理解，许多方向仍然很难解释发生在中国的采纳过程。

随着科技时代抑或信息时代的深入发展，新技术、新工艺等的大批涌现，对于创新采纳及采纳后行为的研究这一课题，日渐成为国内经济管理、科技社会学、社会保障、新闻传播等众多学科研究者关注的重要问题。在创新扩散的问题上，许多研究对社会经济环境进行了分析，研究需要从实践中找到方向，拉近理论和现实的距离，提升对中外差异的理解，研究方向上注重将本国的研究与全球普适的力量相匹配，能够在分析过程中体现理论的价值，而不是将理论过度脱离现实的情境。创新采纳理论应充分考虑创新的环境和创新的种类，分析创新的原有理论架构和值得进一步发现和探索的理论角度，将理论不断更新完善，以符合实际变化。创新采纳理论研究仍然缺乏对多样性和动态性的实践形式的深入分析，许多研究也仅仅是聚焦在一些变量上，这使得研究的解释效果大打折扣，许多时候研究也就变得过于生硬。如何增加一些有价值的变量，提升我们对创新采纳过程的理解变得尤为重要。尤其在中国，创新采纳的影响因素有一些自身的特色，要考虑的因素不仅仅包括创新本身，有时候还会包括政策环境、经济发展水平、社会文化等众多因素。罗杰斯最早提出创新扩散的力量，并提出了创新扩散的过程类似于 S 形的曲线分布，认为新技术和产品扩散的过程符合这项规律，而随后在各个领域的研究中，许多研究者都开始关注创新的扩散问题，开始涉及许多相关的领域，研究的方向很快变得丰富起来，创新扩散也成为创新研究的一个核心板块，是企业了解创新产品未来发展趋势的一个"晴雨表"。后续的研究中研究者对这种采纳的规律进行了更为深入的解析，比如这种扩散的过程是否都是符合 S 形曲线规律，有没有其他的曲线类型，采纳作为一个过程为什么会出现这种曲线的变化，等等。许多研究问题变得愈发清晰，对于创新扩散的过程也被越来越多的学者展开分析。罗杰斯对创新扩散的定义为"创新就是在一定的时间范围内采用特定的方式在社会群体和社会组织中传播的过程，这与其所包含的信息与新观点、新思想有关"①。简而言之，创新扩散理论实际上是用来解释一种新想法或创新的实践活动在与社会组织互动中被人接受的过程，在这种接受的过程中，哪些技术能够最终被接受，哪些创新则最终被人们淘汰，这也为企业和政府组织了解创新的过程有了更为直观的依据。

创新采纳是一个复杂，不确定的时间、空间过程②。20世纪60年代以来，针对这一过程，国际学术界涌现出一批极具研究意义和代表性的曲线模型（见表5.1）。总体而言，曲线拟合模型分为以Bass为代表的非线性模型和以Harvey为代表的线性模型两类。时代的剧烈变化，涌现出许许多多的问题，而以往的研究解释不了这些难题，创新的扩散过程引起了学者们的广泛关注。创新产品的采纳过程非常复杂，在这个过程中有一些是"先吃螃蟹"的创新者，而另一些则是模仿者，一些喜欢尝试新鲜事物的人更容易受到媒体的影响，而模仿的人则更偏向于以口头传播的方式来获取新事物，这也使得传播渠道成为区分目标群体的一种方式③。消费者的决策过程由此纳入Bass模型中，成为Bass模型的一个重要优势。Bass模型虽然考虑了消费动机，却没有从消费动机对决策过程的影响角度对用户进行分类④，但Bass模型仍然成为创新扩散模型中最为经典的模型之一，对创新扩散的理论研究起了重大的推进作用。Bass模型实际上探讨了模仿者的模仿过程，对模仿者的行为进行了分析，认为模仿者会根据周围采纳的情况来判断创新被接受的过程，而在这个过程中选择接受和选择拒绝很显然会受到周围人的影响。

---

① 罗杰斯·M. 埃弗雷特. 创新的扩散：第4版［M］. 辛欣，译. 北京：中央编译出版社，2002：10.

② 罗杰斯·M. 埃弗雷特. 创新的扩散：第4版［M］. 辛欣，译. 北京：中央编译出版社，2002：18.

③ BASS F M. A New Product Growth for Model Consumer Durables［J］. Management Science，1969，16（5）；BASS F M. Comments cn "a new product growth for model consumer durables the bass model"［J］. Management Science，2004，50（12）.

④ 唐中君，韩中亚. 融合两阶段过程模型和改进Bass模型的网络社交平台上产品信息扩散研究［J］. 运筹与管理，2022，31（1）：216-223.

表 5.1　1960—2015 年典型创新采纳模型及其意义

模型名称	典型采纳模型表达式	模型意义
Gompertz	$X_t = a\exp\{-c[\exp(-bt)]\}$	采用种群增长模型拟合创新采纳数增长①
Bass	$x_t = a\exp\{-c[\exp(-bt)]\}$	构建新产品初次购买时间的增长模型②
Log Reciprocal	$f(t) = [p+qF(t)][1-F(t)]$	时间序列模型拟合创新采纳数增长
Log Logistic	$X_t = \dfrac{a}{1+c\exp[-b\ln(t)]}$	采用 logistic 改进模型拟合创新采纳数增长③
Harvey	$X_t = \dfrac{a}{1+c\exp[-b\ln(t)]}$	采用线性回归方程描述采纳趋势④
Van Den Bulte	$\dfrac{x(t)}{X(t-1)} = \beta_i + \gamma_i \dfrac{X(t-1)}{M(t)} + u_t$	解释创新扩散加速趋势⑤
Agent	$U_{ij} = \beta_{i,j} * x_{i,j} + (1-\beta_{i,j}) * y_{i,j}$	解释社会、个人因素对创新采纳数的影响⑥

注：x_t 为 t 时刻的采纳人数；x_{t-1} 为 t−1 时刻的采纳人数；$x(t)$ 为 t 时刻采纳人数与 t−1 时刻采纳人数之差；a、b、c、β、γ 为模型参数；p 为早期采纳的人数；q 为模仿采纳的人数；t 为时间；$f(t)$ 为潜在采纳者 t 时刻采纳的概率分布；$M(t)$ 为 t 时刻总人数；$\beta_{i,j}$ 为个体 i 的个人偏好和社会影响的权重；U_{ij} 为个人偏好和社会影响的加权效用；$x_{i,j}$ 和 $y_{i,j}$ 分别为个人网络中的社会影响和个人偏好；u_t 为随机量。

① GREGGV J, HOSSELL H C, RICHARDSON T J. Mathematical trend curves：and aid to fore-casting [M]. Edinburgh：Oliver & Boyd, 1967.

② COLM M, JUNE R. Econometric-model of television ownership [J]. Economic and Social Review, 1976, 7 (3).

③ DELRE S A, JAGER W, BIJMOLT T H A, et al. Targeting and timing promotional activities：An agent-based model for the takeoff new products [J]. Journal of business research, 2007, 60 (8).

④ HARVEY A C. Time series forecasting based on the logistic curve [J]. Journal of the Operational Research Society, 1984, 35 (7).

⑤ VAN DEN BULTE C. New Product Diffusion Acceleration：Measurement and Analysis [J]. Organization Studies, 2000, 19 (4).

⑥ Bass F M. A New Product Growth for Model Consumer Durables [J]. Management Science, 1969, 16 (5).

在 Bass 模型中，假设模仿者所受的社会压力随着周围采纳者人数的增加而变大，二者呈正相关关系。也就是说，一项新技术一旦被部分人所接受，那么其他一部分刚开始选择拒绝的人则会产生从众效应，从而更改选择开始接受新技术，造成新技术等的用户数量大大增加。这一发现可以在现实生活中找到许多案例加以佐证，如微信、QQ、抖音等网络平台的发展。Bass 通过检验 11 种消费耐用品的初次购买的时间数量变化，发现了用户增长的累积趋势①，认为随着时间推移用户数量明显增长，这奠定了 Bass 模型研究创新采纳的基础。而 Harvey 则设计了一套以非线性趋势和 ARIMA 模型为基础的线性模型，进而预测净销售趋势②。其中，ARIMA 模型，又称整合平均自回归模型，对于序列的平稳性有要求，属于时间预测分析方法的一种。从这一点可以看出，Harvey 注重于探索变量与变量之间的因果关系，Bass 则注重于探索变量与变量之间发展的趋势，而非二者间的因果关系。研究表明，每个模型都各有其优势与劣势，并不能相互取代。预测分析时，在模型的选择上要根据实际情况选择最优或次优模型进行理论分析，并应加以选择或根据实际情况做适当修正。互联网创新技术扩散符合 S 形生长曲线③，如 Mäkinen 等学者在调查互联网平台的商业生态系统时，发现 Gompertz 模型比 Bass 模型更加准确拟合免费 Beta 测试应用产品的采纳趋势④。目前来说，国内在对创新产品采纳研究时仍然以单一模型拟合预测为主，多模型比较分析的研究比较缺乏。

新技术和新产品的扩散过程具有一定的规律性特征，微信作为智能化时代的技术平台，其扩散的过程和规律对我们研究新产品和新技术的扩散有重要的参考价值。从这个角度上看，微信作为一款智能化时代的早期应用，能够用扩散的程度来衡量新产品和新技术的传播过程和营销策略成效。微信在刚推出之时就是手机互联网的一大创新，这个手机软件将办公、生活、购物、娱乐和消费融为一体，成为数字支付的中心产品，也是中国数字经济的典型代表，更是居于许多生态系统中的中心地位，其自身的商业生态系统也形成

① BASS F M. A New Product Growth for Model Consumer Durables ［J］. Management Science，1969，16（5）.
② HARVEY A C. Time series forecasting based on the logistic curve ［J］. Journal of the Operational Research Society，1984，35（7）.
③ LEVIN G S，STEPHAN E P，WINKLER E A. Innovation in academe：the diffusion of information technologies ［J］. Applied Economics，2012，44（14）.
④ MÄKINEN S J，KANNIAINEN J，PELTOLA I. Investigating Adoption of Free Beta Applications in a Platform－Based Business Ecosystem ［J］. Journal of Product Innovation Management，2014，31（3）.

了丰富的数字支付体系，因此，研究微信的采纳趋势对微信自身的发展和其他类似互联网应用的发展过程都有很好的借鉴价值，是目前研究互联网和新产品传播的一个典型。

　　注册账户数中存在大量非活跃用户，也就是注册后但是并未使用微信的用户，如截至 2012 年年底，微信注册账户超过 3 亿，而活跃账户不到 1.9 亿，这就会造成采纳分析的失真。鉴于采用多模型比较分析互联网产品应用的活跃用户生长趋势的研究非常有限且资料、数据较少，故而本章节对 Gompertz、Logistic 和 Weibull 三种生长模型进行了比较，并分别用这三种模型对腾讯集团《季度业绩报告》公布的 2013 年 1 月到 2015 年 1 月共计 9 个季度的微信活跃用户数据进行了拟合与预测，以探讨拟合效果和预测情况的差异，以此期望能探究新兴互联网产品应用活跃用户采纳增长模型的选择，对企业的发展战术进行调整提供方向，并为企业高层的重大发展战略决策提供依据。

第二节　数据来源与模型设定

　　在这一小节中，主要是详细阐述 Gompertz、Logistic 和 Weibull 三种生长模型如何对微信平台连续 9 个季度的微信活跃用户数进行拟合和预测。首先值得注意的是，数据拟合与预测主要是利用 MATLAB 软件来估计参数，在软件中比较了三种生长模型对 2013 年 1 月到 2015 年 1 月共 9 个季度微信活跃用户数变化拟合效果，并根据拟合效果与发展曲线预测了用户数的变化趋势。最终的研究结果表明，虽然三种生长模型对微信活跃用户数增长轨迹的拟合性总体上比较好，但是在不同时间段上的误差和预测情况存在差异。具体来说就是，Logistic 模型前期误差最小，但是后期较为逊色，该模型的预测更加偏向于保守；Weibull 模型则恰好与之相反，前期误差最大，后期较为亮眼，其预测偏向于大胆创新；而 Gompertz 模型的情况在三种模型中始终居中，初期和末期成长缓慢，而中间段成长迅速，无论是误差还是预测偏向都寻求稳扎稳打。这些模型的比较研究以清晰明了的数据、曲线走势，为推动"互联网+"时代商业生态系统管理策略转型提供了数理依据。

一、数据来源

　　自 2011 年以来，微信应用经过了测试正式面向公众上线，使用微信的活跃用户数量不断攀升。在《季度业绩报告》中活跃账户数得到了定义，即在每个季度的最后一个自然月（每月的 1 号到该月的月底）内，该账户至少在手机移动客户端上登录过的账户数。考虑 2011 年至 2012 年的微信活跃用户数据并未得到官方公布并且在该阶段微信产品仍然处于萌芽期，定位、功能还在积极探索试验中，人们对其仍处于观望状态，故而在众多因素作用下用户数仍然没有形成规模，例如从下文的表 5.3 可以看到，本章选取了腾讯集团 2013 年第一季度至 2015 年第一季度业绩报告中 9 个连续活跃用户数据点，数据符合模型进行拟合和预测的要求。综上，本书在实证分析环节所采用的数据主要来源于微信官方网站公布的季度数据，数据准确性、有效性程度高。

二、模型设定

一般来说，万事万物总是会经过发生、发展、成熟三个阶段，并且每一个阶段的发展速度也各不相同。通常情况下，在发生阶段，变化速度较为缓慢；在发展阶段，变化速度加快；而到了成熟阶段，其变化速度又开始趋于缓慢，按照上述三个阶段发展规律得到的变化曲线被称为生长曲线，这就是生长曲线的一般性内涵。生长曲线最初是自然学中的概念，用来研究作物生长、流行病传播的一种非线性模型，表现为 S 形，可以用来为如何促进作物生长发育以及采取何种措施预防流行病传播提供数理证据，后来该曲线被引入扩散研究中，这是一种跨学科、跨领域交叉融合的典型范例。生长曲线模型（Growth curve models）是一种以生长曲线模型进行预测的研究方法，该方法用来预测目标事件的其中一组观测数据随着时间的变化而符合生长曲线的规律。在国际学术界中，生长曲线也更多地被使用于拟合比较分析。需要格外注意的是，Gompertz、Logistic、Weibull 这三种模型均为三参数增长生长模型，在使用它们进行拟合的时候，需要满足如下的基本条件：原始数据的数值需要满足两个特征：一是时间间隔相等且连续的数值；二是以 3 为倍数的数值。三种模型基本函数依次为

$$X_t = a\exp\{-c[\exp(-bt)]\} + \varepsilon i \qquad (5-1)$$

$$X_t = \frac{a}{1 + b\exp(-cx)} + \varepsilon i \qquad (5-2)$$

$$X_t = a\{1 - \exp[(x/c)^b]\} + \varepsilon i \qquad (5-3)$$

关于基本函数中各参数的含义如下：X_t 就是指在 t 时刻所拥有的创新采纳者数量，其中，t 表示时间，a、b、c 分别为用于规制曲线的未知参数，而 ε 则表示随机误差（i=1，2，3……n）。

至于本研究为什么采用生长曲线模型，而非其他模型，是基于如下几点原因：第一，生长曲线模型的形式简洁并且表现为 S 形曲线，而通过对微信产品活跃用户数据的整理与分析，发现微信产品的活跃用户数的增长曲线恰好也为 S 形曲线①，这在线形上与生长曲线具有相似的特征。罗杰斯按照时间变化将创新产品的采纳者分为早期采纳者（13.5%）、早期大多数（34%）、后期大多数（34%）以及落后者（16%）四类②，由此认为创新产品采纳曲线具有十分明显的 S 形增长曲线特征。微信是信息时代的新兴手机互联网应用产品，其新颖的功能、强大的社区和 QQ 原有的客户基础，都为创新采纳的扩散提供了便捷，奠定了基础。第二，与其他模型相比，生长曲线模型的约束条件比较少，而且适用性非常强、灵活性较高。在以往的大量研究中，当以创新采纳的早期采纳数变化为研究问题的时候，如果采用 Bass 模型来进行拟合大多情况下是会受到数据量比较少等条件的模型限制，从而进一步影响最终的拟合效果。但是生长模型的最大优势在于，它是不需要考虑理论行为的根据，因而与其他模型相比它在快速变化的高新技术市场更加具有可操作性③。第三，由于微信产品属于手机互联网时代的应用软件，故而选择采用生长模型来分析手机互联网产品的采纳趋势的研究仍然十分有限，尤其是采用 Gompertz 模型和 Weibull 模型仍主要见于生物、土木工程、医药、农业等研究领域。因此，本章节将会采用最小二乘法，并在多次迭代后实现收敛，这一过程最终测算出来的生长模型的未知参数，无论是在理论上，还是在实践上都具有可行性，这亦是本章节在研究方法上的创新点和突破点。

第三节　数据分析与结果讨论

一、分析过程与结果比较

通过数据处理软件对收集来的初始数据进行初步的整理、分类、分析后，

---

① 赵保国，冯旭艳. 基于 Bass 模型的微信用户数扩散研究 ［J］. 中央财经大学学报，2014（11）：108−112.

② 罗杰斯·M. 埃弗雷特. 创新的扩散：第 4 版 ［M］. 辛欣，译. 北京：中央编译出版社，2002：245.

③ 金兼斌，廖望. 创新的采纳和使用：西方理论与中国经验 ［J］. 中国地质大学学报（社会科学版），2011，11（2）：88−96.

还需要根据整理后输出的数据结果对其进行更翔实的分析，该数据分析的过程展示如下：第一，令 2013 年第一季度的微信活跃用户数的数据点 t 为 1，为了选择合适的初始值，以促使曲线快速、高效、准确地拟合，将运用最小二乘法进行初值估计，并且在不断修正之后，将 Gompertz 模型和 Logistic 模型的初值设定为 a=5.5，b=0.5，c=2.0，而将 Weibull 的初值设定为 a=0.3，b=0.6，c=1.0，并且将系数 b、c 的上限和下限分别设定为 -20 和 10。第二，在 MATLAB 2014b 软件中，分别输入三种生长模型的计算代码，以此求出未知参数在 95% 置信区间下的值域范围和参数值，这些数值在表 5.2 的微信活跃用户数拟合误差率中得以清晰的展示。第三，经过多次的迭代后，在实现良好收敛的情况下，可以画出微信活跃用户数在 Gompertz 模型、Logistic 模型、Weibull 模型这三种生长模型中的拟合图，如图 5.1、5.2、5.3 所示。其中，拟合图中的虚线均为 95% 置信区间，而实线则为拟合曲线，数据点为微信产品的活跃用户数量。第四，分别求解出每个时间点的曲线值，并计算拟合误差率，各个模型详细的微信活跃用户数、预测值与拟合误差率详见表 5.3。

表 5.2　2013.01—2015.01 微信活跃用户数拟合误差率

	a	b	c	残差平方和	R^2	调整后 R^2	均方根误差
Gompertz	a=7.116 a ∈ (5.405, 8.827)	b=0.198 b ∈ (0.117, 0.279)	c=1.622 c ∈ (1.458, 1.786)	0.084	0.993	0.990	0.119
Logistic	a=6.241 a ∈ (5.336, 7.147)	b=3.161 b ∈ (2.640, 3.628)	c=0.332 c ∈ (0.240, 0.424)	0.085	0.993	0.991	0.119
Weibull	a=-0.493 a ∈ (-26.73, 25.75)	b=0.222 b ∈ (-3.258, 3.7.3)	c=0.149 c ∈ (-22.5, 22.8)	0.128	0.990	0.986	0.146

表 5.3 2013.01—2015.01 微信活跃用户数、预测值与拟合误差率

季度 （t）	2013.1 （1）	2013.2 （2）	2013.3 （3）	2013.4 （4）	2014.1 （5）	2014.2 （6）	2014.3 （7）	2014.4 （8）	2015.1 （9）
活跃用户数（亿）	1.944	2.358	2.719	3.55	3.96	4.38	4.68	5	5.49
Gompertz 模型 X（t）（亿）	1.881	2.389	2.906	3.413	3.895	4.340	4.743	5.102	5.416
Gompertz 模型误差率（%）	3.25	1.30	6.88	3.85	1.64	0.91	1.35	2.03	1.35
Logistic 模型 X（t）（亿）	1.910	2.376	2.880	3.397	3.899	4.361	4.767	5.108	5.384
Logistic 模型误差率（%）	1.75	0.76	5.92	4.31	1.54	0.43	1.85	2.16	1.93
Weibull 模型 X（t）（亿）	1.777	2.436	2.972	3.449	3.889	4.303	4.699	5.082	5.452
Weibull 模型误差率（%）	8.59	3.30	9.30	2.85	1.79	1.76	0.40	1.64	0.69

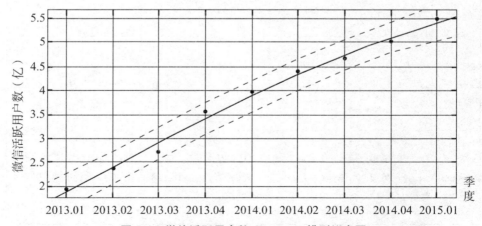

图 5.1 微信活跃用户数 Gompertz 模型拟合图

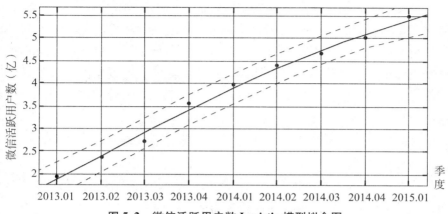

图 5.2　微信活跃用户数 Logistic 模型拟合图

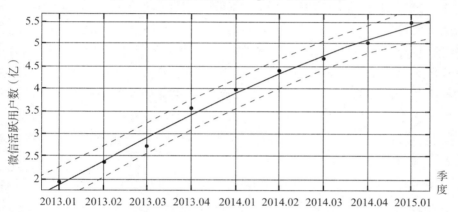

图 5.3　微信活跃用户数 Weibull 模型拟合图

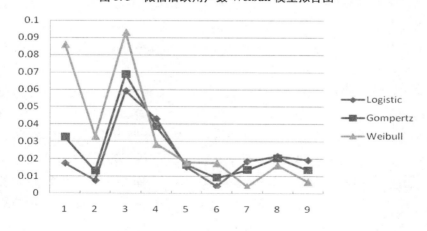

图 5.4　三种生长模型拟合误差率情况比较

在统计学中，拟合优度和拟合误差率都是反映数据拟合效果的重要指标。拟合优度是回归分析中用来检验样本数据点聚集在回归线周围的密集程度，用于评价回归方程对样本观测值的拟合程度，通俗来说，就是衡量金融模型的预期值和现实所得的实际值的差距。对拟合优度进行度量的统计量是可决系数 R^2，R^2 最大值为 1。R^2 的值越接近 1，说明回归直线对观测值的拟合程度越好；相反，R^2 的值越小，说明回归直线对观测值的拟合程度越差。与之不同的是，拟合误差率越接近 0 就代表模型拟合准确性越高，拟合误差率越大则表示模型拟合的准确性越不好。

从图 5.1~图 5.3 和表 5.2~表 5.3 的研究结果中可以得出，在排除了微信注册用户数中的不常用的账号数的影响之后，Gompertz 模型和 Logistic 模型的可决系数 R^2 都达到了 0.993，Weibull 模型则达到 0.990，这三者均接近 1，表现为非常好的拟合优度；其次，通过将三种模型 9 个季度的拟合误差率进行计算，得出 Gompertz 模型的拟合平均误差率为 2.5%，Logistic 模型的拟合平均误差率为 2.2%，Weibull 模型的拟合平均误差率为 3.4%，三种生长模型的拟合平均误差率貌似都有些偏大，但是由于先前有研究通过采用 Bass 模型来进行拟合最后误差率高达 6.95%[①]，故而将三种生长模型的误差率与 Bass 模型进行比较时发现其误差率不算高，从而说明相比于其他模型，生长模型对于拟合微信扩散趋势的准确性更强。

由表 5.3 可以得出 Gompertz、Logistic 和 Weibull 三种生长模型各自的拟合曲线和数据。首先，观察三种模型 9 个季度的单个数据点，可以看出单个数据点的拟合误差都是低于 10%，并且都是在对 2013 年第三季度的数据拟合上表现出较大误差，均高于 5.0%，在该季度 Weibull、Gompertz 和 Logistic 模型误差率由高到低依次达到 9.30%、6.88% 和 5.92%。深究其原因，一方面，三种模型在拟合过程中并没有考虑影响微信扩散的影响因子，尤其是主要的影响因子；另一方面，在三种模型上均存在较大误差，说明该季度的数据点存在一定的异常；其次，Gompertz 和 Logistic 模型对 2014 年第二季度的数据拟合效果最好，二者的拟合误差率均小于 1%，分别为 0.91% 和 0.43%；再次，从表 5.3 可以发现，Weibull 模型在 9 个季度中出现两次数据拟合误差较大，分别是 2013 年第一季度和 2013 年第三季度，而 Gompertz 和 Logistic 模型在 9 个季度的数据拟合中只出现了一次误差高于 5.0%，故而可以简单得出

---

① 赵保国，冯旭艳. 基于 Bass 模型的微信用户数扩散研究 [J]. 中央财经大学学报，2014（11）：108-112.

Gompertz 和 Logistic 模型的拟合效果比 Weibull 模型好一些；最后，通过对 Gompertz、Logistic 和 Weibull 三种生长模型的整体把握，可以发现，Logistic 和 Weibull 模型在 9 个季度中均出现两次误差率低于 1.0% 的情况，而 Gompertz 模型仅出现一次，但是 Gompertz 模型的拟合误差率绝大多数稳定在 1.0%~3.0%，Logistic 和 Weibull 模型的误差起伏相比来说稍微明显，故而 Gompertz 模型在微信活跃用户数的拟合上更为平稳。

在图 5.4 中，在比较 Gompertz、Logistic 和 Weibull 三种模型的误差和波动情况时得以发现，在 2013 年三种生长模型的拟合误差和波动均较大，出现明显的高峰值，由低到高依次为：Logistic 模型、Gompertz 模型、Weibull 模型，且波动明显。而在 2014 年以后，三种生长模型的误差和波动趋于平稳，误差率均低于 2.20%，误差率变小，拟合预测的结果更为准确，但是存在一个明显的变化：2014 年拟合误差的总体情况与 2013 年相反，由低到高依次为 Weibull 模型、Gompertz 模型、Logistic 模型，虽然在 2014 年第二季度情况不一致，但是综合看四个季度的三种模型的误差率大致符合以上所说的变化规律。与此同时，纵观三种生长模型在 2013.01—2015.01 共 9 个季度的拟合误差率情况比较图，发现三种生长模型中，Weibull 模型拟合误差情况起伏最大，Gompertz 模型拟合误差情况次之，Logistic 模型拟合误差情况起伏最小。总体而言，三种生长模型均能够较为准确地拟合微信产品的扩散轨迹，虽然在不同季度数据点上表现略微有所差异，Logistic 模型和 Gompertz 模型优于 Weibull 模型，但是 Weibull 模型的后期表现也体现出其独特的拟合优势。

二、模型预测与选择

经过上面对三种生长模型在 2013.01—2015.01 共 9 个季度的微信活跃用户数的拟合图、拟合误差率进行分析，接下来将使用三种生长模型的预测功能。将三种生长模型进行比较，如图 5.5 所示，对三种模型计算出的 2015 年第 2、3、4 季度以及 2016 年 4 个季度的预测值求平均值，以期更为精准地预测微信产品活跃用户数的变化趋势。

从图 5.5 的预测趋势可知，微信产品的活跃用户数整体呈上升趋势，在未来两年内仍然会有较大幅度的增长。仔细观察图 5.5 可知，Logistic 模型对微信的活跃用户数的预期较为保守，均低于三种模型的均值预测数值；Weibull 模型对微信的活跃用户数的预期则较为激进，预测数值均高于 Gompertz 模型、Logistic 模型，且在 Gompertz 模型、Logistic 模型预测活跃用户数趋于平稳时反而继续较大幅度增长；Gompertz 模型对微信的活跃用户数的

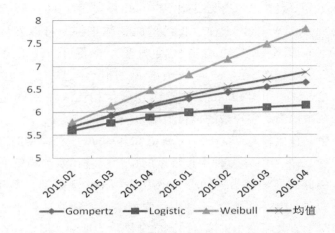

图5.5　2015—2016年微信活跃用户数预测比较

预期仍然居中，几乎与三者的均值线重合。因而，结合以上分析，在进行微信产品市场决策时，采用 Gompertz 模型或者三种模型的均值预测会相对稳妥。

　　微信产品的扩散趋势，是手机互联网应用产品中较为典型的增长轨迹。生长模型的拟合和预测研究为其他手机互联网企业产品以及高新技术产品的扩散提供了新的模型选择、新的研究视角，为企业进行战略调整提供了理论依据，也为准确掌控新产品、新技术的扩散轨迹提供了良好借鉴。通过比较分析了三种生长模型在微信产品活跃用户数上的拟合效果，并在模型预测和商业生态系统理论、开放创新生态系统理论的基础上翔实阐释了微信商业生态系统的发展趋势和管理策略，有以下发现。

　　第一，Gompertz、Logistic 和 Weibull 三种生长模型对微信的活跃账户数增长轨迹拟合比较好，但是三种在不同时间段上误差情况存在稍许差异：Logistic 模型在前期误差最小，但是后期较为逊色，误差最大，预测较为保守；Weibull 模型则反之，在前期误差最大，但是后期表现优异，误差最小，预测较为激进，符合微信强势发展的趋势；而 Gompertz 模型的误差情况和预测均较为稳健，误差的变化起伏较小。这在新的领域验证了 Mäkinen[①] 等认为Gompertz 模型在捕捉动态性强的采纳和在预测发展趋势方面表现更好的研究结论，又推进了赵保国等学者基于 Bass 模型对微信传播过程以及注册账户数增长趋势的研究，丰富了新兴互联网产品创新采纳的研究模型，并对未来更

---

① MÄKINEN S J, KANNIAINEN J, PELTOLA I. Investigating Adoption of Free Beta Applications in a Platform-Based Business Ecosystem [J]. Journal of Product Innovation Management, 2014, 31 (3).

多的移动互联网时代的新产品的扩散研究进行了展望。对三种生长模型的拟合差异进行了比较分析，这突破了单一预测模型的预测局限，体现出多种模型联合预测对异常值、阶段划分和动态把握上的独特优势，提高了预测的准确度。

第二，2013年第二季度中三种模型的拟合误差率都比较大，这表明，在对模型拟合和预测进行比较分析时，创新产品采纳过程中存在诸多的不确定性影响因素，这些因素对模型的预测结果好坏有潜在的影响，模型的选择正确与否、是否最大限度地符合新产品预期走势特征对于管理者提前采取实施措施、调整发展战略具有重大作用，而且在模型的选择、确定与修正上对于准确把握市场信息以及推进管理策略转型均具有重要的指导价值，对于企业的重大决策发挥重要作用，甚至在一定程度上能够影响企业的繁荣兴盛。由于各时期的政策、技术、经济、环境等均存在一定区别，这些因素在很大程度上影响着用户活跃数的变化，故而在架构期、整合期和系统管理期需要依据活跃用户数的发展趋势和实践经验，综合考虑国内、国际大环境下的实际情况从而制定相应的对策，并且积极配合国家提出的"互联网+"行动计划，将微信生态系统的可持续发展纳入国家创新生态系统大局中，保障子系统与母系统之间的信息交互的及时性、有效性，在"变化"即为最大特征的VUCA时代，为应对不确定性影响因素的作用而提出明确的应对措施，进一步提高模型在预测发展走势上的精准度、可信度以及有效性，实现理论服务于实际、转化为应用。

第三，根据对以上数据的处理分析，得出各种比较图、拟合误差率表等，通过对这些图表深入地实证分析，能够得出微信生态系统总体上呈现出增长向上的良好演化趋势。基于生态系统的演化趋势，以及对腾讯集团在微信强势发展中采取的策略措施可以得知，创新取代和革新是商业生态系统能否实现可持续发展、增加其生命活力的关键所在。习近平总书记曾指出，"创新是引领发展的第一动力，是国家综合国力和核心竞争力的最关键因素，重大科技创新成果是国之重器、国之利器，必须牢牢掌握在自己手上，必须依靠自力更生、自主创新"①。创新不论是对国家还是对个人，从宏观经济发展到微观企业发展，都发挥着无比重要的作用，是推动社会螺旋式发展的关键动力。创新不仅是国家民族振兴发展的关键动力，直接关系着国家富强和人民富裕，

---

①　习近平在北京大学考察时强调　抓住培养社会主义建设者和接班人根本任务　努力建设中国特色世界一流大学［EB/OL］．新华网，2018-05-02.

也是经济发展的驱动力。创新在当今的社会环境下尤为重要。在全球创新环境不确定性的情况下，创新人才的培养和吸引都需要各级政府部门关注，也成为企业竞争的关键资源。创新人才是新时代发展的基础，获取创新人才和培育高水平的创新尤其重要。而对于微观创新系统的演化而言，微观创新生态的发展演化也离不开人才的支持，吸引人才和关注用户同样重要。用户驱动创新的发展是通过了解用户需求和满足用户需求实现的。用户创新是一种新形态的创新，用户通过对创新的采纳实际上能反映出用户对产品的需求和满意度。在认识创新重要性的同时，必须要把握住创新采纳和扩散的规律，达成此目的不仅要分析活跃用户数的变化趋势，而且要格外注重用户体验和潜在竞争者的发展趋向，清晰了解用户需求，满足用户多样化需求，把握"创新"这张核心底牌，以创新应万变，积极推动产品革新源于"万众"，契合国家"大众创业，万众创新"的发展思路。产品的创新，是科技创新的一小部分，迈开步伐，推动产品的深层次科技水平，进而提高国家核心竞争力，提升国际地位，最终实现国家富强、民族振兴、人民幸福的中国梦。

第四，本章通过三种生长模型预测了微信产品未来创新扩散的数据，得出 2015 年第二季度到 2016 年第四季度的微信产品的季度活跃用户数量的增长速度与发展趋势。三种生长模型在活跃用户数上存在一些差异，对微信产品发展的数据拟合较好，拟合误差率比较小，比较适合进行微信产品的未来创新扩散数据的预测。其中，Gompertz 模型较为稳健，故而根据 Gompertz 模型或者三种生长模型的预测均值可以得知，预计于 2015 年第四季度微信活跃用户数超过 6 亿大关，并于 2016 年第四季度达到 6.5 亿以上并接近 7 亿，与此同时，微信产品的活跃用户数仍然呈现出上升趋势，只是上升幅度放慢，基本达到饱和状态，故而在之后一段时间的发展中仍然具有超出其他手机互联网产品的发展潜力，以及市场地位较为稳定。以微信商业生态系统为突破口，可以为微信产品如何进一步提升活跃用户数量提出了提升企业品牌形象、塑造良好形象，提升用户信任度，从而利用口碑效应，了解用户多样化、多层次的需求逐步优化，并且突破常规思维与界限，将常规寓于创新之中，以及结合以国家政策为导向在国家营造的安全环境中积极发展等改进策略。除此之外，本章所构建的产品生态系统理论框架可供微信团队及其他相关团队进行参考。

三、微信创新生态系统的管理策略转型

在"互联网+"时代，运用商业生态系统思维，促进微信用户以及活跃用

户群管理策略的转型与升级，在微信的发展过程中有着至关重要的作用。与生物生态系统相类似的是，商业生态系统也是由大量的松散联结的参与者构成，相互依赖，相辅相成，彼此之间命运攸关；并且在系统中往往都存在着广泛联结其他成员的"中心物种"①。"中心物种"与其他成员之间的关系紧密相连，它的行为会对整个系统的健康水平产生十分显著的影响。腾讯集团秉持着利益最大化、企业的可持续发展理念，立足战略发展全局，在发展过程中已经逐步构建起以微信为中心、多种产品和组织作为外围的微信商业生态系统。因此，基于扬西蒂等学者和 Moore 商业生态系统理论，以及 Henry 的开放创新生态系统理论，从系统架构、整合以及市场管理三个阶段出发，以活跃用户数的变化与预测的数据为基础，构建了微信生态系统演化趋势图（见图 5.6），并且分阶段地提出了相对应的管理策略。

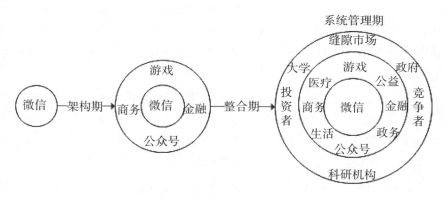

图 5.6　微信生态系统演化趋势图

第一阶段是微信生态系统的架构期（2011—2013 年）。根据图 5.6 三种生长模型的拟合情况可知，截至 2013 年年末，微信的活跃用户数在两年内达到了 3.55 亿，其活跃用户数发展势头迅猛。《2014 年第 33 次中国互联网络发展状况统计报告》显示截至 2013 年 12 月，我国网民规模达 6.18 亿，而微信的活跃用户数量在 2013 年年末就已经达到了 3.55 亿，超过了当时我国网民数量的一半，足以见得微信的未来发展潜力极大，增长动力强劲。腾讯集团为进一步提升核心竞争力，采用了网络核心战略（keystone strategy），借助强大且黏性高的 QQ 用户和手机号码绑定等方法，将更多用户逐步吸纳到微信产品中，增加活跃用户基数。从朋友圈的隐私权限保护、小游戏、小视频、扫一

---

①　扬西蒂，莱维恩. 共赢：商业生态系统对企业战略、创新和可持续性的影响 [M]. 王凤彬，译. 北京：商务印书馆，2006：37.

扫、公众号等功能入手，一个 APP 的功能可抵几个应用，降低了对用户手机内存的消耗，展现了与手机 QQ 差异化的独有产品特色，凸显出自媒体时代的特征，每个网民都可以成为生活的记录者、信息的传播者。以"全民飞机大战""斗地主"为代表的微信小游戏，吸引了大量用户，成功打入手机游戏市场。在用户群快速增长的同时，不断推出更为商业化的服务，微信朋友圈不仅是个人信息发布、美好生活记录的平台，也是企业发布相关讯息的重要渠道。随着微信日渐成熟，功能日益完善，微信公众号也逐步成为个人、企业、政府以及事业单位开展组织宣传、形象塑造的重要方式，将订阅号和服务号分开，将大众以及各类组织的信息进行归类管理，形成更为明确的功能定位、角色定位。微信钱包不仅能够提供金融服务，而且与滴滴打车、京东购物、大众点评、电影院等多家企业合作，形成了金融、交通、购物娱乐、生活服务等组织嫁接于微信平台之上的网络格局，实现了"协同进化"的目标，构筑起更广、更强大的防御体系，极大地方便了公民日常生活需要，使得企业在面临越来越复杂化和动态化的竞争环境时抗风险能力明显增强，企业的生命力愈加旺盛。

前文谈到腾讯集团主要采用网络核心战略进行发展，需要注意的是，网络核心战略的重点在于，"确保其生态系统实实在在地提高功效，并且同生态系统中的其他成员一道共享好处"①。增强和扩充用户人数，促进价值创造和共享，在企业中逐渐发展为市场主宰时利用网络核心地位获取利益。

第二阶段是微信生态系统的整合期（2014—2016 年）。根据 Gompertz 模型或者均值预测结果（见图 5.5）可以得知，微信的活跃用户数仍然有比较大的增长空间，截至 2016 年年末，其活跃用户数将达到 7 亿。腾讯集团在这一阶段开始实施主导型战略（dominator strategy），并以该战略为核心、重点，主导型战略就是利用网络的核心地位，引领和主导生态系统的运转。首先，经过一段时间的发展，微信生态系统的影响力不断攀升，在国家颁布《国务院关于积极推进"互联网+"行动的指导意见》之前，其就已经为一部分行业提供了前期的"微信+"服务。而更多政策的出台，则为微信生态系统的发展再添政策动力，在很大程度上为微信的迅速发展打了助推剂。在主导型战略中，应该以微信游戏、金融、商务和公众号为基础，了解用户群体殷切需求，不断优化调整，拓展"微信+"到政务、医疗、教育、生活和公益等各行

① 扬西蒂，莱维恩. 共赢：商业生态系统对企业战略、创新和可持续性的影响［M］. 王凤彬，译. 北京：商务印书馆，2006：53.

各业，将外围企业的"轻应用"嫁接在微信上，实现"1+1>2"的良好效果，从而紧紧把握住用户群体，增强用户群体的黏性。其次，实现领导与协作相结合，注重用户服务和企业服务能力双管齐下。短短两年时间，微信的活跃用户数从 3.55 亿上升到 7 亿，用户多样化的需求以及用户数量的大大增加，都对平台的稳定性和兼容性提出了新要求、新挑战。对微信平台的产品不断进行创新是其领导商业生态系统演化推进的重要动力，敏捷捕捉并且满足用户的需求，根据用户反馈不断解决系统问题、改善用户的使用体验，通过这些措施提高用户满意度并塑造起良好的产品形象，从而锁定已有用户群并且不断扩张新的用户群。微信也为其他外围企业提供便捷服务，协助这些外围企业从微信的商业生态系统中得以获利，巩固微信与外围企业的合作与协作，相辅相成，实现互利共赢，从而防止优质的外围企业资源流失，达成微信和外围企业的核心竞争力均得以提升的双赢局面。最后，需要警惕替代产品和被替代产品的发展动态以及其用户增长趋势，并且分析竞争者的产品性能，切不可故步自封、轻视竞争者，在发布产品的新功能、新版本过程中，要尽可能降低因功能不完善而造成产品形象破坏的概率。除此之外，管理者在进行规划、决策时，必须将管理实验与决策经验紧密结合起来，通盘考察决策的可行性、可靠性、合理性、有效性、可操作性等方面，从而设计和实施恰当的决策方案，以最大限度减少企业形象、产品现象受损的可能性。

主导型战略多见于企业生命周期的成长、壮大时期，在该发展阶段，企业的目的主要是快速发展、不断扩张，以提升行业地位、市场地位。故而在微信生态系统的整合期时，腾讯集团主要采用主导型战略，使用该战略的主要目的在于在稳定企业根基的基础上进一步发展壮大，应用于微信平台就是为了巩固微信在生态系统中，尤其是在用户群体和外围企业群体中的核心地位，并且密切关注技术的创新动向与新发展，防止替代产品和被替代产品技术"反攻"，从而稳住市场地位，实现"守擂"成功的胜利局面。

第三阶段是微信生态系统的系统管理期（2017 年至今）。随着微信活跃用户数基本饱和，活跃用户数增长不明显时，显示微信的商业生态系统就已经进入系统管理时期，在这一时期应该采用关系和渗透战略（relation and permeation strategy）。为了实现商业生态系统的可持续发展，需要采取以下措施。一是加强对商业生态系统成员的关系管理，锚定成员位置，厘清成员职责，各司其职，激励措施与惩罚措施并行不悖，使团队成员像石榴籽一样紧紧团结在一起，增强企业凝聚力、向心力。同时，必须要紧跟和引领政策动向，积极与大学和科研机构开展合作，注入新鲜力量，并通过"鲶鱼效应"激发研发团队成员的创新力，从而强化研发团队，提升研发团队整体实力，增强投资者的信心。还需要设计条理清晰的市场治理结构，以清晰的治理结构带动良好的秩序发展，建立稳定且长效的微信市场管理机制，完善生态系统内的市场管理规则，以完善的结构、机制、规则构建起具有较强生命力的可持续发展的生态体系，进而推动建立微信与其他合作伙伴共同组成的市场联盟，达成微信与其他合作伙伴的互利共生，给用户带来优异的产品使用体验；二是企业仅凭一己之力与其他同类型的企业进行竞争的压力越来越大，现有优势不断缩小，需要学会将其他参与者、合作者的优势转化为自身企业的独特优势与亮点，利用平台参与者的力量、借助平台参与者的市场能力，从而拓宽微信在不同市场领域的应用范围和市场规模，增长市场份额，提升微信在不同市场领域的重要性，并且在不影响平台根本利益、不动摇平台根基的条件下，以开放包容的广阔胸怀，开放第三方的应用编程接口，为提高平台在各个缝隙市场（niche market）的兼容能力奠定坚实基础与物质、技术条件，不断开创新的缝隙市场，以满足用户的多样化需求和应对复杂多变的现实世界提出的更高挑战、更高要求，通过以上措施实现增强微信商业生态系统的活力和可持续性的主要目标。

关系和渗透战略多见于企业生命周期中的成熟阶段，此时期企业的行业地位基本上稳定、所占市场份额基本较为固定、用户数量尤其是活跃用户数量基本饱和。故而在微信商业生态系统的系统管理期，腾讯集团多采用关系和渗透战略，进行多市场领域、杂乱功能效用的整合，化繁为简，发挥出现有资源的最大效用，目的在于对商业生态系统的成员进行系统管理，进而形成统一的市场规范，形成良好可持续的市场秩序，并不断渗透到新的缝隙市场，把边缘市场、缝隙市场纳入微信商业系统生态圈，稳固微信在生态系统中的核心位置、关键地位。

综合以上微信扩散生态系统三个阶段所论述的内容，可以发现商业生态系统的另一优势，即它不仅在瞬息万变极具动态性、复杂性的环境中具有很强的适应能力，并且能够将创新理念贯穿于新技术、新产品推广发展的整个过程，在管理层制定企业发展战略时还把内部网络与外部环境结合起来综合考虑，这表现出生态系统成员的"共同进化""共同成长"，而且与超越竞争的其他理论进行比较时，可以发现商业生态系统的研究视野更为宽广、更具有前瞻性，且研究方式更具有可操作性、灵活性，能够为竞争战略理论的研究提供很好的视角，进一步丰富与扩展竞争战略理论的内容。

创新系统是一个宏大的研究领域，其中蕴含的研究视角十分丰富，研究范围涉及多学科、多领域，亟待众多研究者积极进行深入探索，理论与实践紧密相连，实践是丰富理论研究的重要来源，并提供了拓展理论的丰厚养分。要结合各地、各企业实际情况，一切从实际出发，将创新系统的研究与实践相结合，深挖原有研究视角、开拓创新新颖的研究视角，并不断拓展深化，实现理论为现实中出现的问题提供解释，从而为解决实际中的问题建言献策，即完成理论向应用的转化。本书在这一章节中就从创新系统的微观视角这一小切口进行论述阐释，即从企业个体出发，对科技治理变革与创新系统的共演机制进行研究。本章节以微信平台为突破口，研究微观创新系统中的用户活跃性变化，主要是围绕商业生态系统理论在实践过程中的发展与演化，并且将微信这一应用 APP 作为典型案例，前期工作主要是通过官方网站、季度报告等途径收集微信产品的相关数据，大量相关数据收集完成后对其进行整理、加工与分析，发现微信活跃用户数的发展趋势以及呈现出来的特征，从而将微信生态系统的发展过程简单划分为架构期、整合期、系统管理期三个阶段。

四、微信创新生态系统演化的研究反思

本章的研究虽然在一定程度上突破了已有研究的研究实践，提供了新的研究视野，如将商业生态系统应用于对预测创新产品采纳的活跃用户数量变化趋势。但是，不可否认，本章的研究也存在着一些不足，仍然需要其他学者投入精力继续进行完善与优化。

第一，本章仅着眼于活跃用户数量的变化，对影响微信产品创新扩散的因素没有进行探讨。本章从最开始的概念引入环节，介绍了研究大背景以及本章的主要核心概念，进而通过数据进行实证分析，得出研究结论，通篇仅仅停留在对微信产品的活跃用户数的变化趋势的反映上，没有探讨在活跃用户数变化增长的背后有哪些因素在发挥着推动作用，有哪些因素对其变化起着显著性影响。例如，虽然在本章中提到国家提出的"互联网+"行动计划这一政策驱动因素，但是仅是用来说明腾讯集团在发展过程中要采取的改进措施有积极配合国家提出的政策建议，而非对二者间的关系进行探讨，没有明确说明政策与微信产品创新扩散之间的关系。

第二，对外围企业组织在推动产品创新采纳中的影响缺少探究。本章在管理策略转型部分，将微信产品的创新采纳按照生态系统理论分为三个阶段，即微信生态系统的架构期、微信生态系统的整合期和微信生态系统的系统管理期，在这三个阶段中，本章探讨了腾讯集团为推广微信产品而采取的管理

策略的变化，从网络核心战略、主导型战略再到关系和渗透战略，管理策略的转变意味着微信发展发生了变化，以及影响微信产品创新采纳的主要因素也发生了某种改变，正是各种影响因素所占权重发生改变导致采取管理策略的改变，以更好地稳固市场地位、推动产品发展。

第三，对于同类型或存有部分功能重叠的模仿产品、相似产品的激烈竞争的存在，没有深入探讨模仿产品以及相似产品对新产品的创新扩散的影响。在本章中，只是简单提过企业管理者要注意模仿产品、相似产品等替代品的发展趋势以及核心特色，从而对其新产品不断进行创新与优化，推出新功能，提升自身产品的核心竞争力，以其强大功能减少模仿产品、相似产品的威胁强度。从这一点可以看出，本章提到了模仿产品、相似产品会对新产品的创新扩散产生影响，但是没有深入研究这些模仿产品、相似产品会如何产生影响，其影响机制如何得以实现以及它们的成长速度是否会影响商业生态系统的建构。

第四，没有在微观创新系统的活跃用户变化趋势基础上提出一些对策建议，仅仅是用生长模型预测了活跃用户数量的变化。本章在论述过程中，分析了生长模型对微信产品的拟合情况，以及发展不同阶段企业所采取的管理策略，但是没有进一步为其他企业借鉴提出一些对策建议，以及没有为在未来发展过程中需要注意什么提供具体的建议措施。

本章对商业生态系统理论、创新采纳等研究探讨程度不够的领域视角，还有待其他研究者通过一系列模型抑或回归分析等研究方法进行系统探索，厘清政策、技术、经济、社会等宏观因素对微观创新系统的扩散影响。还需要了解、摸清模仿产品、相似产品等微观因素与新产品的创新扩散速度之间的关系，并且挖掘其影响特征规律。可以从行业这一中观视角出发探讨商业生态系统更加适合于哪些行业以及在什么行业会失效，还可以引入其他理论模型探讨新产品的创新扩散研究。当然，这些有趣的问题是否具有研究的可行性，值得研究者精心设计研究方案进行深入学习探讨。

商业生态系统在管理领域是一个相对比较新的概念，它指的是一定区域内，由企业、消费者、供应商、公共部门机构以及其他的利益相关者所组成的有机联系的整体。商业生态系统中的各个成员、各个部分之间相互依存、相互影响，共同构成一个复杂的商业性质的生态系统。在这一章节，既展示了通过微观创新系统的用户变化趋势来揭示科技治理变革与创新系统的共演机制，还阐述了本研究尚存在的不足。通过对已有研究和尚未研究的领域、视角进行整体把握，从而提出笔者对微观创新系统、新产品扩散研究的殷切期望与未来探索方向，大致从如下几个方向进行未来展望。

第一，遴选和分析商业生态系统对创新产品采纳的关键影响因子，讨论是否存在因果关系以及影响效果。在商业生态系统中，企业的创新产品能否被用户、市场接受与采纳，在采纳过程中的影响因素是什么，哪几个影响因素起着关键作用、核心作用，是一个非常值得研究的课题。故而，学者们可以继续进行探讨，如通过探索性因子分析、验证性因子分析等方法遴选和分析商业生态系统中对创新产品采纳的关键影响因子，搭建影响因素与商业生态系统之间的桥梁，讨论是否各因子之间及商业生态系统之间存在着因果关系，是否适合使用回归分析方法进行进一步探索，以及它们的影响效果是什么，产生正向影响还是负向影响。比如，可以探讨产业链上下游企业的竞争合作、消费者需求、政策支持等对新产品的创新采纳的影响。针对这些影响因素的作用机制，企业可根据影响因素的变化而采取相应的应对措施，以便更好地推动创新产品的发展和普及，从而实现企业自身的可持续发展。

第二，探究创新商业生态系统外围组织异质性资源对创新产品扩散速度的影响，推动企业将创新产品纳入商业生态系统思维加以管理。个人、企业、社会、国家、民族等万事万物都不是独立存在的，具有社会属性，离不开其他组织而独立存在。在微信生态系统的系统管理期可以明显看到，微信作为其商业生态系统的核心，周围环绕着政府、学校、科研机构、其他企业等公共和私人组织，微信的持续发展离不开这些外围组织，微信与外围组织相辅相成、相互促进，实现双方、多方共赢局面。在探讨过程中，收集大量数据，结合实际情况，进行整理分析，进而从多种视角、采用多种研究方法，使外围组织对创新产品扩散速度的影响得以显现，并且可以研究外围组织中的异质性资源对创新产品的扩散速度、接受程度等的正向影响或者负向影响，从而推动企业对于新产品、新技术的管理，并纳入商业生态系统的大循环中，以系统的观念、整体的理念实现企业个体、市场领域、国家经济等有秩序、可持续的发展。

第三，在对未来研究进行展望的过程中，还需要注意企业在参与市场竞争中，新产品的模仿产品、相似产品的创新扩散轨迹、被用户接受的程度以及活跃程度是否会影响新产品的扩散和商业生态系统的建构。在现有研究中，众多学者更多偏向于探讨 Bass 模型、BP 神经模型等对微信发展的研究，如探讨微信活跃用户数变化，还有研究创新扩散对产业结构、政策推广、教育领域以及对弱势群体的关照发挥的积极作用。总体而言，现有研究把商业生态系统嵌入数字化转型这一大背景下，与时代相结合，但是对其在微观视角的研究程度不够，对于模仿产品、相似产品等的发展研究不足。同时，模仿产品、相似产品等具有替代性的产品，可以在一定范围内扩大新产品的知名度，也可以使企业产生危机感，增强创新的动力。

第四，在对新技术、新产品的研究进行未来展望时，还可以探究新产品、新技术是否存在互补产品或者具有互补性的技术，进而从新产品的互补产品出发探讨互补产品的创新扩散轨迹，以及互补产品的发展对新产品的扩散和商业生态系统构建的影响。互补产品常常会影响产品的性能表现或者是影响该企业对顾客的整体价值，以及它的成本、价格在某种程度上影响着新老用户对新产品的接纳程度。对于新产品的互补产品进行研究与探索，能够获得协同效应，生产互补产品的企业在一定程度上可以实现品牌、形象、用户信任等无形资产的共享和价值链中的一些活动的共享。对于互补产品战略的研究，能够拓展企业在发展过程中所能采用的战略策略，全面、准确地理解互补产品，明确哪些产品对于本企业的产品而言具有互补性属于互补产品，并且在此基础上，辨别具有战略重要意义的互补产品。借助新产品的互补产品的创新提升新产品的创新采纳以及效益情况，实现共同互进。

第四节　本章小结

本章节以微观创新系统中的用户活跃性变化为研究问题，考虑数据获取的便捷性、准确性等问题，本章节选取微信自 2013 年 1 月—2015 年 1 月以来共 9 个季度的活跃用户数作为分析对象，以商业生态系统为理论架构，利用微信的商业生态系统理论探讨微信活跃用户数变化的趋势，研究发现，虽然三种生长模型对微信活跃用户数增长轨迹拟合性总体较好，但在不同时间段误差和预测情况存在差异：Logistic 模型前期误差最小，但后期较为逊色，预测偏于保守；Weibull 模型则反之；Gompertz 模型情况始终居中。这是一种十分新颖而又独特的视角，给学者们进行研究探索时带来新的思考与启发，拓展了用户活跃数的研究视角，拓宽了商业生态系统理论的研究视野，丰富了商业生态系统理论的内容。模型比较研究，为推动"互联网+"时代商业生态系统管理策略转型提供了数理依据。

第六章

科技奖励驱动的合作社区集群机制

1963 年至今，美国《研发世界杂志》（*R&D World Magazine*）连续 60 年发布世界研发百强奖（R&D 100 Awards），有"创新领域奥斯卡奖"之称，至今已成为世界上最有影响力和备受关注的创新发明奖①。世界研发百强奖是为科技研发中的颠覆性和革命性创新设立，成为测度"最具显著性创新的技术"的重要指标②。世界研发百强奖主要围绕科技发展的大趋势，获奖技术主要是一些创新水平高的先进技术，这些技术不仅能反映新学科和新前沿，也具有较高的科学价值。许多技术为社会的发展变革尤其是社会形态的变化提供了基础性技术。近年来，随着信息技术的快速发展和对其他领域技术的渗透，许多学科出现了明显的融合趋势。世界研发百强奖不仅关注了全球性的科学前沿，而且在奖项设置上也有丰富的种类，获奖者基本上是在科学技术领域最具代表性和领先水平的技术，这些技术大多数是美国所有的，这和美国在世界科技创新中的地位紧密相关，当然也反映出设奖国的优势，近年来欧洲、亚洲等的技术也多次上榜，开始成为世界研发百强奖的新生力量。但总体而言，美国仍然把持着世界研发百强奖。世界研发百强奖是社会科技奖励，发挥着非常好的第三方评价的作用，并能够推动国家创新系统中的组织合作社区的形成。国家创新系统建设的理论和实践是新一轮中长期科技发展规划的关键内容③。本章以 1979—2020 年世界研发百强奖的 4194 条数据为切入口，分析近 42 年美国"奥斯卡级创新"获奖组织的合作网络演化动态和公共创新集群生态模式，为我国科研机构改革和调整提供参考性建议。

① 杨帆. R&D 100 创新奖——美国科技界的"奥斯卡"奖［J］. 中国科技奖励，2007（4）：72-73；CHEN I, HSU P, OFFICER M S, et al. The Oscar goes to…: High-tech firms' acquisitions in response to rivals' technology breakthroughs［J］. Research Policy, 2020, 49（7）.

② VERHOEVEN D, BAKKER J, VEUGELERS R. Measuring technological novelty with patent-based indicators［J］. Research Policy, 2016, 45（3）.

③ 张宁宁，温珂. 中国特色国家创新系统理论初探［J］. 科学学研究，2021，40（1）：139-149.

第一节 美国"奥斯卡级创新"获奖组织合作网络

一、世界研发百强奖研究的基础

美国"奥斯卡级创新"世界研发百强奖多次被用于重大技术创新相关的测度指标：Fortana 等学者①依托获奖创新申请专利测度了颠覆性创新的专利倾向性，分学科、地域和组织探讨了两者的关联；Chen 等学者②探讨了企业对竞争对手获得世界研发百强奖后的兼并收购反应等问题；此外，国家创新系统研究侧重于宏观路径③，尚少对获得重大创新奖的顶级组织系统演变过程有深入研究。国内部分学者主要采用定性研究方法研究国家创新系统的演变历程。樊春良等学者④采用历史研究和理论分析相结合的方法，综合整理了国家创新系统概念发展演进的历史脉络，并深化了国家创新系统与创新政策研究的关联，分析了这两个学术概念的理论和实践联系，并在此基础上探讨了在全球化过程中国家创新系统如何发挥核心攻坚力量推动国家创新的可持续进程。王志强等学者⑤提出大学和国家实验室在美国国家创新系统中的关键地位，分析了大学的基础研究作为原始性创新的发源地，大学通过对知识的发掘和科学技术的研究，实现了技术成果的转移和转化，并通过产学研协同实现合作创新，建立了产学研的创新网络，将不同主体网罗其中，增强了大学的创新转化能力，大学的发展也伴随着周边产业技术和知识的创新发展，推动了知识和创新的扩散过程。方圣楠等学者⑥认为，国家实验室的建设成为发达国家发展基础科学和先进科学的重要基地，通过对科研基地的建设实现国

① FONTANA R, NUVOLARI A, SHIMIZU H, et al. Reassessing patent propensity: Evidence from a dataset of R&D awards, 1977–2004 [J]. Research Policy, 2013, 42 (10).

② CHEN I, HSU P, OFFICER M S, et al. The Oscar goes to...: High-tech firms' acquisitions in response to rivals' technology breakthroughs [J]. Research Policy, 2020, 49 (7).

③ PROKOP V, HAJEK P, STEJSKAL J. Configuration paths to efficient national innovation eco-systems [J]. Technological Forecasting and Social Change, 2021, 168.

④ 樊春良，樊天. 国家创新系统观的产生与发展——思想演进与政策应用 [J]. 科学学与科学技术管理，2020，41 (5).

⑤ 王志强，卓泽林，姜亚洲. 大学在美国国家创新系统中主体地位的制度演进——基于创新过程的分析 [J]. 教育研究，2015，36 (8).

⑥ 方圣楠，黄开胜，江永亨，等. 美国国家实验室发展特点分析及其对国家创新体系的支撑 [J]. 实验技术与管理，2021，38 (6).

家的核心科技利益，推动政府将国家利益和国家任务交给能够承担重大任务的实验室完成，建设国家实验室能够推动国家科技战略和科技创新的顶层设计。还有研究认为，政府科研投入和科研组织模式创新作为美国发展大科学的基础，并通过这些机构推动基础科学技术成果的转化推动市场对资源的利用，这个过程是美国能够产出全球前沿技术创新的重要基础。比如，周艳等学者①在比较瑞士市场主导化国家创新模式、美国网络化国家创新模式、丹麦公私伙伴式国家创新模式和日本技术赶超式创新模式的特征之后，发现政府大规模科研经费投入，政府—高校—企业的三螺旋创新联盟高校，多元化的人才培养模式和集群式创新是美国国家创新模式的典型特征，推动美国国家创新。沈梓鑫②认为，美国在二战以后能够在世界科技领域保持领先优势的重要秘诀，缘于以从事颠覆性技术开发的专门机构——国防部高级研究计划局（DARPA）为代表的创新组织机构在颠覆性技术上的突破性进展。刘笑等学者③认为，在新一轮科技革命影响下，围绕颠覆式创新开展科研活动将成为创新战略的重点，美国国立卫生研究院提出的 R35 资助体系在充分考虑创新风险性与研究前瞻性的基础上营造了有利于颠覆式创新产生的条件和环境，为建立支持颠覆式创新的科研项目资助机制提供了新思路④。现有研究加深了对美国国家创新系统的理解，但缺乏对"美国核心研发机构合作获得重大创新奖产生的国家创新系统顶级梯队演化"问题做出直观呈现和动态分析。

　　本章主要从四个方面深化现有研究：第一，明确了"奥斯卡级国家创新系统顶级梯队"的概念界定，即"由在世界范围内获得重大突破技术的研究组织构成的国家顶尖科学研究与开发梯队"，概念边界圈定在"获得国际或国内认可度高的政府科技奖或社会科技奖的组织机构"；第二，研究整理了近 42 年世界研发百强奖数据，描述统计分析了获奖国家的变化、主要获奖机构类别等；第三，采用 Gephi 软件以每十年的获奖数据为分段，展现了国家创新系统顶级梯队的合作网络演化态势；第四，重点解析了"获奖大户"——以联邦实验室为中心的公共创新集群的生态模式。研究有助于推动我国社会科技

①　周艳，赵黎明．典型国家的创新体系比较研究［J］．天津大学学报（社会科学版），2020，22（6）．
②　沈梓鑫．美国的颠覆性技术创新：基于创新型组织模式研究［J］．福建师范大学学报（哲学社会科学版），2020（1）．
③　刘笑，胡雯，常旭华．颠覆式创新视角下新型科研项目资助机制研究——以 R35 资助体系为例［J］．经济体制改革，2021（2）．
④　BLONDEL V D, GUILLAUME J, LAMBIOTTE R, et al. Fast unfolding of communities in large networks［J］. Journal of Statistical Mechanics: Theory and Experiment, 2008（10）.

奖励的发展，助力科研机构改革实践，推动中国国家创新系统的科学化布局和结构性优化。

二、研究数据来源及研究方法

本研究统计了《美国研发世界杂志》自 1979—2020 年以来的 4194 条获奖组织数据，数据统计分两步展开。第一步，数据汇总与数据清洗：通过数据汇总，研究者将收集时间范围内的获奖组织数据整合起来，通过整理，消除原始数据在统计方面的差异，从而促进数据变得更为规范和清晰，以便于对数据深度分析做出很好的预先匹配。数据清洗的过程能够减少原始数据中的一些冗杂，并提升数据质量，为后续研究提供一个很好的基础。本章节将自 1979 年以来的获奖项目、获奖组织、合作开发者等数据整合，开展了大量的人工数据清洗工作，去除整合好的数据中的错误和异常，对同一家组织在不同获奖年份的名称差异逐一校对和字段去重，提升原始数据的准确性和一致性。第二步，数据的分类和补充：对原始数据进行人工归类，分门别类地管理数据，确定数据重要性或敏感度，采用财富 500 强逐一补充完善获奖组织的国别、组织类型、企业规模等信息。选择《财富》排行榜的原因主要有三点：一是这些企业在世界范围内具有较为明显的竞争力和影响力，通常是创新水平高的大企业；二是这些企业的变化状态和排序位序变化能反映企业发展的基本趋势，甚至能够看到一些行业的兴起和衰落；三是能够从更宏观的层面看出国家之间在世界创新版图中的地位变化，一些国家的发展水平是否不断提高能够通过这个排行榜的上榜数量判断出来。因此，采用《财富》世界 500 强来进行数据补充是适宜的，能够很好地反映数据分析结果的有效性。

这里主要使用 Gephi 作为软件工具可视化世界研发百强获奖组织的合作关系，鉴于设奖初衷为遴选重大突破性创新且获奖国家主要是美国，以此来揭示奥斯卡级国家创新系统顶级梯队的合作演化。Gephi 这款软件工具主要用于社会网络分析的研究，在网络数据可视化方面有很好的支持作用，能够对复杂关系的网络性关联度给出一个很好的相关性描绘，生成的图像也能够清楚地展现数据节点之间的关联，尤其是在处理一些大型数据上，数据的可视化进程能够将许多原有的组织网络关系揭示出来，尤其是一些模块化的数据，通过软件的分析，能够更为轻松地找出一些组织合作网络关系，能够通过动态化的展示，观察到整个网络的动态发展过程，从而能够描绘一个合作网络的演化历程和网络社区之间和内部的结构关系。这里借助该软件可以解析主体合作网络，直观分析系统结构演化历程。本研究使用了度（degree）和模块化（modularity）等指标，展示美国政府研发机构、企业研发机构的合作关联。

三、获奖创新数据与组织构成

世界研发百强奖旨在筛选出具有重大创新影响力的新技术和新材料，迄今已有近 60 年历史，获奖创新通常分为分析测试类、信息技术/电气类、机械材料类、过程系统制造类、软件服务类及其他类。这一奖项是为了挑选出全球范围内最为卓越的 100 项新技术，这些技术筛选的专家来源也非常丰富，不仅包括技术领域的专家学者，也包括大学科研人员、产业界专家等，通过大量的专家评价，从创新性、突破性和实用性角度选出在世界范围内最具有代表性和创新性的新兴技术产品，这些产品通常已经在社会上有一定的影响力，对社会发展已经有显著的贡献。美国的获奖组织比例在这 41 年中一直处于绝对领先地位，每年近 90%的获奖组织为美国的企业、政府部门、政府实验室、高校等。因此，选取 R&D 100 获奖创新数据来展示美国奥斯卡级国家创新系统顶级梯队具有明显的合理性。

（一）美国获得世界研发百强奖的比重趋势

图 6.1 为 1979—2020 年美国之外获奖创新数与美国获奖创新数的占比变化图。首先，美国之外的获奖创新数的占比呈现总体上升趋势；其次，从比率上看，获奖数的国别差异有一定的波动性，1979—2000 年，除美国之外的获奖创新数仅为美国获奖创新数的 10%，2001 年达到峰值，随后再次下降，直到 2010 年以后基本在 14%上下徘徊。除美国之外，日本和德国也一直是获奖组织的主要来源国，中国大陆目前仅有 2009 年和 2017 年分别有 1 项创新技术上榜。2009 年中国华为创新的 SAN 传送解决方案获得了世界研发百强奖，入选的技术是当前最具可靠性的解决方案，这项技术将实现数据存储的方案解决。这项技术能够针对 ESCON、GbE、ISC – 3（STP）、ETR/CLO，FC/FICON 1G/2G/4G/10G 等全面的 SAN 业务接口，提升数据管理的有效性和可靠性，在技术的动态调度上有了明显突破，结合 GMPLS 技术的特性，提升了技术的集成度和可靠性。华为 SAN 传送系列解决方案为政府、企业及金融机构提供了重要数据的储备方案，提升了用户在数据传输和存储中的安全性。2017 年中国科学技术大学刘文教授团队的"太阳光的光谱分离与光伏农业"项目入围了百强奖。这项技术重点解决了光能浪费的问题，植物对太阳光能的利用效率非常低，阳光对植物的光照实际上存在大量的光能浪费，这个项

目通过对农作物生长的利用，改变了滤光的过程，通过塑料多层膜将太阳光中的部分光谱用来植物生长，将另一部分光谱转化为太阳能发电，这个过程解决了现代农业在植物生长和光伏发电上的问题。这个创新的方案获得了世界研发百强奖，也为世界上的现代农业改造提供了一个很好的典范，充分利用能源并且保障了农业生产。

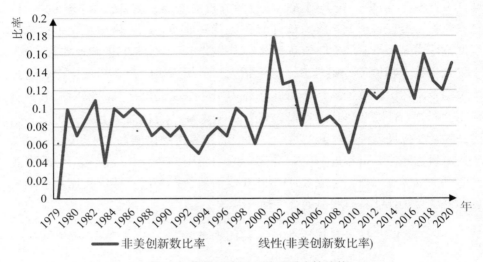

图6.1 世界研发百强奖国别比较趋势

（资料来源：作者自制。非美创新数比率＝非美创新数/美国创新数）

（二）美国获得世界研发百强奖的组织类型变化

图6.2为1979—2018年美国获得世界研发百强奖的组织类型变化趋势图。由图可知，在美国顶级创新梯队中，企业及企业实验室、政府及国家实验室、高校是获奖组织的主体，尤其是前两者每年都能产出相当数量的重量级创新。第一，企业研发机构和政府科研机构似乎存在此消彼长的"中轴对称"关系：企业研发机构处于高位时，政府科研机构则处于低位；而政府科研机构处于高位时，企业研发机构则处于低位。这种趋势自1979年至2020年持续存在。第二，近15年来自高校的获奖数有显著的上升趋势，而在1996年之前高校的获奖创新数非常低。美国顶级创新梯队是以政府类组织和企业类组织为主导的。在政府类组织中，较为庞大的是美国国家实验室体系组织，美国商务部、国家航空航天局、国防部、能源部也都贡献了相当数量的重大突破性创新数。第三，在获奖的企业类组织中，美国500强企业及其实验室是主体，获奖组织中只有较少部分的中小企业。以1988年、1998年、2008年和2020

年《财富》美国 500 强企业排名作为参考，统计发现 95 家美国 500 强企业在近 40 年获世界研发百强奖，总数达 705 项，接近总获奖数的 17%。排名前四的依次是陶氏化学（DOW）及其下属公司、通用电气、西屋和洛克希德·马丁。陶氏化学、通用电气等美国 500 强企业多数是自建实验室开展研发创新。通用电气公司成立于 1892 年，是世界上最大的技术服务类型的跨国公司，公司的业务范围非常广，既包括一些尖端技术，比如飞机发动机和发电设备等，也包括塑料和电视节目等，还有一些金融方面的业务。通用电气的实验室建设非常有创造性，网罗全球人才，在美国纽约州、印度班加罗尔、德国慕尼黑和中国上海都有实验室。

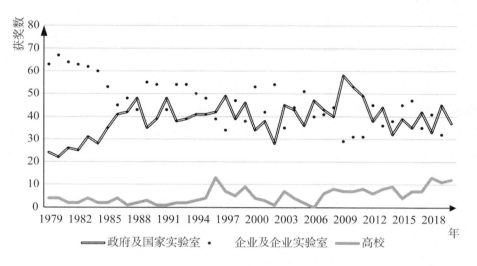

图 6.2　美国获世界研发百强奖的主体比较趋势

（三）美国奥斯卡级国家创新系统顶级梯队的组织构成

如表 6.1 所示，在近 42 年 R&D 100 获奖最多的前 30 名组织中，美国占据 24 席，且获奖超过 100 项的均为美国机构。政府科研机构是美国顶级创新梯队的最主要成员：在超过 100 项的机构中，除陶氏集团为企业组织外，其他均为以美国国家实验室为主的政府科研机构，如橡树岭国家实验室、美国航天宇航局下属实验室、洛斯阿拉莫斯国家实验室、劳伦斯利弗莫尔国家实验室、桑迪亚国家实验室、阿贡国家实验室、西北太平洋国家实验室、劳伦斯伯克利国家实验室、国家可再生能源实验室、爱达荷国家实验室等。其次，企业及企业实验室是美国重大科技创新获奖的第二大类组织，在前 30 名中的有陶氏集团（111 项）、康宁公司（49 项）、通用电气（46 项）等。第三类是以美国西南研究院、巴特尔纪念研究所、美国电力研究院为代表的独立科研机构。美国西南研究院（Southwest Research Institute，SwRI）成立于1947年，是一家独立的、非营利性质的、专门从事技术开发和转让的应用研究与开发机构，是美国同类企业中最大的企业之一，该企业根据合同为政府及全球的工业客户进行研究。该院的研究与开发业务包括：环境科学、发动机设计与实验、燃料、材料、润滑剂、排放、流体工程、生物工程、空间科学、核废料管理等，其下属共有11个分院。其下属的西南研究院发动机与车辆分院从事发动机、车辆系统、燃料和润滑剂等方面的研究与开发；其下属的西南研究院汽车产品与排放研究分院负责催化剂老化与性能试验，燃料与添加剂研究等。前30名中仅有麻省理工学院一所高校上榜，获奖数为39项。麻省理工学院是世界排名最靠前的高等学府，创立于1861年，位于美国马萨诸塞州的剑桥市，该校在各项教学科研水平排名均位居世界前列，同时还承担美国政府的许多重大科研任务。麻省理工学院拥有的林肯实验室服务于美国政府的武器制造和空中监控，学校在国防领域和基础研究上均具有突出贡献，实验室的经费主要来源是美国国防部，此外，麻省理工学院还有很多世界一流的实验室，并且会聚了世界一流的人才，学校已经成为联结美国创新系统的关键组织。

表 6.1　排名前 30 的美国"奥斯卡级创新"获奖组织

排名	组织名称	组织属性	获奖次数	国别
1	橡树岭国家实验室	政府科研机构	202	美国
2	美国航天宇航局下属实验室	政府科研机构	169	美国
3	洛斯阿拉莫斯国家实验室	政府科研机构	162	美国
4	劳伦斯利弗莫尔国家实验室	政府科研机构	161	美国
5	桑迪亚国家实验室	政府科研机构	135	美国
6	阿贡国家实验室	政府科研机构	125	美国
7	陶氏集团	企业	111	美国
8	西北太平洋国家实验室	政府科研机构	105	美国
9	劳伦斯伯克利国家实验室	政府科研机构	93	美国
10	日立集团	企业	79	日本
11	丰田集团	企业	59	日本
12	国家可再生能源实验室	政府科研机构	56	美国

续表

排名	组织名称	组织属性	获奖次数	国别
13	爱达荷国家实验室	政府科研机构	56	美国
14	康宁公司	企业	49	美国
15	通用电气	企业	46	美国
16	国家标准局	政府	43	美国
17	工业技术研究院	科研机构	42	中国
18	贝尔实验室	企业研发机构	42	美国
19	美国西南研究院	独立科研机构	40	美国
20	麻省理工学院	高校	39	美国
21	巴特尔纪念研究所	独立科研机构	39	美国
22	杜邦	企业	37	美国
23	布鲁克海文国家实验室	政府科研机构	36	美国
24	国家标准技术研究院	政府	35	美国
25	洛克希德·马丁公司	企业	35	美国
26	美国电力研究院	独立科研机构	32	美国
27	三菱电机 & 三菱重工	企业	31	日本
28	国家能源技术实验室	政府科研机构	31	美国
29	松下电器	企业	28	日本
30	卡尔蔡司公司	企业	27	德国

（数据来源：作者根据原始数据统计自制）

第二节　美国奥斯卡级国家创新系统顶级梯队的组织合作网络

社会网络分析法作为一种多学科研究的方法，能够很好地帮助我们去理解各种各样的社会网络，这些网络可能在社会学、管理学、心理学等学科之中，社会网络分析法能描述这些社会网络的发展演化过程，并且分析出信息传播和合作关系架构的内在规律。为了揭示美国奥斯卡级国家创新系统顶级梯队组织合作网络，本研究使用Gephi软件绘制了世界研发百强奖的获奖组织合作网络图。分析过程如下：首先，研究采用了社交网络分析中的度的指标形成作为图中点的大小依据。社交网络是社会个体成员之间通过社会关系结成的网络体系。在网络关系中，节点都是由一个个的个体组织构成的，个体之间通过相互联系互动产生社会合作网络。通过合作网络图能够很好地展示这个网络的合作情况。度指的是与一个组织有合作关系的组织数量，点越大说明合作联络的组织越多；其次，采用了模块化的指标，测算出网络社区数，并以不同颜色加以区分①。模块化的指标能够判断出社区是否形成了相对清晰的模块。相对清晰和完善的模块能够有较高的内部节点之间的联系，并且节点的相似度高。网络合作社区的发展过程能够反映社区的合作水平和演化趋势；再次，将度的数值设为 3，过滤部分合作联系较低的机构，使得最为核心的关系能够清晰呈现；最后，以 10 年为阶段，绘制美国奥斯卡级国家创新系统顶级梯队的合作网络演化图。

一、以航空研发为核心的美国国家创新系统顶级梯队初建期

1979—1988 年，美国国家创新系统顶级梯队累计获得 917 项"百强奖"。如图 6.3 所示，在这些获奖组织之间一共形成了 66 个创新社区，合作网络雏形初现。第一，美国国家航空航天局刘易斯研究中心（NASA Lewis Research Center）是国家创新系统顶级梯队初建期最大的研究组织节点，并以其为核心形成了最大的社区集群。美国国家航空航天局（NASA）是美国联邦政府的一个政府机构，负责美国的太空计划。美国国家航空航天局刘易斯研究中心是美国航空航天局（NASA）的重要研究机构之一，专门从事航空航天发动机的试验研究。第二，阿贡国家实验室（Argonne National Laboratory）、劳伦斯伯克利国家实验室（Lawrence Berkeley National Laboratory）、劳伦斯利弗莫尔国家实验室（Lawrence Livermore National Laboratory）、洛斯阿拉莫斯国家实验室（Los Alamos National Laboratory）等国立科研机构在合作网络中的集聚度较高；第三，美国大型企业和政府部门的合作参与较高，核心节点包括：马丁玛丽埃塔材料公司（Martin Marietta）、美国矿产局（US Bureau of Mines）和通用电气（General Electric）等。

---

① BLONDEL V D, GUILLAUME J, LAMBIOTTE R, et al. Fast unfolding of communities in large networks [J]. Journal of Statistical Mechanics：Theory and Experiment, 2008 (10).

图 6.3　1979—1988 年美国"奥斯卡级创新"获奖组织合作网络

二、以电力能源为核心的美国国家创新系统顶级梯队膨胀期

1989—1998 年，美国国家创新系统顶级梯队组织合作更加复杂，如图 6.4 所示。第一，美国电力研究院（EPRI）成为这一时期最大的合作节点，并以其为内核建构了最大的合作网络。这家研究院是一家非营利组织，组织的发展主要依赖于电力公司的支持，研究院重视公益性，整个运营过程中将收益造福于公民。美国电力研究院在这个过程中能成为最大的节点，说明其在创新系统中发挥着重要的枢纽作用，通过非营利的运行模式实现各个主体对资源的充分利用。美国电力研究院与许多美国著名的国家实验室开展合作研究，在图中能看到这些实验室组织与国家电力研究院的合作非常紧密，也在此基础上形成了一个创新系统的顶级梯队，在此过程中，很可能非营利性发挥了重要作用，许多企业和研究机构正是由于该组织的非营利性，能够在此机构孵化创新，增加获利和收益。美国国家电力研究院也吸引了大量科学人才和工程专家在研究生院工作，提升了研究院在基础科研和应用研究上的实力。研究院不仅在美国的能源系统上具有很强的领导力，也在世界范围的能源研究院中具有领先的地位。研究院的贡献不仅包括能够提供可靠和健康的能源，而且研究院的合作项目为许多实验室的研究提供了创新的空间和研发的场地。美国国家电力研究院辐射范围广；第二，美国能源部下属的国家实验室进一步发力，研究节点快速扩大，桑迪亚、劳伦斯利弗莫尔、洛斯阿拉莫斯和橡树岭等国家实验室成为生产重大创新的代表，与上一个 10 年相比，这些实验室的发展速度极快；这些实验室在建设和发展的过程中大多是依托

于知名高校，在扩大的过程中为美国的顶层创新提供了许多新的科学和技术成果。这些实验室的发展和合作也成为美国国家创新系统发展的一个典型。能源部下属的实验室在体量上和质量上都在世界范围内居于领先地位。这些实验室通过合作提升了对本地经济的贡献，提升了经济的影响力。第三，合作网络密度更高，过滤后的合作节点更多。由此可见，以电力能源为核心的美国国家创新系统在这一时期已经有非常强大的影响力。即便是过滤一些合作次数少的合作关系，这些实验室的合作节点仍然存在，而且合作网络密度很高。这都说明在这个时期国家创新系统顶级梯队的稳定性不断增强。第四，前一个 10 年最大合作中心组织美国国家航空航天局刘易斯研究中心却没有扩大。从网络上看，在前一个时期最大的中心组织是美国航空航天局刘易斯研究中心，这个中心节点没有扩大很可能说明美国在这一时期的航空发展已经趋于成熟和稳定，合作网络的重点方向已经从航空领域转向能源领域。

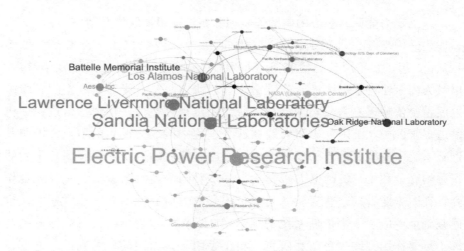

图 6.4　1989—1998 年美国"奥斯卡级创新"获奖组织合作网络

三、以巴特尔代管为趋势的美国国家创新系统顶级梯队爆发期

1999—2008 年，美国国家创新系统顶级梯队的变化更为剧烈，如图 6.5 所示。进入爆发期，合作网络呈现出三大趋势：第一，美国能源部下属的国家实验室发展快速成熟，劳伦斯利弗莫尔、桑迪亚、洛斯阿拉莫斯、橡树岭等国家实验室已经成为顶级梯队最为核心的机构，国家实验室合作网络强度不断凸显。第二，非营利科研组织的地位也在不断强化。最为典型的是巴特尔纪念研究所（Battelle Memorial Institute）。巴特尔纪念研究所，又称巴特尔

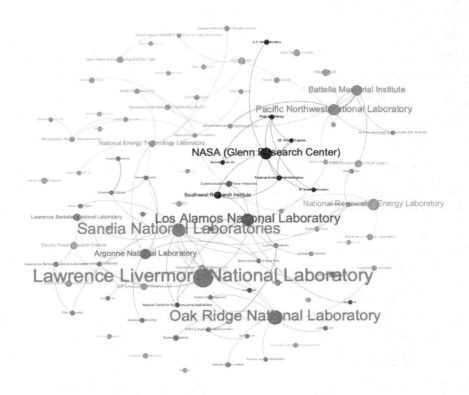

图 6.5 1999—2008 年美国"奥斯卡级创新"获奖组织合作网络

实验室，成立于 1929 年，实验室的总部位于美国俄亥俄州哥伦布市，是一个融科研和成果转化为一体的研究机构，也是世界上最大的独立研究机构。研究机构不仅包括巴特尔研究所自身，还包括托管的大量美国的国家实验室，在组织运营模式上有很好的创新和稳定性。实验室通过与其他组织合作托管了很多实验室，成为美国联邦政府重大科研任务的一个集合体。与巴特尔类似的独立研究机构还包括一些知名的实验室，比如麻省理工学院的林肯实验室，加州理工学院的喷射推动实验室，也包括由美国和加拿大 45 所大学共同管理的国家大气研究中心等。许多独立科研机构在发展的过程中获取资助的渠道是多元的，这些科研机构与贝尔实验室、杜邦研究所等企业实验室共同致力于国家创新系统的发展，成为美国国家创新系统顶层的科技力量。巴特尔研究所同时运营了橡树岭国家实验室、布鲁克海文国家实验室、国家可再生能源实验室、爱达荷国家实验室、劳伦斯利弗莫尔国家实验室、西北太平洋国家实验室等国家科研机构。巴特尔研究所通过管理这些实验室，重点推动了实验室的基础科学研究和创新成果转化，给美国带来了巨大的科技竞争优势。实验室的标准化管理模式是巴特尔研究所的贡献，研究所通过协同多家实验室建立了共享平台，推动科学技术与社会需要的融合，增强了实验室对社区需求的贡献，也为实验室之间加强沟通和联系，提升实验室之间的科研和转化合作能力。各家实验室通过巴特尔的组织协调，也创造性地提出了许多满足社会需求的科技创新方案。第三，非营利科研组织与国家实验室的合作推进。巴特尔纪念研究所和西北太平洋国家实验室共同构成了"双子星"。尤其是在2000年以后逐渐成为美国能源部和国土安全部的西北太平洋、橡树岭、布鲁克海文等国家实验室的实际运营者。巴特尔研究所和实验室的合作为科研管理人才、科研人才和成果转化人才提供了工作机会，成为美国最为核心的科技人才培养基地。

四、以全方位凸显为特征的美国国家创新系统顶级梯队成熟期

如图6.6所示，2009—2020年，美国国家创新系统顶级梯队组织合作网络达到膨胀巅峰期，以顶级梯队为中心的合作社区全方位凸显。

第一，美国国家实验室体系的重大创新获奖数达到巅峰，橡树岭成为合作网络的最大中心，阿贡国家实验室、桑迪亚国家实验室、劳伦斯利弗莫尔国家实验室等大型国家实验室的合作密度仍然保持。橡树岭实验室在其中发挥了重要的作用，也成为这一时期实验室建设最重要的平台基地。这些实验

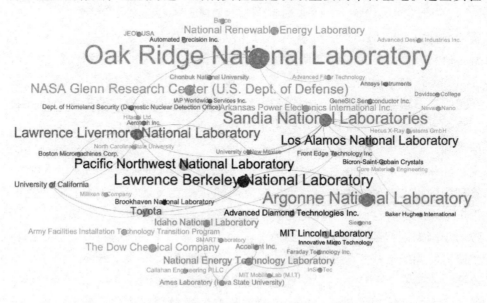

图6.6　2009—2020年美国"奥斯卡级创新"获奖组织合作网络

室很多在核能研究中具有卓越的领导力，最初服务于二战，比如阿贡国家实验室最早是美国芝加哥大学的冶金实验室，后来在美国曼哈顿计划中承担了核反应堆方面的研究，使得美国的原子能技术居于世界领先水平。桑迪亚实验室主要是服务于核武器中的非核部分的科学研究，桑迪亚实验室长期致力于推动美国先进武器的材料和控制设备的研发。劳伦斯利弗莫尔实验室在化学研究上有突出贡献，发现了一些新的化学元素。作为美国创新系统合作网络的核心成员，在这一时期开始了许多新的研究方向探索，除了在国防领域保持美国的科技竞争地位之外，这些实验室在能源开发和能源系统优化方面开展了大量的科学研究，实验室也开始重视对新方向的评估评价。

第二，美国规模较小的国家实验室的合作网络已经清晰可见，国家能源技术实验室、国家可再生能源实验室等规模最小的国家实验室也都在网络中清晰可见。美国国家能源技术实验室是美国能源部下属的一个较新的实验室，实验室重视在能源和环保领域的科学研究，实验室经过合并组建，原先的实验室也主要是从事能源方面的研究，但随着 21 世纪的到来，美国能源部开始重视能源技术的开发，尤其是环保技术成为实验室的一大特色和优势。另一家国家可再生能源实验室是美国国家实验室中最为年轻的实验室，这家实验室重点在于建设可再生能源的基地和发展可再生能源的项目，从而降低美国对于石油资源的依赖，提升美国的环保能力，降低国家的安全风险。美国在可再生能源上的探索能够处于世界先进地位，主要归功于这家实验室的核心节点作用。实验室在建设过程中多次获得世界研发百强奖。实验室通过推动社会对可再生能源的利用，增强社会发展的可持续性，已经为美国的工业生产和生活中的能源利用提供了许多高效的项目。

第三，美国政府部门下属机构的合作网络更加频繁，比如美国国防部、商务部、国土安全部、能源部等部门下属机构合作网络密布，已经形成了较为成熟的合作社区。从这些能够看出，美国政府部门之间的合作过程，各个部门之间通过加强科研投入，协同推进科学研究项目和成果转化，共同推动国家实验室的科学研究项目，减少重复项目的设立。政府部门的合作项目对国家实验室的发展起到了很好的助力作用。此外，这种合作网络和合作过程可以解决美国国家实验室的多头领导问题，提升了研究方向的聚焦能力和发展能力。

第三节 美国公共创新集群合作生态微观模式

在近 40 年世界研发百强奖获奖数据中，以联邦实验室为核心的若干个公共创新集群不断凸显，构成了"奥斯卡级创新"获奖社区。这些公共创新集群包括美国国防部、能源部、商务部等多个政府部门，一大批规模不一的联邦实验室，世界 500 强企业，世界一流大学等。在公共创新集群中，联邦实验室与其他组织的合作生态如何产生、维持并协同配合？联邦实验室为什么能够成为公共创新集群的合作中心？以下从合作生态角度，将获奖条目、申报单位等信息混合，分析美国公共创新集群的生态成员特征，形成如图 6.7 所示的公共创新集群合作生态图。

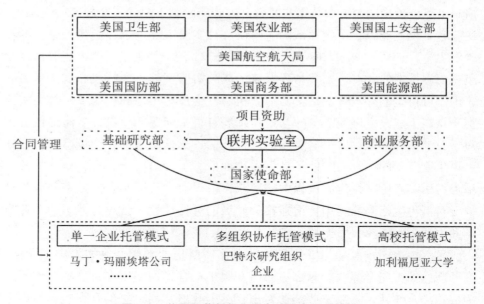

图 6.7 美国公共创新集群合作生态微观模式

一、"多政府部门资助与项目分区管理"的项目运作模式

政府是美国公共创新集群的最大出资者，美国商务部、国防部、能源部、卫生部、国土安全部及航空航天局等部门通过项目资助对实验室进行宏观管理，直接由政府托管的实验室仅 1 家，以此推动科学研究符合美国政府关注的核心需求。美国联邦实验室不仅包括能源部下属的 17 家国家实

验室，而且包括商务部、卫生部、航空航天局等多政府部门下属实验室。在近 42 年世界研发百强奖获奖数据库中，直接涉及美国政府部门的奖项高达 912 项，超过总获奖数的 20%；联邦实验室获奖数达到 1231 项，将近总获奖数的 30%。美国在建设国家实验室的过程中，明确了实验室的管理部门为能源部和国防部。国家实验室的建设和发展主要服务于国家的战略利益和经济发展，一些实验室偏向于基础研究，短期没有显著的经济效益，但具有服务于长远的经济发展或者战略地位优势。这些研究都具有很强的社会价值和国家战略目标。除了国家实验室之外，还建设了很多联邦实验室和研究院所，这些机构的职员在属性上类似于"公务员"，即研究工作主要服务于国家科研目标，将政府科研目标放在首位，其次才考虑商业和经济目标。

这些研究机构在运营上也有很强的专业化水平，许多实验室采用政府所有和专业化运营的模式，这种模式是通过专业化的运营机构运营实验室，但实验室的建设资金主要由政府支出，这种模式下很大的优势在于政府能够节省成本且高效地管理实验室，将一切的管理和运营全部签入合同中，通过合同的方式分配实验室的管理权，将最终的资助和发展状态确定下来。实验室通过与委托方的合同获取实验研究的资金支持，同时国家政府部门通过资助的方式获得实验室的科研服务，这种方式能够很好地提升整体的管理效率，将运营交给专业化机构也省去了在行政上机构的设置，提升了实验室的内部运行效率。实验室的管理者被称为经理，将实验室的运行向着商业化的方向推进。政府部门通过对项目完成情况的评价来决定是否继续对实验室的研究进行资助。国家实验室的经费来源方主要是各相关政府部门，实验室是政府开展科学研究的代理者。以劳伦斯利弗莫尔国家实验室为例，实验室由劳伦斯利弗莫尔国家安全有限公司运营，管理团队包括美国柏克德工程公司（Bechtel）、加利福尼亚大学、巴威公司（Babcock & Wilcox）、URS 工程公司华盛顿分公司和巴特尔研究组织等。根据 2019 年实验室年报数据，劳伦斯利弗莫尔实验室的最大开支为武器研究、国防部相关研究、能源部科学与能源研究、防核扩散研究、国土安全部研究、非政府委托研究、实验室建筑维护改造开支、实验室安全运营支出。美国能源部和国家核安全局（National Nuclear Security Administration）是实验室的主要资助方，运营公司提供实验室运行和开展科研工作的环境。美国航空航天局、国防部、国土安全部、卫生部等都以项目形式实现国家重大项目需求。美国的国家实验室经费普遍充足，这对于国家实验室的发展是至关重要的，尽管在美国的国会中一直有讨论关于是否停止对国家实验室的投入，这主要是因为实验室的经费开支巨大，但一些基础科研产出并没有短期经济效益，然而国家实验室的政府投资形式最终仍然保持了下来，并没有很大的改变，这说明从国家发展层面上看，美国对于建设国家实验室还是持乐观态度的，认为国家实验室能够对国家在科技竞争中具有优势，并在高水平的基础科研中发挥作用。实验室的管理通过预算开支的形式，这也使得实验室的建设有更强的计划性，通过年度预算和阶段性的预算管理，来设计实验室的资金利用方案，对实验室的科研经费使用和科研发展方向都有很大的帮助。实验室的发展重视绩效的产出，通过对绩效的评价也能够让美国政府的出资者了解实验室的运行过程和成果产出。实验室的项目运营管理存在明显的部分界线。劳伦斯利弗莫尔国家实验室将业务职能分为科学技术、国家使命项目和商业联络。将"计算""工程""物理学和生命科学"纳入科学技术职能部，将"全球安全""武器相关"和"国家点火装置和光子科学"纳入国家使命项目部，将企业运营和商业化纳入商业联络部。多政府部门资助的准确归口，确保实验室不会偏离国家重大战略需求、基础性重大科学研究和市场化商业动力三个目标，使得实验室兼具"基础性""国防性"和"商业性"且高效运转。

二、"合同企业轮换托管联邦实验室"的组织互嵌托管模式

美国国家实验室与企业合作的模式多样，除了最常见的企业委托实验室承担项目之外，合作水平最高的模式是企业受政府托管运营国家实验室的组织互嵌托管模式。托管企业并非"一劳永逸"，采用竞标方式获得国家实验室的一个或者多个管理周期的运营权。企业组织竞标对国家实验室的管理权，推动实验室管理运营者的灵活性和合同性，这为企业与政府实验室的阶段性互嵌提供了良好的机制，也成为公共创新集群演化的经济动力。美国国家实验室的运营模式大多数采用的是国有民营的托管模式，这种模式避免了行政化问题，减少了因为行政化产生的管理问题。将实验室的运行和商业化企业运行联系起来，提升了实验室运行的效率，实验室在管理上主要按照企业化的运作方式设置管理岗位，科研上主要通过政府项目合同获取资助。实验室的运行管理过程在经费上和监管上都有较为明确的管理程序，这些程序主要是合同制的管理模式，通过合同、协议和补充协议等形式将管理过程确定下来，最终依据这些协议和合同来对实验室开展评

估评价和结果考核①。橡树岭国家实验室是美国能源部最大的国家实验室，实验室目前的研究领域主要是能源和环境方面，实验室的核心研究领域包括能源与高性能计算、先进材料和国家安全等。实验室通过与企业合作实现技术的商业转化，也为美国的大型企业提供了许多高精尖技术。在世界研发百强奖的获奖名单中，马丁·玛丽埃塔公司（Martin Marietta）、联合碳化物公司（Union Carbide）等是与橡树岭国家实验室合作获奖数最高的两家企业，分别达到 18 次和 10 次。马丁·玛丽埃塔公司是洛克希德·马丁公司的前身之一，在材料和能源系统领域技术强劲，主要服务于美国空军装备。联合碳化物公司是陶氏化学的前身之一，在石油化学材料领域表现突出。这两家企业都曾是橡树岭国家实验室的托管企业，也是组织互嵌合作的受益者。组织互嵌合作模式不仅是美国能源部国家实验室的组织形式，在国防部的联邦资助研究中心（Federally Funded Research and Development Center，FFRDC）也普遍采用，但美国联邦实验室在组织模式选择上的灵活度更高，组织互嵌的程度由合同决定。

美国 500 强企业中有孟山都、联合碳化物、EG&G、洛克希德·马丁、柏克德、杜邦、西屋、霍尼韦尔等直接托管过联邦实验室，这些企业大多与军事国防领域紧密相关。比如，通用电气与美国航空宇航局的格伦研究中心、刘易斯研究中心、美国电力研究所等有 6 项合作获奖，西屋及其前身公司与美国电力研究所、阿贡国家实验室、爱达荷国家实验室有 5 项合作获奖。爱达荷国家实验室是美国在 20 世纪 70 年代末建立的国家实验室，实验室的主要科研方向是核能、网络安全和国家安全等方向。实验室在核能方面处于世界领先，实验室在核燃料、核废物等方面有非常深入的研究，实验室也和大多数美国国家实验室一样采用的是国有民营的运行方式，实验室近年来开辟了一些网络安全等新研究方向，实验室的发展结合时代发展特征，但是美国国家实验室服务于经济建设的典型代表，也是美国在这些领域聚集人才最多的科研机构之一。而陶氏化学及其下属公司等企业尽管获奖项数位居前列，但是依靠自建高质量的企业研发实验室以占据商业领先地位，获奖单位以单一企业或企业分公司合作为主。但合同企业轮换托管的组织互嵌模式为大型科技企业与联邦实验室深度合作提供了一种选择。陶氏化学是具有全球领先

---

① 钟少颖，梁尚鹏，聂晓伟. 美国国防部资助的国家实验室管理模式研究 [J]. 中国科学院院刊，2016，31（11）：1261-1270；林振亮，陈锡强，张祥宇，等. 美国国家实验室使命及管理运行模式对广东省实验室建设的启示 [J]. 科技管理研究，2020，40（19）：48-56.

地位的企业，陶氏化学的市场覆盖主要包括化学、塑料、农用化工产品与技术，在世界范围内都有大量的客户和服务市场，陶氏化学通过与实验室的合作提升了自身在化工技术方面的技术优势。另一家类似的企业为孟山都公司，这家公司也是美国的农业公司巨头，公司在生物研究领域有很大的优势，比如在转基因种子研发方面，孟山都公司一直是全球领先的代表，除此之外还包括一些农业化工产品，如除草剂、化肥等。在合作网络中还有一家联合碳化物公司，这家公司是世界上化学和聚合物材料的知名生产企业，有世界上最先进的大规模生产装置，通过联合实验室建设很好地提升了企业在化工方面的科技水平。

三、"非营利组织—大学—联邦实验室"联盟重组企业协作托管模式

"非营利组织—大学—联邦实验室"联盟重组企业协作托管是美国联邦实验室管理中的典型模式。与组织互嵌模式不同，组织互嵌模式通常是由一家企业通过合同形式托管联邦实验室，而联盟重组企业模式则是先建立一家由非营利组织、大学等构成的联盟重组企业，再由联盟重组企业托管实验室。美国政府非常重视实验室的开放和资源共享。由于联邦实验室的联盟重组企业协作托管模式极大地提升了实验室在开放和共享上的价值，实验室由于依托单位模式的丰富性，促进了实验室与非营利性组织、大学和企业的合作，实验室成为这几个组织之间的合作纽带和平台。在这个过程中许多实验室的建设模式都充分照顾了各方的不同利益。学术类组织一般更加重视知识的创新和发现，并覆盖知识的传播等环节，实验室在这个方面的作用就是科研创新和高等教育，通过科研创新做到新知识的发现和传播，另外通过高等教育培养专业类科研人才。企业组织则更加重视商业价值和经济利益，在这种组织模式下，实验室通过为企业的技术支持提供一个强大的平台，为企业的商业研发和成果转化搭建起渠道，这种模式也让许多企业能够快速获取研发资源和研发人才。政府机构通常更重视的是国家层面的战略利益，国家实验室的建设过程的资助经费来源于政府，在这个过程中能够通过经费的方向引导实验室朝着政府关心的方向开展研究，研究也能够为企业的发展和实验室的发展提供更多机会。

实验室通过这种建设模式从各方都获取了足够的建设优势，能够在实验室的科学研究和成果转化过程中最大限度地发挥实验室的建设价值。例如，劳伦斯伯克利国家实验室和劳伦斯利弗莫尔国家实验室在这个过程中都是依托于加州大学建立的实验室。加州大学通过与政府的合作获得了实验室的组

建管理权，在实验室的管理过程中，加州大学通过组建专门实验室管理办公室来推动实验室的高效管理，实验室管理模式的规范化和专业化是美国国家实验室依托模式的特色。另外，实验室的评估评价是由明确的法律文件支撑的，整个评估的程序都会按照法律程序对实验室的建设质量开展评价。实验室的宏观管理和微观管理在依托单位专门设立的管理机构进行整合，这为实验室管理过程中理顺管理问题提供了很大帮助。实验室的建设和评估主要是通过一些专业机构，这样也避免了在评估过程中可能存在的评估失误。政府对实验室的评估和考核过程，较为依赖实验室的自评报告和评估机构的专业报告。实验室的自我评价，通常能够反映实验室在建设和管理过程中实际的运行过程，尤其是在实验室的经济效应评估上，实验室通常与本地产业对接，提升实验室对区域经济的贡献能力。专业的评估评价能够更好地探索实验室在过去一段时期的发展水平，从而作为未来一段时期内的政府投资的依据。通过合同化的管理方式，政府对加州大学给予一定程度的财政支持，用于建设实验室，再通过学校拨到实验室。巴特尔研究组织是参与美国联邦实验室托管最为典型的非营利组织，不仅运营管理了巴特尔纪念研究所，而且参与监管实验室包括布鲁克海文、爱达荷、劳伦斯利弗莫尔、洛斯阿拉莫斯、国家可再生能源实验室及国家生物防御分析与对策中心。在近 40 年世界研发百强奖获奖数据中，仅与巴特尔研究组织直接相关的就有 67 项创新。

　　近 20 年，美国联邦实验室的托管组织轮换竞标，巴特尔及其成立的联盟重组企业 8 次获得联邦实验室管理权。巴特尔研究组织针对不同实验室实际建立了多样化的联盟重组企业协作托管模式（见表 6.2）。巴特尔将实验室管理特色总结为"科学技术、实验室管理和利益相关者管理"的"同步卓越"（Simultaneous Excellence）的特色。在这套制度指导下，实验室管理工作重点在于推动实验室科技水平保持世界前沿，促进基于绩效的实验室员工责任制和优化利益相关者格局。巴特尔是 149 家美国企业的创新中枢，有发达的企业合作网络，这种托管模式成功地挖掘了非营利组织的联络优势，为不同层级和规模的组织利用联邦实验室平台提供了合作的可能。

表 6.2　巴特尔参与管理的联邦实验室托管组织构成

组织名称	托管组织	组织构成	巴特尔角色
布鲁克海文 国家实验室	布鲁克海文科学 联合有限公司	巴特尔 纽约州立大学	企业合办者

续表

组织名称	托管组织	组织构成	巴特尔角色
爱达荷 国家实验室	巴特尔能源联盟 有限公司	巴特尔 BWXT 公司 AECOM 公司 美国电力研究协会	企业合办者
劳伦斯利弗莫尔 国家实验室	劳伦斯利弗莫尔 国家安全有限公司	美国柏克德工程公司 加州大学 巴威公司等	次级合同者
洛斯阿拉莫斯 国家实验室	三方国家安全 有限公司	巴特尔 得克萨斯 A&M 大学联盟 加州大学	企业合办者
国家可再生能源 国家实验室	可持续能源联盟 有限公司	巴特尔 全球核磁共振公司 （MRIGlobal）	企业合办者
橡树岭 国家实验室	田大-巴特尔 有限公司	田纳西大学 巴特尔	企业合办者
西北太平洋 国家实验室	巴特尔研究组织	巴特尔	企业合办者
国家生物防御 分析与对策中心	巴特尔生物防御 研究有限公司	美国国防部 巴特尔	企业合办者

四、获奖组织合作网络演化对我国的启示

通过上面的研究，这里提出一些对我国通过优化社会科技奖励，驱动组织合作网络演化的启示。

（一）加快优化社会科技奖励体系，培育高影响力社会科技奖

社会科技奖励主要是组织或者个人设立的科技奖励，这些奖励在推动基础研究、应用研究和应用基础研究方面有着非常显著的贡献。社会科技奖励和政府奖励一样都发挥着对科技发展的激励作用。社会科技奖励有更强的自主性，在设奖的项目上也有更多的创新性。我国近年来非常重视社会科技奖

励的体系化建设，科技部也发布了相关的社会科技奖励目录，在规范社会科技奖励和提升社会科技奖励影响力上一直有较大的指导性。社会科技奖励的社会属性使得奖励更加丰富，一些世界上知名的奖励也都是社会科技奖励。我国近年来也有一些奖励在国内有了较大的影响力，这些社会科技奖励包括何梁何利奖、求是奖、邵逸夫奖等。这些奖励在推动科技人员创新和社会创新气氛上做出巨大的贡献。但我国的社会科技奖励由于发展较晚，在国际上的影响力还不够大，缺乏一些国际化水平高的社会科技奖励。社会科技奖励的奖项设置灵活性更高，但现有社会科技奖多是行业性奖励，且国内国际认可度均不高。借鉴美国经验，推动国内知名科技创新期刊或智库，逐步建立一套"重大突破性创新奖"筛选机制，推动建立具有高水平和国际认可的评价机制，确保评选公平性和合理性，办具有国际影响力的"重大突破性创新"的社会科技奖励。提升社会科技奖的评奖公平、公开、公正性，让社会科技奖励在推动世界范围内的前沿科技上发挥作用，提升中国社会科技奖励的评审质量，坚持在提名和评审过程中找到评价的合理方式，鼓励世界上的知名专家学者参与中国社会科技奖励体系的建设中来。能够在评奖过程中重视对世界领先科技的关注，这对于我们获取世界先进科技的动态有很大的帮助，具有增强中国社会科技奖励的国际影响力，充分发挥国际学术共同体的作用，增强社会科技奖励的权威性和透明度。

在国际社会科技奖的建设上，应该重视学习世界上知名的社会科技奖励的建设经验，坚持对世界各国的经典科技奖励进行分析，培育一些"世界科技创新奖"的中国品牌，这对于我们利用社会科技奖励获取世界科技创新前沿，并提升中国在全球科技竞争中的话语权都有很大的帮助。目前中国的社会科技奖励还很少有能在世界上产生重要影响力的奖项。美国设立的"世界研发百强奖"几十年的建设经验表明，正是经过了常年的建设和评选，才使得这个奖项受到了业界的关注。中国应该重视在国际化的社会科技奖上的建设，采用多种激励方式，为获奖者提供一个交流和联系的平台，增强中国参与全球科技创新的能力。中国在建设国际知名的社会科技奖励时可以借鉴一些已经形成国际认可度的社会科技奖的建设经验。社会科技奖励在评选过程中可以采用更加创新的方式，比如采用一些人工智能技术方法来识别获奖者，在奖项设置上也应重视对外国研究者的关注，通过在全世界范围内网罗获奖者，提升中国的全球科技影响力，也让这些国际知名的科学家关注中国的科技发展，并探讨这些高端人才到中国创业的合作机会。国际知名的社会科技奖项对打造中国的科技竞争形象也有很大的帮助。通过对国际科技奖励体系的建设，也能够促成中国科学家与国外科学家开展学术交流，并推动中国企业关注国外的科技进展。我们应该重视对社会科技奖励的国际化探索，这对我国健全科技奖励体系有很大的帮助。中国的科技创新奖励设置能够很好地嵌入在世界科技奖励的宏观框架中。社会科技奖励是一个很好的突破口，在奖励种类和目标设计上更加丰富，在学习国外先进的奖励设奖过程和评审机制的过程中，也能够完善我国在政府科技奖励体系的建设。

(二) 合理规划国家创新系统顶级梯队，构建国家公共创新平台

合理规划中国国家创新系统顶级梯队建设，推动政府实验室建设成为国家公共创新平台，增强实验室的开放共享能力，助力国家核心科技利益和国家安全。

一是借助政府科技奖和社会科技奖的"指挥棒"效应，推动建构稳定的政产学研用合作网络体系，促进政府、高校院所和企业之间对府立实验室科研资源的高水平利用。政产学研用是国家创新系统顶级梯队创新合作的关键方式。中国的国家创新系统顶级梯队建设应该重视对各种不同类型的创新组织的融入，要多元化吸收各种类型的顶尖创新组织。政产学研用这种模式能够很好地利用各方资源。作为一套合作系统，政产学研用能够很好地利用政府的资源，应在过去的产学研基础上增强对政府和用户资源的挖掘。政产学研用强调在国家创新系统顶级梯队建设中重视政府的作用。政府能够通过资金支持和财税支持的方式给予国家创新系统的顶级梯队更好的发展空间和便利。国家创新系统的顶级梯队不能单靠实验室建设本身，应该从系统角度加以完善。实验室的建设是国家创新系统顶级梯队中的核心构成，但要激活顶级梯队的建设，必须要把实验室作为一个创新平台，成为承担国家战略利益目标、政府科研任务和企业商业利益的枢纽。国家创新系统的顶级梯队建设要重视对高校的吸纳。高校在人才培养和知识创造上始终扮演着重要角色。高校是人才和成果输出的阵地，应处理好实验室建设与高校建设的关系，减少重复性投入，增强实验室建设的有效性和合理性，提升对高校建设的支持。高校作为人才输出的重要来源，培养人才是高校的关键任务。在国家创新系统顶级梯队的建设过程中，如何提高高校对人才需求的满足能力，是未来高校专业建设和学科建设的重点目标。在知识经济发展迅速的今天，必须通过对高校在培养人才和科学研究上的支持，推动人才的高质量培养和基础科研成果的产出。知识社会作为一种新形式，对国家创新系统中的高校建设提出了更高的要求，在国际上许多高校已经在朝着"创业型大学"发力了，我国

不少高校也开始关注创业创新。这说明创新并不是完全局限在实验室范围内的，创新也同样体现在管理模式和发展模式上。推动实验室成为国家创新系统顶级梯队的核心枢纽，应充分发挥政府、企业、高校和用户在创新过程中的体系建设作用。重视资源的分配和核心能力的差异化建设，推动政产学研用协同创新网络体系的发展。借助社会科技奖励评选，推动政产学研用的协同创新网络变得更加紧密，提升各方对实验室的利用效率，扩大政府科技奖和社会科技奖的建设差异，减少奖励设置中的重复获奖问题，提升激励效果的有效性。

此外，用户创新正在成为一种新的创新形式。这也应该成为国家创新系统顶级梯队建设关注的一个重点。如何充分利用万众的创新想法，在大数据和人工智能时代实际上有了很多的机会和技术支持。用户创新也应成为合作网络建设的一个关注点。社会科技奖励也可以考虑在用户创新方面给出一些支持，让更多的组织在创新的过程中关注用户需求，提升对用户创新的关注，增强对用户的包容性，鼓励更多的创新来自用户，这也是目前的创新奖项设置较为薄弱的一个方面。政产学研用的建设体系非常重视对网络的挖掘和贡献，这也应是社会科技奖励关注的重点，如何设计激励机制来驱动实验室等创新主体能够与用户结合，增强网络联系的深度，加强和各个不同的创新组织之间的联系。

二是建构更明晰的实验室功能部门，整合国家实验室等同类机构在国家重大需求服务和商业市场服务方面的资源系统，为供需一体化的初期匹配提供更便捷的路径。实验室的功能部门建设在各家实验室中都较为简单，但实际上功能部门建设是体现实验室建设管理专业化水平的一个重点。实验室不仅是教学科研的基地，也是人才培养和成果转化的基地，实验室资源的充分利用必须包括对实验室物质资源现有的利用，比如实验设备和实验设施的利用，目前在实验室共享方面仍然有很大的改进空间，在实验室评估中加入了对实验室的资源共享的考评以后，越来越多的实验室开始关注实验室的资源共享，但是实际上的资源共享情况仍然不够好，这主要表现在许多实验室的设备存在闲置，一些设备在购置之后很难用于后续的新的实验，但是这些设备也没有共享出去，从系统层面上看，目前在实验室的设备建设中也还缺乏一个共享资源的平台，这也导致了许多资源设备建设过程中的重复和浪费。实验室的功能部门建设有利于解决这种资源效率和资源配置的问题。目前的实验室管理部门还是过于简单，缺乏整体上的专业化和标准化的建设过程，这也使得各个实验室在资源管理上存在各种各样的问题。实验室管理水平提升应该关注对需求的匹配,尤其是各类资源需求如何得到很好的匹配。这样有助于提升实验室的资源利用效率,增强实验室在资源利用上的共享能力。国家通过重新改造和重组实验室能够在一定程度上提升实验室的资源共享能力,提升实验室的资源利用。通过各种途径,不断挖掘现有实验室潜力,发挥实验室仪器设备功能,完善原有的实验内容,开发出新的实验项目,实现实验室功能的自我扩展,发挥实验室人、财、物的投资效益①。实验室还需要在建设的过程中加强对外部资源的利用,通过对外的合作和开发共享,能够提高实验室的创新辐射能力,实验室在人才培养和创新发展中的作用才能更好地发挥出来。实验室的功能部门划分应该得到更多的重视,明晰部门之间的管理边界,加强部门之间的管理协同和协作,提升实验室的管理结构现代化水平,增强管理能力的科学化水平,减少行政化带来的效率问题。实验室建设应该重视与其他实验室之间的合作交流,通过增强合作,加强学习,来推动实验室成为创新的中心。

三是探索建立考虑中国实际的实验室创新组织形式,促使实验室面向不同组织机构都能够提供合作的标准化模式,成为不同规模、不同属性组织探求合作的便利接口。实验室承载着创新驱动发展战略实施重任,在发挥科技创新方面起到了引领作用。符合中国实验室建设实际的创新组织模式是目前中国改组实验室体系的重点方向。从实验室的创新组织形式来看,实验室的依托单位主要是高校、科研院所和企业。目前在实验室的组建上还缺乏对联合实验室和综合型实验室的建设,如何推动一些创新的组织模式,增强实验室的协同能力,提升实验室的管理机制和管理效能,加强实验室各个部门之间以及实验室对外沟通合作的渠道建设,都将是建设实验室和联合实验室的关键。实验室的建设应重视对多种创新资源的利用,充分和明确地解决实验室的单位属性问题。对于国家实验室可以考虑采用政府委托的建设模式,在选择依托单位时增加一些委托的约束条件,明确实验室建设各方之间的利益诉求,通过实验室的建设实现各方利益的协同,关注实验室建设的持续性。对于建设效果不佳的实验室的退出机制应该着重考虑。比如被淘汰实验室能否纳入其他实验室建设序列。尽管实验室的建设评估是作为实验室建设和发展的一个核心方式,但是被淘汰的实验室也应该做好后续的归属建设。在这个过程中,应该重视实验室的整体梯队建设,提升中国整体的国家实验室体

---

① 刘振国,华子义,沈忠明.面向全校本科生的公共实验创新平台构建[J].实验室研究与探索,2012,31(12):212-214,218.

系的建设过程，提升对各种不同的国家实验室在建设标准和建设归属上的权利和责任。

在实验室建设过程中推动实验室与地方经济相结合。实验室的建设和发展离不开创新社区和集群的建设，实验室需要重视与地方经济的结合。实验室作为基础研究和应用基础研究的核心主体，应该重视对经济发展和产业的关注，应该增强对地方经济和产业发展的支持，这样才能够让实验室的发展具有更强的持续性。实验室作为人才培养的平台和基础性科研的平台，能够为地方经济发展提供更多创新科学和技术，与一些企业研发实验室合作，增强实验室对商业和市场的关注，能够将基础科学研究与商业化的成果转化相结合。提升实验室与研发类企业实验室的合作水平，增强对一些新兴技术的基础科学研究，从而为企业技术研发提供更多更深层次的科学支撑。在管理过程中，应重视与企业研发实验室的资源协同，积极汇报科学研究的进展，能够为企业、政府和其他社会需求提供更多信息支持。前沿科学技术能够通过实验室流向社会。通过管理系统的规范化管控提升工作效率，能够为多方合作过程中的有效沟通提供良好途径。借力信息管理系统，促进多方合作的深入、稳定发展。

四是强化在能源、国防、通信、空天等国家重大需求领域的国家实验室布局，加大对未来社会转型研判能力，为参与世界科技竞争提前占据有利地位。实验室的建设发展应该重视对高水平科学和工程科技需求的关注。在顶层设计上做好布局，能够推动实验室的建设体系明确发展的方向和功能任务。实验室的建设应该关注世界科学发展的前沿，应该重视对重大科学研究问题的关注。国家实验室在目前的建设过程中，要保持自身的建设地位，能够对标世界一流的国家实验室科学水平。国家实验室应该具备足够的科学能力，能够有很好的布局能力和优化能力，充分利用人才资源和实验资源，推动创新的优化分布和供给。国家实验室应成为国家重大科学设施的管理者，在推动国家重大战略利益上发挥重要作用。国家实验室的建设应该关注国家的重大需求，成为国家战略科技力量的核心部分。国家实验室应该重视与企业的合作网络，增强对大型企业的研发支持。在对国外国家实验室的研究过程中，不难发现，国家实验室与企业的关系通常是非常紧密的，尤其是在一些应用性的创新领域，国家实验室应该能够对中国的大型企业研发提供基础性的科学支持，应该能够和企业研发实验室一起攻关先进技术，能够推动中国在高端的科学技术领域占据有利地位。美国国家实验室的建设重点将能源和国防作为两大主要的发展目标，这实际上也为我们提供了一个很好的借鉴。中国在尖端科学技术上在哪些方面存在短板，就应该在哪些领域重视建设和发展国家实验室。我们在建设这些重要领域时应该重点关注这些技术领域是否为国际前沿领域，是否符合我国的重大战略需求，在国家竞争力和国家安全等方面发挥了多大的作用。

目前的国家实验室建设正处于一个转型发展期，许多地方实验室都在竞相发展，努力成为国家实验室，在这个过程中还应该关注实验室的建设目标和对地方经济和国家经济的支持。另外，应该关注我国地方政府在建设实验室过程中是否过于追求速度而忽视了实验室建设的质量，实验室的建设不能过于追求速度。许多基础科学研究本身就是需要长久的时间积累，并不能很快地有产出，因此，在实验室的建设方面，要关注目前的建设能力和未来的发展潜力。地方建设的实验室应该重视对经济的考量，并不一定都需要向国家实验室的建设方向定位。国家实验室的建设本身就是非常高且持续性的投资。实验室的建设应该重视与高校和科研院所、企业的资源合作，增强实验室的平衡能力，能够处理好科学研究和经济发展之间的关系。实验室的建设应该重视吸引优质人才，培养优秀人才，能够在不同学科领域和企业发展的重要方向上发挥作用。加强实验室建设，要稳扎稳打，要做好持续性建设实验室的目标，增强城市的创新能力和创新实力，应充分利用好城市的高校和科研院所资源，促进实验室成为创新的基地。鼓励实验室建设在更多更高质量的方向上加强投资和人才投入。

第四节　本章小结

本章整理分析了近 40 年世界研发百强奖获奖数据，采用社交网络分析法直观揭示了美国国家创新系统顶级梯队的合作网络演化态势，并进一步深挖了促使美国联邦实验室获奖数不断凸显的公共创新集群合作生态模式。

第一，尽管除美国之外获奖数呈总体上升趋势，但美国仍然稳固把持绝对主体地位，这部分反映出美国在世界科技竞争中的主导地位。在"奥斯卡级创新"获奖的美国组织中，政府科研机构是美国创新系统顶级梯队的最主要成员，企业研发机构与政府科研机构获奖数呈现"中轴对称"关系，即企业研发机构与政府科研机构获奖数"此消彼长"，而高校获奖数呈缓慢上升趋势，且一直居于末位，仅麻省理工学院一所高校的获奖数进入前 30 名。

第二，以美国能源部、国防部、商务部、航空航天局、卫生部等政府部门下属的联邦实验室在近 40 年世界研发百强奖中的获奖数不断增加，甚至规模较小的联邦实验室在近 10 年已经在合作网络图中清晰可见，形成了成熟的合作社区。国家创新系统顶级梯队合作网络中心节点密度的趋势，从初建期美国航空航天局获奖数"一家独大"，到膨胀期和爆发期形成的桑迪亚等数家国家实验室获奖数"多足鼎立"，再到近 10 年成熟创新社区"全方位凸显"，美国"奥斯卡级"国家创新系统顶级梯队成员稳定性和创新社区延展性大大增强。

第三，以"奥斯卡级创新"获奖社区的核心成员——联邦实验室为中心，探讨了政府、企业、高校、非营利组织与联邦实验室合作获奖衍生出的三种合作生态模式：（1）"多政府部门资助与实验室项目分区管理"的项目运作模式，推动联邦实验室优先满足国家重大需求，实验室项目运营部门界限明确，保障了科学研究、国家需求和市场需求的实现渠道稳定性。（2）"合同企业轮换托管联邦实验室"的组织互嵌托管模式，便于推进联邦实验室成为公共创新平台，直接服务于大型企业参与世界科技的商业竞争，也为实验室设备稳定投入和商业利用增加了渠道。（3）"非营利组织—大学—联邦实验室"联盟重组企业协作托管模式，培育了政府实验室管理的专业化机构，不仅契合了管理标准化和个性化兼顾的现实需求，而且搭建了大学、联邦实验室和众多美国企业之间联结的实体纽带。

第七章

新兴技术演化的政策系统供给机制

加特纳炒作周期报告连续 20 年为美国占据世界新兴技术高地提供了前瞻性判识，"新兴技术的整体态势如何演化和利用"研究将为我国制定新一轮技术规划编制和实现"弯道超车"提供关键信息。本章节基于 20 年间曲线数据统计了 245 项新兴技术变化特征，分析了高频新兴技术、技术成熟量和消失量、期望膨胀和消退速度。研究表明，仅 5 项新兴技术能够经历完整曲线的跨越；技术期望膨胀时间略高于衰减时间，个人生活类技术膨胀和消失快于组织应用类技术；钟形曲线明显左偏，从槽底走向成熟需 1~4 年；环境变革和概念盲目炒作等能部分解释技术消失的原因。由此提出了一套新兴技术政策系统供给模型及考虑期望管理的规划设计方案。

第一节　可持续发展导向下的新兴技术演化

一、驱动新兴技术演化的背景

自改革开放以来，中国将重点放到社会主义现代化建设中来，经济发展成为我国建设发展的中心，并提出和践行了"一个中心，两个基本点"的社会主义初级阶段的基本路线。经济建设的快速发展成为中国发展的热点，中国的科技也在快速发展，科技发展越来越成为驱动经济发展的核心要素。中国也开始在人工智能、5G 等技术领域展现出领先世界的先进水平，围绕这些技术涌现出一大批中国的高新技术企业，比如阿里巴巴、腾讯、百度等企业已经成为中国科技企业中最具全球影响力的和领导力的企业，在 5G 领域甚至一些技术开始成为世界科技发展的风向标。新兴技术的发展离不开政策的持续改革和优化。例如，在农业领域，我国政府通过出台一系列政策措施鼓励民众投入经济发展过程，如在农村地区重视乡镇企业的发展，推动农村一、

二、三产业融合发展①，并且实施家庭联产承包责任制，以调动农民的生产积极性，从而使人民温饱问题在一定程度上得以缓解以致完全解决温饱问题，"国以民为本，民以食为天，食以安为先"，粮食问题作为马斯洛需求层次理论中最基本的物质生存需求，作为国家安全的重要基础，粮食问题任何时候都不能掉以轻心②，要不断提高粮食安全水平，把生存命脉牢牢掌握在自己手里；采用试点政策，设立一批沿海开放城市对我国经济发展模式进行摸索，以先富带动后富，最终实现共同富裕这一远大目标。

经济基础决定上层建筑，上层建筑对经济基础具有反作用。通过一系列政策措施的支持，给我国经济建设注入了催化剂，经济发展迅猛，成为世界第二大经济体，取得了举世瞩目的成就。我国在经济快速发展过程中不落下任何一个区域，重视新疆、西藏等地质复杂区域的基础设施建设，成功地将铁路修建到这些地质地形环境复杂的区域，攻克了在高原冻土、沙漠等特殊条件下修建铁路和公路等基础设施建设的世界性难题，并充分抓住信息技术革命带来的新机遇，将大数据、人工智能等技术融会贯通，重视网络安全和通信安全，提升中国在5G通信、新兴前沿科技等领域的世界领先地位，为中国引领世界科技潮流，建设世界科技强国提供了机会和可能③。在取得这些成就的同时，我国发展也出现了一些问题与困境，仍然残存"牺牲环境也要发展经济"的畸形观念，片面追求效率，面临着环境污染、资源过度开采与消耗、贫富分化程度大等问题，针对这些问题，我国做出战略层面重大调整，提出"经济建设、政治建设、文化建设、社会建设、生态文明建设"的五位一体总体布局，扭转落后的发展理念，推动我国发展进入新发展阶段，从先污染再治理到绿色发展，破除高投入低产出、高消耗低效益、高污染发展困境，重视科学技术发展，把创新摆在国家发展全局的核心位置，坚持创新引领发展的第一动力，让创新贯穿党和国家一切工作，以创新促发展，以创新谋未来。

为进一步促进我国从经济高速发展转向高质量发展阶段，以绿色可持续发展为基准，习近平总书记在2020年9月举行的第七十五届联合国大会上提

---

① 四十年农业农村改革发展的成就经验［EB/OL］.（2019-01-17）［2023-08-02］. ht-tps：//www.gov.cn/xinwen/2019/01/17/content_5358497.htm.

② 端牢"中国饭碗"，总书记这样说［EB/OL］.（2021-10-17）［2023-08-02］. http：//news.cnr.cn/native/gd/20211017/t20211017_525635939.shtml.

③ 杜丽群.改革开放40年的经济成就与"中国名片"［J］.人民论坛，2019（13）：22-23.

出，"中国二氧化碳排放力争于 2030 年前达到峰值，努力争取 2060 年前实现碳中和"①，为世界环境保护落实了中国行动指南，提供了中国方案，展示了负责任的大国形象。为保证"双碳目标"顺利实现，习近平总书记在 2021 年 3 月主持召开中央财经委员会第九次会议时再次强调了"双碳目标"的重要性，提出了目标的实现需要做好持久的准备，认为实现碳达峰、碳中和是一场广泛而深刻的经济社会系统性变革，要把碳达峰、碳中和纳入生态文明建设整体布局，拿出抓铁有痕的劲头，如期实现 2030 年前碳达峰、2060 年前碳中和的目标②。2021 年 10 月，中央出台了《关于完整准确全面贯彻新发展理念做好碳达峰碳中和工作的意见》，该意见中明确提出了要坚持"全国统筹、节约优先、双轮驱动、内外畅通、防范风险"的工作原则，并明确了碳达峰碳中和十项工作重点任务，坚定不移走生态优先、绿色低碳的高质量发展道路③。随后，国务院印发《2030 年前碳达峰行动方案》，基于以上具有统领性的意见，本行动方案聚焦于"双碳目标"的实现，对推进碳达峰工作做出了总体部署④，以上两个重要文件的相继出台，以系统性强、目标性强、现实性强、政策性强等鲜明特征为我国经济社会各领域、各行业的发展提供了政策引领，共同构建了中国碳达峰、碳中和"1+N"政策体系的顶层设计。以目标引发展，用政策保目标，政策的出台为目标的实现提供保障，各级政府要在政策引领下促进经济转型，各行业要在政策引领下进行技术创新实现绿色转型，构筑起"政府—社会—公众"这一整体系统性网络以推动"双碳目标"的实现，谋求长远发展、可持续发展。

在"双碳目标"宏观战略背景下，传统技术不能满足现实发展的需要，技术创新对于推动"双碳目标"的实现发挥着重要作用，中央及地方必须重视技术创新，加大对技术创新的投入，激励科研人员积极研发新技术，以及鼓励将新兴技术进行转化以应用于实际，从而奠定坚实的物质基础，推动社会深入发展。

① 孔东民，石政."双碳"目标下我国企业绿色技术创新的环境规制优化研究 [J]. 税务与经济，2022（6）：1-7.
② 习近平主持召开中央财经委员会第九次会议 [EB/OL].（2021-03-15）[2023-08-02]. https：//www. gov. cn/xinwen/2021/03/15/content_ 5593154. htm.
③《中共中央国务院关于完整准确全面贯彻新发展理念做好碳达峰碳中和工作的意见》发布 [EB/OL].（2021-10-25）[2023-08-02]. https：//www. gov. cn/xinwen/2021/10/25/content_ 5644687. htm.
④ 国务院印发《2030 年前碳达峰行动方案》[EB/OL].（2021-10-27）[2023-08-02]. http：//www. news. cn/mrdx/2021/10/27/c_ 1310272894. htm.

二、新兴技术概念内涵与外延

从近几百年的历史中汲取经验，可以发现几次工业革命的到来，给世界各国带来了机遇与挑战，也在一定程度上改变了国际局势，影响着各国的国际地位，其中国家是否抓住革命浪潮进行技术革命起着决定性作用，这足以见得科技对于一个国家发展的重要性。在瞬息万变的 VUCA 时代，把握住技术创新，在很大程度上可以稳固国家地位，维护社会稳定，促进经济社会高质量发展。对于科技的重要地位，习近平总书记曾说道："科技是国之利器，国家赖之以强，企业赖之以赢，人民生活赖之以好。中国要强，中国人民生活要好，必须有强大科技。"① 在国家、社会、民族的长远发展中，科技是保证国家发展的重要支撑，要坚持科技是第一生产力，深入实施创新驱动发展战略，以科技安全维护国家安全，不断塑造发展新动能新优势。

随着"双碳目标"推动绿色转型发展，以及新一轮科技革命的加速推进，我国发展进入新的历史方位，技术增长和更迭速度加快，技术之间的交叉融合趋势愈发明显，新兴技术对于产业发展形态、发展模式的变化起着重要作用，甚至在一定程度上影响着我国突破"卡脖子"技术难题、掌握关键核心技术。由于新兴技术的准确识别有助于及时观察技术的新突破点以及发展程度，了解发现技术最新的动态趋势，从而摸清技术发展脉络，知道技术最新的研究兴趣点以及研究热点，抓住发展机遇，为未来领域的发展奠定坚实基础，并且新兴技术的概念内涵在学界尚未形成统一定义，故而，在这一情形下，对于新兴技术的准确识别以及应用难题已经成为一个国家和地区未来宏观发展战略中需要着重进行探讨的重要议题②，如何将新兴技术高效能、宽范围、低消耗地应用于实际也成为研究者要进一步关注的问题。在对新兴技术进行应用转化之前，首先需要厘清新兴技术的概念内涵、外延和特征，以对其进行快速识别。

作为技术创新的重要组成部分，"新兴技术"一词正式提出的时间相对而言较短，不同学者对其内涵与特征有不同的看法，尚且没有形成统一的定义，部分领域研究的深度和广度还存在明显的不足与较多研究空白，研究缝隙大、研究价值高，亟待研究者进一步进行探讨与丰富。首先，从词义角度来看，

---

① 习近平：科技是国之利器 [EB/OL].（2016-06-06）[2023-08-02]. http://www. xinhuanet. com//politics/2016-06/06/c_ 129043555. htm.

② 高楠，周庆山. 新兴技术概念辨析与识别方法研究进展 [J]. 现代情报，2023，43（4）：150-164.

可将"新兴技术"解构为"新兴"和"技术"两个词,"新"在汉语词典中有初始的、性质改变得更好的含义,"兴"具有举办、旺盛的意思,"新兴"合在一起则具有最近兴起的、处于生长或发展时期的内涵,在"新兴技术"中其更多代表技术发展的一种趋势与方向,故而新兴技术根据词义可理解为刚开始出现的某种新技术抑或最近一段时间内兴盛发展、成长速度较快的一种技术或多种技术集合体。其次,新兴技术及其管理肇始于西方国家,要对这一词语的起源进行追溯得抓住"emergence"这一关键词,国外关于"新兴技术"的研究主要集中在美国宾夕法尼亚大学沃顿商学院的新兴技术管理研究小组撰写的《沃顿论新兴技术管理》这一极具代表性的书中,该研究小组通过对贝尔大西洋公司、IBM 公司等众多科技公司进行实践调研,探讨了在创新浪潮中,以新兴技术为切入口,企业管理者如何从对新兴技术的管理中获益,从而提升企业核心竞争力。在这一本书中对企业管理者如何理解、评估技术与市场,从而形成战略以做出决策以适应管理新技术的挑战进行了研究,并在这些基础上开始对快速发展的技术的评估问题进行探讨以期高效管理新技术,进而初步对新兴技术的概念内涵进行了正式界定,该书将新兴技术定义为一种建立在科学基础上的革新,并且其可能具有创立一个新行业抑或改变某个现有行业的重要作用,组成部分既包括产生于激进变革中的间断性技术,也包括一些极具创新性的技术,这些创新性技术是通过集中多个独立研究成果而形成的。与此同时,该书也对新兴技术的特点概括为三点,分别为其知识基础在不断扩展、其在现有市场中的应用在经历着革新,以及新市场正在形成和发展①。再次,经过一段时间的演化发展,我国研究者们也开始对新兴技术的概念内涵、特征及评估、演化发展等方面进行探讨。但是对于新兴技术仍然没有形成权威和统一的定义,学者们基于不同视域进行研究与讨论。我国关于新兴技术的初步研究可追溯到 1995 年华宏鸣、郑绍濂编著出版的《高新技术管理》一书,这本书中华宏鸣等学者通过对与技术有关的概念进行分类,从而对新兴技术的概念内涵进行了界定,认为新兴技术是从时间序列上进行划分的一种技术,新兴技术中既有适用技术的部分也有高技术的部分,指的是在未来三到五年有可能被商业化,但目前还处于研发阶段的技术或者技术已经产生了实际效用,对未来产业发展会产生重大影响的技

---

① 乔治·戴,保罗·休梅克.沃顿论新兴技术管理 [M].石莹,译.北京:华夏出版社,2002.

术①。立足于新兴技术的包含与被包含关系或者说是经济产业视角，国内有研究在吸收继承国外研究成果的基础上，将新兴技术定义为一种高技术，也就是说其为新近出现的甚至正在发展过程中的，并且会对经济结构产生重大影响，具有市场的、技术的、管理等高度不确定性的明显特征②。而从新兴技术的本质内核与基础来看，新兴技术的发展演化存在高度的不确定性，在管理上存在较大的困难，新兴技术的未来发展潜力大，技术的使用会促进整体产业的变革。近年来的新兴技术发展主要集中于信息技术和生物技术等领域，许多相关行业技术也在这些技术的基础上获得了进一步的发展空间，对产业的发展、传统的企业架构、管理模式和思维方法都有重大的影响和变革，这些都是新兴技术的发展产生较大影响的领域。

基于此，新兴技术的本质内核在于变革，具有动态、多维、未知的不确定性，以及创造性毁灭和"赢者通吃"的鲜明特征③。有研究围绕新兴技术的弱信号，立足于新兴技术与传统技术的区别，认为与传统技术相比，新兴技术可以定义为一种技术创新、技术革新，认为它建立在科学基础上，具有新颖性、高度的不确定性、未来影响力、早期性等四项最显著的特征，这也就说明了新兴技术具有两面性，一是面向历史，从历史视角相对于其他技术来说具有新颖性；二是面向未来，对社会、经济、产业结构等具有重大影响，且影响的好坏是不确定的④。还有研究立足于新兴技术的发展阶段，认为新兴技术的首要特征是新颖性和不确定性，新兴技术的发展基础是科学技术的进步，在发展初期具有很强的吸引力，会吸引大量的研究者和资金投入，但是技术发展不确定性强，能否持续地吸引人才和资金流入是新兴技术面临的问题，尤其是这些技术是否能够连续地发展，是否会因为不确定性而减弱其发展能力，这些都会产生一定的社会经济影响，尤其是在技术成熟之后会有一个明显的经济发展旺盛期⑤。总之，国内对于新兴技术基本概念的研究角度丰富，但没有权威性的定义，对于新兴技术的概念内涵以及快速识别方法还需要研究人员进一步探讨。

① 华宏鸣，郑绍濂. 高新技术管理［M］. 上海：复旦大学出版社，1995.
② 赵振元，银路，成红. 新兴技术对传统管理的挑战和特殊市场开拓的思路［J］. 中国软科学，2004（7）：72–77.
③ 李仕明，肖磊，萧延高. 新兴技术管理研究综述［J］. 管理科学学报，2007（6）：76–85.
④ 党倩娜. 新兴技术弱信号监测机制研究［M］. 上海：上海科学技术文献出版社，2018.
⑤ 杨思洛，江曼. 新兴技术内涵特征和识别方法研究进展［J］. 情报科学，2023，41（5）：181–190.

实践是理论认识的来源。经历过几次技术革命浪潮，美国都抓住了机遇，实现了不同领域、不同层次的变革，巩固了国际地位，并且在 20 世纪 80 年代，各国都在大力采取措施以实现自身发展、提高经济发展水平，其中美国重视创新发展，着力于持续的技术创新，持续的技术创新提升了美国的核心竞争力，使其在高新技术产业这一重要领域占据优势地位，并达成了美国在产业结构方面进行战略调整的重大目标，促成了知识经济时代的到来，极大程度上使得美国社会稳定、经济得到持续发展，呈现出欣欣向荣的画面。技术创新给美国带来的涟漪效应激发了研究人员探讨其背后成因的极大兴趣，从而引起了国内外对于新兴技术研究的热潮。综上所述，国外学术界对于新兴技术早在 20 世纪 90 时代就已进行了持续性的研究与讨论，研究成果较为丰富，研究时间要早于国内学者的研究，但是无论是国外还是国内在新兴技术的概念内涵上都尚且没有形成统一的定义，都是从不同的视角对其进行了探讨。在未来的学术研究中，需要继续对新兴技术的概念内涵与外延进行研究，从而基本达成共识，并在这基础上为新兴技术的识别、新兴技术的管理等奠定基础。

三、新兴技术发展面临的困境

由于信息技术革命的持续革新，国家安全早已不局限于领土层面的"保卫国家主权和领土完整"，而是上升到虚拟网络中的网络安全以及科技安全等全方位的安全，科学技术关系我国的国家安全，关系我国人民生活幸福，关系我国的底气，关系我国的国际地位，为此必须把科技创新摆在全局发展的核心位置，重视创新，争夺科技制高点以维护国家安全、促进经济繁荣发展、实现人民幸福的目标。新一轮科技革命和产业变革的迅猛发展，科学技术更新迭代速度加快，以信息技术、人工智能为代表的新兴技术不断涌现，大大延伸了人们所能感知到的时间长度、空间广度，人们认知范围得以不断提升扩展，人类正在进入一个"人机物"三元融合的万物智能互联时代①。在这样一个无比便捷的互联网时代，机遇与挑战往往是并存的，科技带来的巨大"果子"的背后也潜藏着许多危机，正如习近平总书记 2021 年在中国科学院第二十次院士大会上提到的："科技是发展的利器，也可能成为风险的源头。"从生命周期发展全过程视角来看，新兴技术尚且处于技术生命周期的早期发展阶段，上升趋势曲线明显，发展势头迅猛，对于社会、国家、人类的发展

---

① 习近平.加快建设科技强国，实现高水平科技自立自强［J］.求是，2022，65（9）：4-15.

都起着重要的推动作用，在一定程度上引领着未来科学技术的发展方向、人类社会发展的前进方向。但是新兴技术具有新颖性、高度的不确定性，以及较大程度的颠覆性，这无疑就是一颗"定时炸弹"，对其管理不恰当就会引爆并带来不可预知的严重后果。新兴技术的双重性，使得人们必须以审慎的态度对待它，将它的使用控制在合理、合法的范围内。在新兴技术发展过程中，由于其自身特性，面临着许多的现实困境与难题，主要体现在新兴技术应用所带来的伦理风险以及治理管控难题上，从而造成新兴技术伦理治理的困境。

新兴技术能造福于人类，不断解放人类双手，让人类利用好自身区别于其他动物的重要标志——"意识"与"劳动"，发挥主观能动性，专注于大胆创新，不断将大脑中的想法付诸实践，创造一个更为智能化、科技化的社会，以推动社会纵深化发展。但是在新兴技术积极涌现的过程中，作为"双刃剑"的新兴技术本身存在的伦理风险也不容忽视。我国自古以来便重视万事万物要符合"伦理"，然而随着科技的发展，人们的伦理纲常不断受到冲击，出现了伦理风险。伦理风险作为现代社会的一种风险类型，由潜在走向明显，得到人们越来越多的关注。现有研究认为伦理关系主要存在于人与人、人与社会、人与自然、人与自身的伦理关系等方面，伦理关系不协调的原因主要在于上述关系产生的不确定性，从而导致一些诸如社会失序、机制失控与人们行为失范、心理失衡等不确定的伦理负效应[①]。基于伦理风险的基本内涵，对于新兴技术领域的伦理风险，可以简单理解为，就是指由于众多因素复杂综合作用，高度的不确定性使得新兴技术可能导致人与人、人与社会、人与自然、人与自身的伦理关系的失衡，从而造成一系列负面效应，尤其是伦理方面的负面后果，如社会秩序混乱、人类主体受到威胁等[②]。

例如，基因编辑技术作为一项极具发展前景的技术，它的深入研究发展对于医学中的一些疑难杂症的救治起着关键性甚至决定性的作用，能够极大程度推动医学技术水平的提高，给疑难杂症的患者带来生的希望，这项技术的最初目的无疑是造福于人类的，在发展早期也许是可控的。但是在其发展过程中，要警惕"科林格里奇困境"的出现，防止科学技术的失控，使得技术成为一把指向人类自己的"刀刃"。早在 20 世纪 90 年代，基因编辑技术就已实现了突破性进展，出现了克隆羊"多莉"，克隆羊的出现在学术界、政界

① 陈爱华. 高技术的伦理风险及其应对 [J]. 伦理学研究, 2006 (4): 95-99.

② 安慧影, 黄朝峰, 李阳. 新兴技术伦理风险协同治理研究 [J/OL]. 科技进步与对策, 2023: 1-10 [2023-08-04]. http://kns.cnki.net/kcms/detail/42.1224.G3.20230323.1059.002.html.

都引起了强烈反响，人们开始探索克隆技术与其他技术的结合，以使其优势得以最大化利用，将克隆技术合理运用在器官移植、改良物种等方面，但是这项技术的成功在某种程度上也说明了"克隆人"这一存在于科幻电影中的情节也是可能存在的，这也引起了部分学者的担忧，引发了一系列关于克隆人技术伦理问题的探讨。但由于克隆技术具有巨大的理论意义与实践价值，科学家们仍在继续研究这一技术，并在此基础上进行一些分化技术的研究。2018 年 11 月 26 日，贺建奎对外宣布一对基因编辑婴儿诞生，贺建奎基于巨大的经济利益诱惑，蓄意逃避监管，通过伪造医学伦理审查材料，在几年间不断进行有违伦理的、非法的基因编辑技术研究，"基因编辑婴儿"这一事件继克隆羊之后再一次将基因编辑技术存在的巨大伦理风险显现出来，将这一技术重新推进公众的视野，成为学术界、普通公众、政府人士以及宗教人士等讨论的中心话题，引发世界各界人士从不同立场、多元视角进行探讨，肯定了这一技术存在的价值。然而，由于基因编辑技术是一项极具颠覆性、创造性毁灭、高度不确定性的技术，这项技术在人体上的广泛应用对传统社会具有革命性影响，可能会从根本上动摇人类繁衍的方式，因此会给社会稳定、社会公平以及社会伦理秩序带来基因隐私、生殖正义、代际权利、分配正义等四大方面的一些新型伦理问题①。基因编辑技术犹如"潘多拉魔盒"，存在的巨大伦理风险也不容小觑，如何从伦理层面与法律层面对其进行恰当引导和规范，这一难题已然成为学者们亟待探究与解决的问题。当下，人们还无法判断克隆技术的研究成果，对于一项技术的好坏以及该技术是否具有存在的理论意义和现实价值，需要从多方面进行考虑从而综合评判。与此同时，作为一项人工智能技术，它一直是研究的热点领域，经过几十年发展，人工智能技术愈发成熟、内容也愈发丰富，这项技术本来是为了维护社会安全，具有技术应用的目的合理性，但是由于它的不合理扩散，其也带来了一些潜在的风险，人工智能技术存在的伦理风险也引起了部分人员的警惕。近段时间以来，AI 换脸技术在抖音等短视频平台中大火，如部分人群为了获取流量，通过 AI 换脸技术将一些搞笑视频中主角的面容换成其他人或者公众人物的脸庞，以吸引更多粉丝，或者仅仅就是为了满足自身猎奇心理。在从众心理的作用下，越来越多的人参与到拍摄换脸视频的热潮中来，但是潜在风险也随之产生，人们的隐私出现问题甚至被泄露，以及是否会有网络诈骗人员利用

---

① 闫瑞峰，张慧，邱惠丽. 基因编辑技术治理的三维伦理考量：问题、困境与求解［J］. 自然辩证法研究，2023，39（3）：104-110.

AI 换脸技术进行诈骗这也是无法预知的，而且由于现在科技发展水平太高，在进行 AI 换脸时甚至可以模仿人们的声音让人分辨不出视频的背后到底是真人还是诈骗人员，这让以前通过打视频电话判断是否为电信诈骗的防范方法存在失效的风险，在一定程度上会极大破坏人们之间的信任，造成社会信任受损，甚至会导致社会秩序发生混乱。

以上仅仅是新兴技术可能带来伦理风险的一些范例，新兴技术在伦理方面带来的影响是富有研究价值的，值得研究者深入讨论与探索。但是，带来的伦理风险是极具不稳定性的，其影响范围跨度大，更为严重的后果是会极大破坏人类生活的社会秩序，甚至会威胁人类的生存基本，造成"人非人""人不认识人"的局面。针对新兴技术存在的伦理风险，以及我国存在的科技伦理体制机制不健全、制度不健全等问题，我国积极制定相关政策，发挥政策的引导作用，从政策层面对新兴技术进行规制。如提出组建专门的国家科技伦理委员会对科技进行统筹和指导，2022 年 3 月，中共中央办公厅、国务院办公厅正式印发《关于加强科技伦理治理的意见》这一重要文件，在文件中明确指出，为了科技向善、造福人类、实现高水平科技自立自强，必须以习近平新时代中国特色社会主义思想为指导，加快构建中国特色科技伦理体系，健全多方参与、协同共治的科技伦理治理体制机制，提高科技伦理治理的法治化水平，强化底线思维和风险意识，秉持着"伦理先行、依法依规、敏捷治理、立足国情、开放合作"的治理要求，明确增进人类福祉、尊重生命权利、公平公正、合理控制风险、保持公开透明的五项科技伦理原则①。在科技伦理上我国虽然采取了积极行动，但是由于政策的延迟性，在科技伦理上不仅需要法律政策进行强制保障的他律，还需要科研人员自身道德约束的自律。

除了新兴技术的伦理风险外，在对新兴技术进行治理、管控过程中也存有难题，面临着很大的挑战。治理是从管理、管制演化而来的，是与时俱进、满足公众多元需求的一个现代性词语。治理的主体不局限于政府这一公共组织，在私人组织中也存在治理。简单来说，治理就是在特定情境中，为了达成一定目标，政府、私营企业、公共组织等多元主体联合起来采取行动。应用于新兴技术领域，新兴技术的治理就是针对新兴技术的高度不确定性、创造性毁灭等内在因素，为了达成技术造福人类这一宏伟目标，多元主体必须通力合作，将新兴技术的不确定性朝着良好的方向引导，使其合法、合理。

---

① 中共中央办公厅 国务院办公厅印发《关于加强科技伦理治理的意见》［EB/OL］.（2022–03–20）［2023–08–02］. https：//www. gov. cn/zhengce/2022–03/20/content_ 5680105. htm.

之所以要对新兴技术进行治理，就在于新兴技术在早期阶段也许还处于可控范围，对人类来说仍是利大于弊的，但是科学家们无法对其发展趋势进行预测，一旦新兴技术偏离轨道，就会给社会带来沉重冲击，并且难以对危机进行彻底性解决，引发"科林格里奇困境"①。

综上所述，新兴技术的优势明显，对新兴技术进行跨界融合，利用技术的多样性，会进一步催化技术的发展速度，创造出全新的技术发展轨道②，呈现出"百花齐放"的技术发展盛况。如何把握新兴技术发展态势，预判全球前沿技术应用和产业发展，不仅是发达国家的关注焦点，更应是新兴大国"弯道超车"的重要信息，是实现科技强国、科技安全的重要领域，但新兴技术的不确定性和快速替代性使得技术治理极为困难。尽管专利数据研究是常见探寻技术发展态势的方法之一③，但该方法多侧重于技术研发者的视角，很难反映出社会期望在新兴技术发展中的作用。为此，美国加特纳咨询公司（Gartner Inc.）早在 20 世纪 90 年代就提出了"炒作周期曲线"（Gartner Hype Cycle），用以形容新兴技术在正式被大规模接受之前所经历的阶段，即新兴技术在被研发出来之后会出现一段时间的大范围宣传，在宣传产生一定效果后，研发公司开始务实并继续大力发展、完善技术，这成为美国、英国、澳大利亚等国开展新兴技术分析的重要参考④。不仅如此，既有文献着重于炒作周期曲线本身，提出了一些曲线规律验证和量化视角，深度地反思了公众对新兴技术发展期望的变化情况，却较少关注曲线所提及的大量新兴技术的变化和更替。本研究以加特纳公司发布的近 20 年报告文本（2000—2019）作为研究

---

① 梅亮，臧树伟，张娜娜. 新兴技术治理：责任式创新视角的系统性评述 [J]. 科学学研究，2021，39（12）：2113-2120.

② 曹兴，许羿，赵倩可，等. 多层网络视角下新兴技术跨界融合机理与实证研究 [J]. 中国软科学，2022（12）：102-111.

③ 李欣，谢前前，黄鲁成，等. 基于 SAO 结构语义挖掘的新兴技术演化轨迹研究 [J]. 科学学与科学技术管理，2018，39（1）：17-31.

④ KLINCEWICZ K. The emergent dynamics of a technological research topic：the case of graphene [J]. Scientometrics，2016，106；HEADING R C. Proton pump inhibitor failure in gastro-oesophageal reflux disease：a perspective aided by the Gartner hype cycle [J]. Clinical Medicine，2017，17（2）；CARBONELL J，SÁNCHEZ-ESGUEVILLAS A，CARRO B. Easing the assessment of emerging technologies in technology observatories. Findings about patterns of dissemination of emerging technologies on the internet [J]. Technology Analysis & Strategic Management，2018，30（1）；KHODAYARI M，ASLANI A. Analysis of the energy storage technology using Hype Cycle approach [J]. Sustainable Energy Technologies and Assessments，2018，25.

对象，从整体上分析了新兴技术的变化规律，并提出将技术期望管理应用于新兴技术规划设计的实施方案，能够帮助政府管理者减少因技术不确定性带来的资源浪费。

四、炒作周期曲线的研究脉络

对于新技术、新产品而言，炒作周期曲线与前面章节中提到的创新扩散或者创新采纳存有一定关联度，二者的最终目的都是推动新技术、新产品能够得以应用于实际，被市场接受，本质上炒作周期曲线和创新扩散就是一个社会采纳过程。不同的是，技术炒作周期曲线表示的是在不同的发展阶段人们对于这种新兴技术的期望值①，而创新扩散则表示的是在不同发展阶段这种新兴技术能被人们所采纳、接受的程度。与此同时，炒作周期曲线与技术生命周期也存有一定重合之处，技术生命周期更侧重于从技术本身探讨技术从出生到衰退这一整个发展过程，而炒作周期曲线则是从人们的期望值出发进行探讨，可以理解为技术炒作曲线研究的问题是置于生命周期中的部分阶段来探讨的。简而言之，这些概念虽然存有相似之处，但都是为了更精确地描述现实中出现的新问题，从而化理论意义为实践价值，为更加快速解决问题提供新的思路方法。

炒作周期曲线是考虑社会期望的技术成熟度曲线。如图 7.1 所示，将技术炒作周期分为创新启动（Innovation Trigger）、膨胀期望峰值（Peak of Inflated Expectations）、幻想破灭槽底（Trough of Disillusionment）、启蒙上坡期（Slope of Enlightenment）和高生产率稳定期（Plateau of Productivity）等五个阶段。在创新启动阶段，技术萌芽初次突破后对其进行展示，公开介绍技术的理念、相关功能以及期望达成的目标等，吸引公众兴趣，引起社会期望；随着技术讨论的迅速升温，大量关于技术的报道以及大量不切实际的预测和媒体追捧，人们对于这项技术的期望快速膨胀至峰值，但是技术现实通常是无法兑现技术概念虚高的目标，造成期待过高而现实骨感的局面，此时只有会议组织者和媒体出版者能从中获益；由于利益得不到保证，技术推广陷入低迷状态，科技研发兴趣也受到影响会随之降低，媒体正面兴趣衰减，负面报道增加，开始引导对该项技术的一些负面担忧，引起部分人群的抵触；在跌至槽谷时，若持续研究取得技术突破，继而推动技术的应用和获利，相反

---

① 于灏，王小俊，周小君. 从技术炒作周期看冰火两重天中前行的石墨烯产业［J］. 新材料产业，2016（10）：9-13.

之，若未取得技术突破，则该项技术走向衰亡，它的生命周期得以宣告结束；最后，随着时间推移，人们重拾起对该项技术的期望，技术逐渐被社会采纳，生产逐渐达到稳定态。

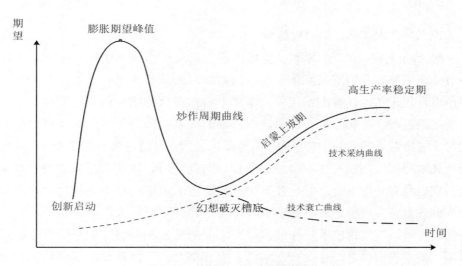

图 7.1 Gartner 炒作周期曲线

国外研究对于炒作周期曲线研究成果较为丰富，并首先验证了炒作周期论的存在合理性以及哪些领域存在这一现象，众多学者通过研究炒作周期，在 3D 显示技术、放射肿瘤学、纳米技术、在线高等教育、编程广告技术等医学、教育学众多学科领域都有所发现，存在炒作周期曲线的迹象，尤其是有研究从用户、科技研究者和信息发布者三个主体的行为出发描绘了炒作周期的轨迹①。其次，有部分学者抓住研究缝隙，对炒作周期曲线五个阶段中每一阶段的特征产生了研究兴趣，并开展了曲线阶段特质的研究，如利用生长函数、生命周期和采纳曲线等相似概念②，对炒作周期曲线的构成进行剖解，测算最大潜能为产业规划提供支持，如在人机交互领域的桌面技术应用开发比

---

① JUN S-P. A comparative study of hype cycles among actors within the socio-technical system：With a focus on the case study of hybrid cars［J］. Technological Forecasting and Social Change，2012，79（8）.

② FRIES M，LIENKAMP M. Technology assessment based on growth functions for prediction of future development trends and the maximum achievable potential［C］//2016 IEEE International Conference on Industrial Engineering and Engineering Management（IEEM）. 2016：1563-1568.

开发新的桌面更能帮助产业跨越槽底期①。最后，有部分研究关注于炒作周期曲线与技术创新之间的关系，对曲线对技术创新的影响进行研究，如辅助稳定了固定式燃料电池的持续性研发创新行为②。又如提升了荷兰可再生能源创新轨迹和政策分析③。国内关于炒作周期曲线的相关研究还比较少，大多将炒作周期译为"技术成熟度曲线"，比如，从技术主体意识的隐含、创新扩散环境的构建和技术受体采纳的迟疑和促成的分解④；将技术成熟度曲线与教育信息化进行结合，预测教育信息化的长短期热点，有助于教育和技术之间的融合⑤；还有研究从经济性视角出发，将技术成熟度引入电力系统的扩展规划模型中，探讨不同技术发展场景下电力系统清洁低碳转型的经济可行性，并且分析了不同技术对全系统综合单位电量成本下降的贡献⑥；分析人工智能技术集群的发展成熟度⑦。亦有研究对曲线提出疑问，如网络电话技术、基因疗法和高温超导技术的炒作周期模式就有很大差异，不同层面的期望交互影响不同⑧。虽然炒作周期还需深入研究，但技术期望的动态性影响确实存在。

炒作周期曲线在管理学领域是一个相对比较新的概念，它用以描述技术发展过程中社会期待的变化趋势，通过公众期望的增高或降低，反映技术的变化走势。本章节中，将炒作周期曲线引入新兴技术研究过程中，并结合技术采纳曲线，进行系统性分析。在这一章节中，既展示了通过新兴技术的炒

① BRUUN A, JENSEN K E, KRISTENSEN D H, et al. Escaping the Trough: Towards Real-World Impact of Tabletop Research [J]. International Journal of Human-Computer Interaction, 2017, 33 (2).

② RUEF A, MARKARD J. What happens after a hype? How changing expectations affected innovation activities in the case of stationary fuel cells [J]. Technology Analysis & Strategic Management, 2010, 22 (3).

③ VERBONG G, GEELS F W, RAVEN R. Multi-niche analysis of dynamics and policies in Dutch renewable energy innovation journeys (1970-2006): hype-cycles, closed networks and technology-focused learning [J]. Technology Analysis & Strategic Management, 2008, 20 (5).

④ 宋宝林，陈丽云. 技术创新扩散境域及对策分析——基于技术成熟度曲线的哲学解读 [J]. 科学管理研究，2016, 34 (2): 30-32.

⑤ 胡卫星，徐多，赵苗苗. 基于技术成熟度曲线的教育信息化发展热点分析 [J]. 现代教育技术，2018, 28 (1): 38-44.

⑥ 侯金鸣，孙蔚，肖晋宇，等. 电力系统关键技术进步与低碳转型的协同优化 [J]. 电力系统自动化，2022, 46 (13): 1-9.

⑦ 张学义，范阿翔. 基于技术成熟度曲线的人工智能审视 [J]. 科学技术哲学研究，2019, 36 (02): 14-19.

⑧ VAN LENTE H, SPITTERS C, PEINE A. Comparing technological hype cycles: Towards a theory [J]. Technological Forecasting and Social Change, 2013, 80 (8).

作周期曲线变化来揭示科技治理、变革与创新系统的共演机制，还研究了新兴技术不同发展阶段政策的变化。通过对已有研究和尚未研究的领域、视角进行整体把握，从而提出笔者对新兴技术、炒作周期研究的殷切期望与未来探索方向，大致从以下几点展示本章节的研究创新点：

（1）本章节在对新兴技术进行探讨过程中，基于炒作周期曲线进行描述，但是不单单只以炒作周期曲线本身为研究对象，从时间发展变化这一纵向视角整体探讨了 20 年来新兴技术发展的态势，从萌芽到膨胀巅峰值所耗的时间、衰退所花费的时间、从低估进行启蒙回升又花了多少时间，以及最后成熟的新兴技术又占了多大比重等，这些都加深了人们对于新兴技术管理的认识，深化了炒作周期的存在性研究。

（2）创新地提出了考虑期望管理的新兴技术规划设计方案，巧妙利用了德尔菲调查法在新兴技术规划涉及中的作用，将新的方法引入新兴技术领域，解答了"如何将技术期望纳入我国新兴技术规划设计"的问题，明晰了新兴技术与政策系统之间的关系，形成了新兴技术政策供给系统这一模型，并且强化了研究结果的应用性。

第二节　基于炒作周期变化的新兴技术发展过程

本章节进行的研究是从炒作周期报告（2000—2019 年）的文本中，构建了 20 年间的新兴技术数据库，统计了 245 项新兴技术的时间节点，展现技术发展过程。从报告数据可知，多数数据集中在"创新启动—膨胀期望峰值—幻想破灭槽底"过程中，而这三个点的范围过宽导致无法准确锚定位置。为此，将创新启动—顶峰分成创新萌发和创新起飞，靠近顶峰的值归为期望顶峰阶段，将期望顶峰—槽底分为期望下跌和期望续跌，以及幻想破灭槽底、启蒙上坡期和高生产率稳定期。

一、高频新兴技术的曲线变化分析

通过图 7.2 可以发现，在众多新兴技术涌现过程中，得到人们关注较多、频次排名前十的新兴技术依次为增强现实（AR）、量子计算（QC）、移动智能机器人（SR）、语音识别云（SRC）、网状网络—传感器/广域（MN-SW）、喷墨制造/3D 打印（3DP）、人工增强（HA）、电子墨水/数码纸（DiP）、计算机/大脑界面（ComBrIn）和生物识别用户身份支付（BioUIP）。这些技术的发展曲线变化如图 7.2 所示。

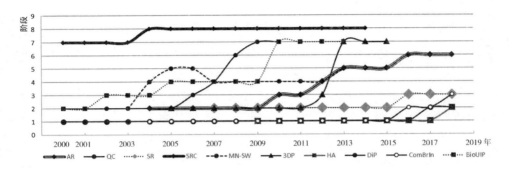

图 7.2　2000—2019 年高频新兴技术炒作周期曲线变化

首先，通过观察可以发现，增强现实技术存在时间最长、频次最多，受到社会较多关注，且增强现实技术在 2004 年首次出现创新起飞，2011 年达到峰值，随后一直下跌，并连续数年处于槽底期。目前很难靠期望炒作获得社会关注，若有相关技术企业能够加大投入资金，进行推广和普及技术，有望重新进入发展期。其次，3D 打印、语音识别云、电子墨水/数码纸、生物识别用户身份支付、网状网络—传感器/广域等技术在 20 年间几乎一直处于炒作周期，其中起步最早的是生物识别用户身份支付技术，在 13 年内实现了技术普及。相较之下，电子墨水/数码纸虽然创新启动稍晚，但自从 2006 年左右就基本上曲线轨迹趋同。3D 打印与电子墨水的曲线线型非常相近，但启动时间晚了四年，且都在 2013 年实现了盈利和大量推广。网状网络技术从 2005 至 2018 年就一直在期望续跌和槽底之间反复徘徊。再次，计算机/大脑界面、移动/智能机器人、人工增强以及量子计算技术虽然频次较多，却长期处于创新萌芽—创新起飞的阶段，受到社会期望热度超过 10 年，尤其是前两者的期望已处膨胀峰值期，期望远超实际应用。最后，语音识别云技术的曲线自创新萌发以来到 2014 年左右就一直处于最高处，简单来说，就是从 2000 年就处于启蒙上坡期，在 2004 年以后快速普及，2009—2014 年完全实现了技术的成熟和稳定。

在这一部分，简单介绍了几十年间涌现的一些新兴技术，并且展示了被关注较多、频次为前十的新兴技术，通过对这十项新兴技术频次进行分析，绘制了它们 20 年间的新兴技术炒作周期曲线，展示了这些新兴技术在 20 年间的发展变化趋势，展现了社会对于新兴技术期望的变化，以及呈现出来的阶段性特征。

二、新兴技术的成熟量

新兴技术处于技术生命周期的早期发展阶段，其理念、功能等大多处于不成熟层面，定位较为模糊，并且尚未实现从理论到实践应用的完全转化，仍需要不断完善，进行理论与现实的结合，满足现实需求。故而，新兴技术在走向成熟的过程中，它所具有的成熟量受到多种因素综合影响，得到政府、产业、科研及开发人员、社会媒体和技术用户等人员的重点关注，期待通过观察新兴技术成熟量的变化预测技术发展走势及未来发展方向。从报告中可知，部分新兴技术经历了炒作周期之后逐渐找到了技术的定位并走向成熟。图7.3、图7.4分别展示了新兴技术从启蒙回升至成熟年限和频次。

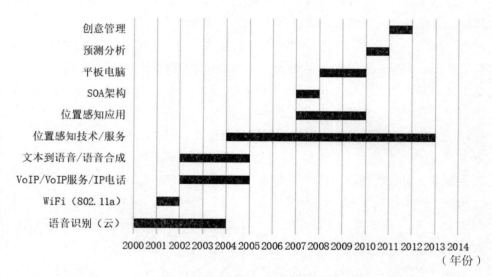

图7.3 技术启蒙回升至成熟的年限

通过对图7.3、图7.4的仔细观察，可以分析各项新兴技术在这十多年间从启蒙回升至成熟所起始年限等，以及在报告中各新兴技术所被提到的频次，从而可以得出以下几点结论。第一，新兴技术具有不确定性极强的鲜明特征，每项新兴技术的发展轨迹都存在一定程度的差异：对上文的图表以及报告进行分析可以发现，成熟的新兴技术通常在报告中的频次大于3次（均值为3.80次）；不少进入启蒙上坡期的技术很多至今未进入成熟稳定阶段；即使跨越了槽底期，部分领军企业已经实现获利也很难确定能否大规模普及，如3D打印和手势识别/控制技术虽然高频次出现，在2013—2014年进入了启蒙上

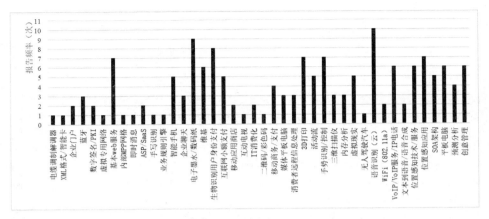

图 7.4　成熟新兴技术报告频次（2000—2019 年）

坡期，但尚未大规模普及应用。第二，新兴技术从"启蒙上坡期"发展到
"高生产率稳定期"的时间多在 1~4 年，只有位置感知技术/服务用了 9 年时
间才完成这个过程。这很可能与技术用户采纳和技术普及密切相关，找出推
进这些技术走向成熟的方案变得尤为重要。第三，部分新兴技术从启蒙回升
至成熟只用了一年左右时间，如 Wi-Fi（802.11a）、SOA 架构、创意管理、
预测分析等，可以对这些技术在启蒙回升阶段采取的策略进行详细调研，研
究其快速发展至成熟的显著影响因素以及政策大背景对其的支撑作用，为其
他新兴技术的启蒙上升提供借鉴意义。第四，观察图 7.3 中的技术启蒙回升
至成熟的年限还可以发现，文本到语音/语音合成、VoIP/VoIP 服务/IP 电话
这两项新兴技术都是在 2002 年到 2005 年间，仅用了 3 年时间从刚开始的启蒙
萌芽快速上升到成熟阶段，在这一阶段二者的发展轨迹是重合的，追根溯源，
可以挖掘这两项技术的关联度，了解当时社会大环境的政策导向以及催化因
素。第五，报告分别在 2012 年和 2015 年后比较少列出"高生产率稳定期"
和"启蒙上坡期"，并且仅有 42 项技术进入成熟发展阶段，占比 17.1%。

在这一部分，分析观察了新兴技术从启蒙回升到成熟所需要的发展年限，
以及截至 2019 年进入成熟阶段的技术在报告中被提及的频次，并对呈现出来
的数据进行了深入分析，探究了新兴技术能成功从萌芽到最后发展到成熟阶
段数量，最后发现绝大部分新兴技术由于多种因素的复杂作用没有成功从萌
芽发展到成熟，至于导致这些新兴技术没有成熟的原因或者影响因子则需要
研究者们进一步探讨。

三、新兴技术的消失量

众所周知，科技是第一生产力，是先进生产力的集中体现和重要标志，极大程度上体现了一个国家的综合实力，随着时代发展，我国在科技发展方面投入力度持续加大，重视科技的发展。在政策、经济发展等因素的驱动下，科技发展的更迭速度变得越来越快，许多富有创造性、实用性的新兴技术涌现出来，但是又因为各种原因，如支撑该技术的一些基础硬件设施暂时达不到要求，抑或负面影响较大、资金链断裂等，导致部分技术在发展过程中逐渐走向衰亡。通过对报告进行分析可以发现，头戴式显示器、802.15.4/ZigBee 协议、验真技术等都已经消失了超过 15 年。究其原因，第一，技术取代产生的技术消失。消失时间越长的新兴技术被替代的可能性越高，但技术消失并不意味着技术停滞，相反，技术消失可能意味着更为先进的技术的出现，技术水平更高，更能满足公众多样化、多元化的需求，如虚拟现实技术的出现取代了头戴式显示器技术，因而技术消失在某种程度上不一定是坏结果，可能是顺应时代发展潮流变化的。第二，社会技术环境变革、竞争性潜在技术的增加、技术概念盲目炒作后期望难以兑现的落差也是主要诱因。有部分虽然仅出现过一次，但是却一直没有引起足够社会期望的技术，其吸引公众的能力不足。如播客在 2005 年就已经实现了创新起飞，但有趣的是，技术已经兑现甚至超出早期技术期望，而社会期望却相对停滞，现在即使还存有一些播客平台，但是其受众面相对于其他技术来说仍是比较狭窄的；相比之下，社交电视则逐渐被冷落，早在 2011 年就提出推动社交媒体平台和电视融合，促进传统电视行业转型，但至今没有进展。这类技术逐渐消退主要是整体社会技术环境变迁所致。新型的网络技术增加了技术替代性，加剧了技术之间的竞争。图 7.5 为新兴技术的消失时长（消失超过 5 年、频次为 1 次且处于创新萌发期）。

简而言之，在这一部分主要是以"新兴技术的消失时长"为切入口，简单列举了 2000—2019 年一些在炒作周期中消失的技术，并对技术消失的几种类型以及原因做了分析，也就是说，技术消失一部分是基于技术替代的消失，还有一部分是基于最终衰亡的消失。在技术消失的过程中，政策环境、经济环境、社会期望、技术研发人员等是要重点考虑的要素，这几个影响因素相互作用，最终促使技术消失，至于技术消失的影响需要从多方面进行考察，需要基于当时的社会环境背景，进行利弊分析。

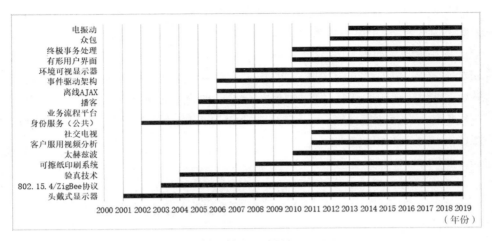

图 7.5　加特纳炒作周期中新兴技术的消失时长（2000—2019 年）

四、新兴技术的期望膨胀和消退速度

炒作周期曲线在国内外研究中仍然是一个比较时新的话题，对其的讨论也多种多样，有聚焦于某一项技术探讨该技术整个发展过程是否符合炒作周期曲线以及相应的对策建议的研究，但是更多还是聚焦于探讨炒作周期曲线的线性变化，尤其是炒作周期曲线的"先钟形后缓升"的线型变化在曲线构成研究中有不少讨论，例如通过量化研究发现炒作期望曲线是期望变化态势和 S 型技术采纳曲线叠加而成①，其中技术的期望膨胀和消退速度还有较大研究空间。本章节进一步分析发现，新兴技术期望的平均膨胀时间略高于平均衰减时间，钟形曲线明显左偏，即"攀升略快、下降略慢"。

图 7.6 为 2000 年至 2019 年间新兴技术萌芽到峰值的时长图，展示了加特纳炒作周期中 30 项新兴技术的期望膨胀速度，平均耗费 3.6 年，其中耗时最长的是 NLP 搜索界面，潜伏长达 11 年。耗时超过 7 年的技术包括 3D 打印、移动/智能机器人、NLP 搜索界面、4G，而低于平均耗费时长、低于 3 年的技术包括网状网络—传感器/广域、生物识别用户身份支付、社会网络分析、个人/微型燃料电池、远程呈现、物联网、互联型家庭、语义网、互联网电视、大数据、游戏化、物联网平台、电子标签/无源 RFID、网络化集体智能、网络平台、微博、超宽带和统一通信，还有较少一部分技术从萌芽到峰值所耗

---

① 杰姬·芬恩，马克·拉斯金诺. 精准创新：如何在合适的时间选择合适的创新［M］. 北京：中国财富出版社，2014.

费的时长为 5~6 年。从膨胀期望速度看，社会和媒体对一项新兴技术的期望时间通常是在 3~4 年，膨胀速度快的技术多是个人生活应用型技术，与日常生活密切度高，比较容易被公众接受采纳，而产业组织相关技术的膨胀速度相对比较慢，因为产业组织相关的技术需要经过"技术研发—推广—向现实转化—大规模应用"这一发展过程，与人们的直接联系较少，故而人们对产业组织相关技术关注较少，更多是产业相关人员对其进行关注且抱有期待，所以这些技术的期望膨胀速度慢。

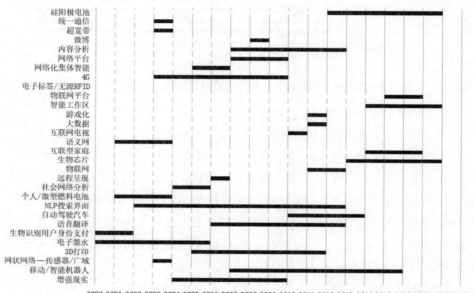

图 7.6　加特纳炒作周期中新兴技术期望膨胀速度（2000—2019 年）

图 7.7 主要展示了新兴技术从峰值到槽底的衰减时长。几乎所有的新兴技术都难以维持峰值，都是达到峰值后开始慢慢向槽底衰减，只有虚拟助手技术从 2010 年的槽底到 2017 年重新回到峰值区。新兴技术的平均衰减耗时约 3.29 年，略低于新兴技术膨胀的平均速度。

在近 20 年内，从期望峰区下降到槽底最慢的技术为托管虚拟界面/网络桌面，耗时长达 10 年，增强现实、手势识别/控制、移动商务/支付、企业聊天等技术的衰减时长也都超过 6 年，可见社会和媒体都对其保持了相当长时间的期望，不断关注这些技术所能给社会带来的改变；相比之下，社交分析、私有云计算、媒体平板电脑、电子书阅读器、电子墨水、创意管理等技术的衰减速度都比较快，均低于 2 年，人们对这些技术的兴趣消失较快；与此同时，企业博客、电子标签/无源 RFID、NFC（付款）、Web2.0 版、三维生物打印、智能手机/PDA 手机、维基、云计算等技术的衰减速度居中，耗时处于 3~5 年。可见，产业组织应用技术的期望消退时间长，而个人生活应用技术则反之，说明个体更容易受到期望的影响，而组织则会受到制度和已有技术的约束存在采纳滞后性。

在这一部分，主要是通过图 7.6 和图 7.7 展示了 2000—2019 年，加特纳炒作周期中新兴技术的期望膨胀速度和期望消退速度。通过对新兴技术的期望膨胀速度、期望消退速度进行比对分析，发现无论是期望膨胀速度还是期望消退速度，它们的快慢与新兴技术的类型有极大关系，贴近人们生活，与生活密切相关的技术，容易得到公众的关注但是消退速度也会比较快，而更多出现在产业组织中的技术，与人们日常生活不是直接联系的，会受到其他因素影响制约，故而这种类型的技术期望膨胀速度和期望消退速度都比较慢。

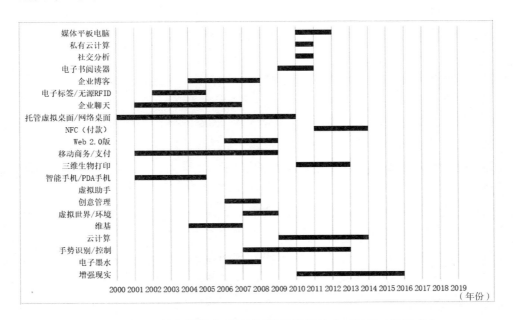

图 7.7　加特纳炒作周期中新兴技术期望消退速度（2000—2019 年）

综上所述，在本章节中，围绕炒作周期变化分析了新兴技术的发展过程，简单描绘了高频新兴技术的曲线变化并对其展开了分析，还从新兴技术的成熟量、消失量、期望膨胀速度和期望消退速度等几个方面进行详细分析，通过多方面的整体分析，得出新兴技术发展过程中的一些规律特征并提出应对措施，为未来其他技术的发展提供借鉴。

第三节　考虑期望管理的新兴技术规划设计方案

　　新兴技术期望是影响资源分配的重要外部因素。技术期望膨胀猛然集聚大量政策和产业资源，却很难确保兑现期望，极易导致严重资源浪费。在制定面向未来的技术战略规划时，如何规避资源浪费，成为政府和产业战略管理的重要课题。本章节基于炒作周期曲线的新兴技术发展态势分析，提出了"新兴技术媒体热度判识—新兴技术期望实现度德尔菲法—自下而上的政策供给系统"的新兴技术规划设计完整方案，为做好新兴技术战略规划和创新政策设计提供参考。

一、新兴技术媒体热度判识：以量子计算、3D 打印、播客和物联网为例

　　规划具有综合性、计划性以及引导性，通过制定规划，可以明确目标，提高效率，对技术发展进行规范，将技术控制在合理范围内。进而，制定新兴技术规划时，应开展媒体热度和期望内容分析，从而快速判别技术所处炒作周期曲线的位置，并根据所处位置采取相对应的行动，以回应公众诉求，增加社会期望。这里以量子计算、3D 打印、播客和物联网技术为例，通过对媒体热度变化趋势和炒作周期曲线的关联性进行比较分析，以此说明加强媒体热度判识对判定新兴技术期望所处阶段的价值意义。上述技术具有很强的典型性，依次代表了高频新兴技术、成熟新兴技术、消失新兴技术和膨胀速度快的新兴技术。

　　图 7.8~图 7.11 是采用中国知网重要报纸数据库中四项技术的媒体报道量统计而得，并且与炒作周期曲线变化过程进行关联而得出来的。虽然四种技术炒作周期的表现不同，但是在媒体热度的关联上都表现出总体的同向性，换句话说，媒体热度是能够初步判断新兴技术的社会期望位置，媒体热度高则代表新兴技术的社会期望可能比较高，反之，则表明社会期望比较低。这种同向性尤其是在高频新兴技术和成熟新兴技术上表现得非常明显，可以观察到媒体热度曲线和炒作周期曲线几乎出现多处重叠和并行。即使是消失型新兴技术也有很好的关联，比如播客在 2005 年进入了创新起飞阶段，在这个时间前后的媒体报道量也恰好进入了快速增长期，媒体的大量报道，增进了人们对播客的了解与兴趣。但是对于膨胀速度快的

技术而言，媒体报道量的快速增加甚至会早于社会期望，如物联网技术，在 2010 年的报道量就达到了顶峰，而在 2012—2013 年才从创新起飞阶段进入膨胀期望峰值区，这具有双重性，一方面给技术发展带来关注量，甚至可以吸引资金投入，加大研发力度与积极性；另一方面也会带来负面效应，媒体的过度关注给研发人员带来巨大心理压力，甚至可能出现舆论主导技术发展方向的情况，也会出现期待过高而技术没有达到的情况，引发公众的反噬。因此，政府和产业组织在制定新兴技术战略时，可以借助媒体热度变化图来初步判定技术所处的炒作曲线阶段，并进行恰当的调整措施，促进技术发展成熟，但是需要将媒体炒作控制在合理范围内，从而将媒体化作技术发展的助力而非利器。

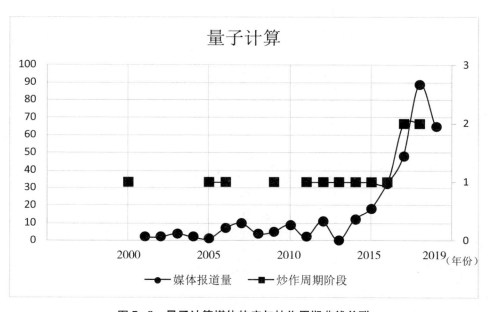

图 7.8　量子计算媒体热度与炒作周期曲线关联

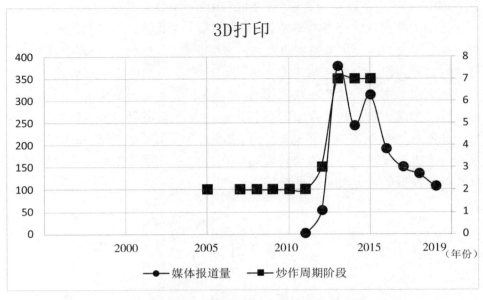

图 7.9　3D 打印媒体热度与炒作周期曲线关联

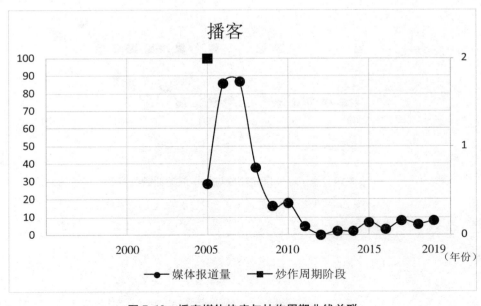

图 7.10　播客媒体热度与炒作周期曲线关联

图 7.11　物联网媒体热度与炒作周期曲线关联

二、新兴技术期望实现度德尔菲调查

德尔菲调查法是一种依靠专家预测事件发展的方法，最初是由兰德公司在20世纪40年代末正式提出，该研究方法一经创立就引起了学术界讨论热潮，并成功预测了几件大事。德尔菲法的核心就是匿名，专家与专家之间互相不知道，并且专家的选定都是针对调研问题而选出的本领域的专家学者，然后通过多轮发放问卷向多名专家咨询建议并汇总集中，以获取专家们的共识，更多依靠的是专家的经验。但是，这项方法也存有一些不足，如问卷具有一定的模糊性，不同专家学者可能会出现不同的理解，还有就是专家们的意见会存有差异性，故而在寻求专家意见一致的过程中可能会增加成本、耗费大量时间，以及专家们自身经历各不相同，在提出建议时具有一定的主观色彩。

在对新兴技术的期望实现度进行调查时，利用德尔菲法的预测功能进行判断。也就是说，可以在对技术曲线位置进行初步判断后，采用两轮德尔菲调查法来判定新兴技术期望的实现度。虽然德尔菲法早已在技术预见领域得到大量应用，但通常是评判技术预见与技术进展的完成情况，而这里提出以新兴技术期望实现度为评价对象的德尔菲调查，是一种介于技术预见报告和技术规划制定之间的桥接方法。

虽然技术预见是技术规划的前期工作，能够提升技术规划的科学性，但当前的技术预见工作并没有考虑技术期望的事前管理，而这对技术预见报告利用和技术规划的实施都大有裨益。技术期望的事前管理能够推动技术发展的科学性与技术的媒体社会期望相结合，以确保新技术和新发明的"有用性"，促进技术和社会互推式发展。

具体而言，新兴技术期望实现度德尔菲调查，重点在于以新闻、报纸、微博、微信等互联网媒体为对象，采用人工智能技术手段抓取技术的社会期望，以内容分析和文本挖掘为工具，整理数据并聚类分析得到技术的社会期望，将媒体炒作形成的社会期望以科学的方式记录并形成文本，再由技术领域专家结合技术趋势，连续两轮对同一项技术期望的当前完成度和预期完成度开展评价，以最大限度符合现实发展趋势。

三、新兴技术政策系统供给模型

结合上述调查和技术预见报告构建出政策系统供给模型。当前新兴技术政策的层级扩散是从国家到地方的一种"自上而下"的模式，过度依赖中央科技管理部门的战略规划。这种科技举国体制虽能高集中度、高效率地整合全国资源推动科学技术的发展①，但在"大科学项目"上的适用性和有效性更强，更有利于"大科学项目"的实施、推广及约束规范。然而大多数的新兴技术都不属于"大科学"，"自下而上"的新兴技术政策供给模式更有优势，更有利于公众对新兴技术的采纳接受，新兴技术政策系统供给模型如图7.12所示。

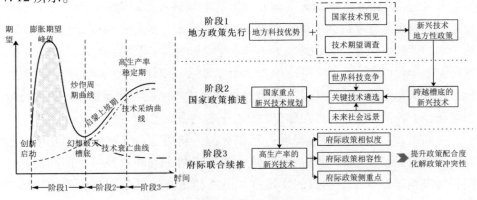

图7.12 新兴技术政策系统供给模型

---

① 钟书华. 论科技举国体制［J］. 科学学研究，2009，27（12）：1785-1792；刘天星. 科学精神代代相传［N］. 学习时报，2019-12-11（6）.

　　在新兴技术政策系统供给模型中，根据炒作周期曲线的上升下降变化，将炒作周期曲线分为三个阶段，每个阶段的推动主体都不一样。比如在阶段1中强调地方政府对新兴技术的支持，在阶段2中强调国家、中央层面对新兴技术的大力支持，发展到阶段3时又从中央层面到了地方政府，但这一阶段较多强调政府间的合作。接下来将从三个阶段对新兴技术的政策供给模型进行更为详细具体的说明。

　　在期望管理期（阶段1），优先采用地方政策先行模式，避免蜂拥而上导致的大量资源浪费。在这一阶段，先是该地方的研发公司等对新兴技术进行初步研发，然后地方政府了解新兴技术的优势、可行性、可操作性等，出台一些地方性政策、规章以支持新兴技术的发展。也就是说，在这一阶段，应以地方性新兴技术政策为主，各省市要摸清所处地域的技术资源优势，结合实际推动技术概念的落地，并且参照国家技术预见调查报告，实施新兴技术期望调查，找到新兴技术地方性发展在国家技术预见和技术期望之间的平衡点，切实可行地提出具有地方特色性的新兴技术支持政策，最大限度地提升技术推广应用的可实施性，减少不必要的时间、资源浪费。这一阶段就是以"新兴技术领域"为试点的政策支持模式，对全国而言就会形成散点式的新兴技术地方性政策试点，试点的成功将会被推荐至中央，评估其是否具有全国推广实施的现实性。

　　在启蒙上坡期（阶段2），应该采用国家政策推进模式，引导科技资源向社会发展贡献大的技术上集中。这一阶段，公众、媒体对新兴技术的关注又得以增加，对技术有了更为深入的了解，逐渐接纳应用技术。要把技术采纳曲线和炒作周期曲线的交叠点作为起点，并且将跨越槽底的新兴技术抽选出来，从而发现自身不足，找到与世界顶尖技术的差距，明晰技术未来的研发方向和努力重点，掌握现有技术的核心竞争力，并且还要分析其所具有的社会发展远景，明确新兴技术在社会图景中的作用，重点制定以关键性新兴技术为主体的国家重点新兴技术规划，引导国家资源快速推动技术从槽底走向高生产率稳定期。

　　在高生产率稳定期（阶段3），就需要采用府际联合续推模式，推动发展成熟的新兴技术跟上前沿动态，侧重于提升中央—地方技术政策的配合度。在这一阶段，考虑部分新兴技术对于地区间的存在条件要求较高，故而进行府际的合作之前，需要考虑各地区之间资源条件、地方政策等的相似性、相容性和侧重点，综合考察该地区是否适合新兴技术的大规模推广发展。观察现实中新兴技术的走向可以发现，不少新兴技术在走向成熟阶段时的政策配合度较差，国家和地方政策都开始缺乏投入动力，造成其发展受阻。另外，对于发展成熟的新兴技术，需要立足于整体，重视"中央—政府"之间的配合，而中央—地方技术政策应该从媒体社会期望入手，拓展技术成熟后的发展方向，关注府际政策相似度，提升府际政策相容性，形成明确的不同层级政策侧重点，从而化解政策间的冲突，有力、有序推动新兴技术走向成熟阶段。

综上所述，在这一小节中，以新兴技术的期望管理为中心，对新兴技术的期望管理通过德尔菲法进行预测，搭建起技术预见报告和技术规划制定之间的关联，从而形成新兴技术的政策系统供给模型，辅助政府、组织、研发机构对新兴技术进行整体把控，有助于明确不同阶段发展重点，以及应该采取的措施，有助于新兴技术顺利从萌芽发展到成熟阶段，给产业变革、企业组织模式带来巨大变化。新兴技术是一个极富生命力、富有研究价值的研究领域，虽然较早就有研究者对其进行探讨，但是由于技术发展太快，现实中仍然会不断出现新问题、涌现出更多新兴技术，存有研究缝隙，故而对于新兴技术的研究还有较长的一段路要走。同时，新兴技术能推动人们生活方式的改变、产业结构的变革，进而推动社会生产力整体提高。本章以新兴技术为切入口，探讨新兴技术与政策系统之间的关系，通过具体的技术展示了技术治理与创新系统的演化机制。围绕新兴技术的发展脉络、面临的挑战，以炒作周期曲线为核心，详细分析了新兴技术的成熟量、消失量、期望膨胀速度、期望消退速度等，提出了新兴技术的期望规划方案，从而搭建了新兴技术与政策之间的关系，形成了新兴技术的政策供给模型。这一章节为新兴技术的发展提供了指引方向，丰富了理论内容，拓展了研究视角。

第四节　本章小结

在这一章中，主要是展示了新兴技术在"双碳目标"这一大背景下继续进行研究的必要性，在文中对新兴技术的概念内涵进行了梳理，以便于快速识别新兴技术，并且简要介绍了新兴技术存在的伦理风险等挑战，通过对报告中的数据进行详细分析，明确了新兴技术带来的机遇与风险，探讨了政策系统对于新兴技术的作用。这里对本章内容的研究结果做出如下小结：

第一，新兴技术具有不确定性极强的鲜明特征，它的失败率很高，媒体和社会期望兑现难度大。在新兴技术多年的发展历程中，多数新兴技术只经历了创新萌芽和创新回升阶段，达到膨胀期望峰值后就出现衰退直至消失，仅有部分新兴技术因为各种因素的作用仍然能再次抓住机会进行启蒙爬升，例如20年间能够完整经历全炒作周期的技术仅有3D打印等5项技术。

第二，通过对30余项新兴技术的期望膨胀速度和期望衰退速度进行分析，以简单明了的图标进行展示，可以清晰地发现新兴技术期望的平均膨胀时间（3.6年）略高于平均衰减时间（3.29年），社会媒体和政策、组织规章制度等因素在其中发挥着重要作用，与人们生活有直接联系的个人生活类技术期望膨胀快、消失快，产业组织应用类技术则恰恰相反，不仅期望膨胀慢而且期望衰退损耗时间长。

第三，观察新兴技术的成熟量、消失量，可以发现新兴技术从槽底到成熟通常需要1~4年，部分需要更长的时间乃至花费十多年才能发展成熟。消失时间越长的新兴技术被替代的可能性越高，以另外一种技术形式继续存在，这种技术替代在一定程度上以更丰富的功能覆盖掉原有技术的功能，在某种意义上来说可以节约一部分投入成本、减少试错成本，而技术快速消失的原因更为复杂，可能是因为支撑技术的硬件不达标、现有技术不支持、研发资金不足等因素，这些需要研究人员在未来的研究中继续探讨。

第四，媒体热度分析能够初步判定新兴技术在炒作周期曲线的趋势。由于炒作与媒体密切相关，或者说媒体就是炒作的重要主体，通过媒体的大量报道，达到炒作的目的，并且利用媒体的报道宣传、引导舆论的功能，将新兴技术向公众进行公开报道，公众通过媒体这一宣传窗口，了解新兴技术的概念、应用场景、作用，公众对新兴技术的采纳与否很大程度上受到媒体的引导。

第八章

基于技术预见的科技规划调查模型

技术预见和科技规划的关系已经有不少理论研究，但是技术预见和科技规划的科学化在我国仍然处于初级阶段。在全世界范围内，日本的技术预见工作最具代表性。一方面，日本在技术预见和科技规划上都有非常悠久的历史。日本自1970年起连续50年开展国家技术预见工作，是世界上持续时间最长、成熟度最高的国家。虽然国内外学界及时传递了部分先进内容，分析了日本技术预见分领域的效果①、德尔菲法的价值②以及技术社会实现等方面，却尚乏系统梳理预见方法演进过程的研究，这对精准把握日本在国家技术预见的工作动向，提取技术预见工作设计和实施要领，推动我国技术预见和技术规划编制科学化，都大有裨益；另一方面，日本开展技术预见活动起初使用的德尔菲技术预见法是从美国引进的，但却在日本得到长久推进和优化，可见在科技规划管理上该国非常善于学习先进的管理经验。我国近年来启动了"十四五"科技规划和国家中长期科技发展规划纲要的编制工作，各省市也都在此前积极部署相关工作，但盲目地规划模仿和复制，只会使得规划的成效甚微，而从哪个角度去学习发达国家的技术预见工作，已经成为许多政府管理者的实践难点。鉴于此，本章以日本国家科技政策研究所（National Institute of Science and Technology Policy，NISTEP）的75份日文和英文报告为样本，阐释日本技术预见方法的整体演进历程，着重于探讨30年间的设计机制（1991—2019年），而第1~4次预见活动时间久远（1970—1990年），又非该研究所调查实施，参考价值有限，故没有重点讨论。最终，提出对中国技术预见和科技规划工作的启示。

---

① KUWAHARA T. Technology Forecasting Activities in Japan [J]. Technological Forecasting and Social Change，1999，60（1）.

② CUHLS K. Foresight with Delphi Surveys in Japan [J]. Technology Analysis & Strategic Management，2001，13（4）；ETO H. The suitability of technology forecasting/foresight methods for decision systems and strategy：A Japanese view [J]. Technological Forecasting，2003，19（1）.

第一节　政府科技规划导向的技术预见

一、政府科技规划与技术预见——日本的典型性分析

政府科技规划是政府面向社会制定的科学技术发展的战略性布局，科技规划重点在于解决社会中的关键问题，能够推动整个社会的发展和转型，提升社会的科学技术水平。世界上许多国家政府都开展科技规划的编制工作，对未来科技发展的趋势和社会演化的状态有一个科学和宏观的布局。政府科技规划制定的科学化水平能够影响科学技术规划的完成度，也能够促进政府对科技政策的支持水平。科学的战略规划将有助于社会的转型和科技的快速发展，尤其在全球化的状态下，这对于经济的影响非常重要，科技驱动经济的程度非常大，而一个过于保守或者过于前卫的科技规划都有可能会导致一些科技战略发展的问题，过于保守的科技规划会导致政策跟不上科技发展的水平和速度，导致政策设计存在明显的滞后性，科技政策的质量很难体现，而过于前卫的科技规划则有可能导致资源的过度投入和资源浪费，过度投入并不一定就有相应的科技产出回报。因此如何制定科技规划实际上是各国政府都面临的难题。由于发达国家在技术前沿上的时间更长，发展中国家在技术前沿的分布要更少或者更为松散，发达国家在科技规划上的投入也非常大，使用了非常多的管理技术方法来确保制定科技规划的科学性。政府科技规划的科学化发展是政府对科技规划制定的重要方向，缺乏科学水平的规划最终都很难实现，这就会导致人们对规划失去信心和兴趣。制定政府科技规划还会影响企业的科技战略，企业通过了解政府的科技规划能够考虑投资布局以获得政策支持，政府科技规划还会影响创业者的行为，创业者通常会选择科技规划中的热点和重点产业，这样更有利于获得资源。政府科技规划的重要性，在上述这些角度都有很好的体现。

但政府如何去设计科技规划方案，事实上是一个实践工作中的难题。首先，政府对于科学技术的发展过程和发展趋势了解通常是有限的，在专业技术方面必须获取专家的支持，通过专家来了解科学技术的发展状态，而不能仅凭媒体的报道或者产业的现状。制定政府科技规划的过程，又会受到很多因素的影响，比如利益相关者会对制定过程施加影响，从而能够在后一个政策阶段获取资源，那么如何能够制定出符合科技发展规律和市场需求的科技

规划，就需要大量专业的技术工具，不能单凭经验来做决策，经验决策的优势在于决策者的知识信息水平和判断能力，但这样很容易造成判断的失误。政府科技规划的制定过程科学化必须使用一些先进的管理技术。在大数据时代，如果还使用传统的经验判断，很显然在全球竞争中很难占据优势地位。提升设计科技规划的科学水平，对于科技的发展和创新水平的提高有很大帮助。

技术预见被发达国家普遍作为是科技规划的前置环节。技术预见活动的科学化能够推动科技规划制定者了解科技发展水平并能够制定出符合科技发展状态的规划战略。技术预见的作用在于帮助企业和政府及关注科技发展状态的利益相关者分析技术发展的未来态势，能够给我们带来对于技术发展趋势的判断，对技术的发展和社会的发展都有预测性。技术预见活动的技术性和管理水平，很大程度上会影响发达国家的科技规划水平。日本是世界上技术预见活动非常成熟的国家，在科技创新上已经采用技术预见方法开展科技规划的理论和实践探索。科技规划和技术预见的关系也非常密切。日本通过非常准确的技术预见报告为政府开展科技战略规划提供了丰富且有价值的预测性资料，也为日本社会的科技社会转型提供了很好的支持。技术预见作为一种管理活动，能够为科技规划提供具有实际价值的发展信息，也能够服务于企业探索技术战略和未来投资。技术预见的预测性水平和准确度是判断技术预见质量的关键指标，能够准确预测未来几十年的技术发展轨迹就能够更早地发现未来技术发展的机会和信息。技术机会的发现不能离开对技术专家的专业判断。因此，技术预见活动非常依赖于高水平的技术预见专家，技术预见专家应该注重来源的丰富性，提升专家对技术发展方向预测判断的准确性。

技术预见对科技规划的作用非常显著。日本能够基本准确地预测70%左右的未来技术，这对制定科技规划发展战略帮助很大。技术预见成果的公开发布能够协助国家和地方政府推动科技产业的发展。作为科技规划的基础性管理技术支持，提升技术预见判断的客观性和准确性，一直是技术预见理论研究的重点。日本在这方面的典型性主要体现在四个方面。一是日本是世界上系统使用德尔菲法开展技术预见历时最久的国家，在技术预见的发展过程中，日本对预测技术的改进经历了一个发展和完善的过程。二是日本重视科技规划和技术预见的协同管理，已经形成了完善的科技规划战略管理模式。三是技术预见的发展阶段符合日本在经济发展上的国际水平，在一些先进技术上如何通过科技规划来保持发展的优势。四是日本的技术预见体系化建设受到国际技术预见学界的认可，在技术预见方法开发上有较大的贡献。

二、日本科技规划治理的历史处境

日本是世界上政府科技规划和技术预见活动最为发达的国家之一。日本的技术预见已经经过了50多年的连续开展，积累了丰富的经验，是探讨政府科技规划和技术预见的典型案例。20世纪60年代是日本战后经济高速发展时期。这一时期，日本于1964年举办了东京奥运会，1962—1964年出现了经济繁荣，紧随其后的是以钢铁、汽车和石化等产业的大规模投资为特征的"伊奘诺繁荣"（Izanagi Boom，1965—1970年），经济增长率保持在10%①。这一时期日本科技人才数量不断增加，诞生了多位诺贝尔奖得主。科技逐步从依赖进口到开始出口，一些领域水平开始走在世界前列。技术政策也从20世纪50年代以技术引进为主转变为"更加关注国内研发，技术减税、补贴等促进私企签订研发合同等政策"并举；到了20世纪70年代，"公共政策的选择性更强，将重点锁定在污染防控、能源、太空和海洋资源的研发方面"②。尽管科技上日渐强盛，但收入差距大、贫富分配不均等社会矛盾凸显，日本政府为此出台了"国民收入倍增计划"（1961—1970年），推动国民生产总值和个人国民收入增长③。

20世纪70年代至80年代，日本发展为仅次于美国的第二大经济体，被认为是对美国经济霸权的严重威胁，日美经济矛盾冲突显著上升④。1972年，美日贸易从美国长期盈余转为将近40亿美元的逆差，贸易摩擦不断、资源争夺加剧，尤其反映在日本不顾美国反对，在1973年第一次石油危机中，改变了长期的中立态度，最终多次磋商后向阿拉伯国家妥协⑤。日本首次技术预见正是在上述时代背景下启动的。日本政府派研究团队多次访问美国，学习了德尔菲分析法和系统趋势分析等先进技术工具，推动了科技创新政策从"追

---

① TOGO K. Japan's Foreign Policy, 1945—2009: The Quest for a Proactive Policy [M]. Leiden, The Netherlands/Boston: Brill, 2010.

② GOTO A, WAKASUGI R. Technology policy in Japan: A short review [J]. Technovation, 1987, 5 (4).

③ TOGO K. Japan's Foreign Policy, 1945—2009: The Quest for a Proactive Policy [M]. Leiden, The Netherlands/Boston: Brill, 2010.

④ MILLER J M. US-Japan Relations Oxford Research Encyclopedia of American History [M]. Oxford: Oxford University Press, 2019.

⑤ CLAPP P, HALPERIN M H. United States-Japanese Relations: The 1970s [M]. Cambridge: Harvard University Press, 1974.

赶"走向引领前沿，日本也从技术模仿者快速变为技术领航者①。

上述背景和当前中国相似之处甚多：中国经济稳居世界第二，人民生活水平不断提升，社会矛盾较为突出，部分科技领域位居世界前列，中美贸易摩擦加剧升级。系统地开展技术预见工作，对于科学地布局国家长期科技规划极具重要性、必要性和紧迫性。

第二节　日本技术预见方法的演变和阶段划分

Linstone 对三个技术预见时代的划分，将康德拉季耶夫长波理论（Kondratieff Wave，K 波）的第四次上升期（1939—1969 年）、第四次下降期和第五次上升期（1969—2024 年）、第五次下降期（2024—2054 年）作为时代划分标准②。虽然这种区分方法在世界范围内有一定的合理性，但在时间节点和阶段特征上都不符合日本技术预见演进历程。因此，本章根据日本技术预见的阶段性特征与康德拉季耶夫长波法的时代特征适配关系，得到日本预见方法演进的三个时代划分。

一、美国工具的发明与日本第一个技术预见时代的启蒙

技术预见（Technology Foresight）首先在美国提出，初见于 1937 年美国资源委员会报告"技术趋势和国家政策（涵盖新发明的社会影响）"，预见一词在 400 多页的报告中仅出现了 2 次③，当时的技术预见主要指的是技术预测（Technology Forecasting），重在预判有价值的机器、过程或技术的未来趋势④，与"以识别可能产生最大经济和社会效益的战略性新兴技术为目标，对未来科学、技术、经济和社会的长期和系统化探究"的技术预见存在明显差异⑤。而在此之前，从 18 世纪的亚当·斯密到 20 世纪的凯恩斯，研究的核

① MILES I. The development of technology foresight: A review [J]. Technological Forecasting and Social Change, 2010, 77 (9).
② LINSTONE H A. Three eras of technology foresight [J]. Technovation, 2011, 31 (2-3).
③ MILES I. The development of technology foresight: A review [J]. Technological Forecasting and Social Change, 2010, 77 (9).
④ CUHLS K. From forecasting to foresight processes—new participative foresight activities in Germany [J]. Journal of Forecasting, 2003, 22 (2-3).
⑤ MARTIN B R. Technology foresight: capturing the benefits from science-related technologies [J]. Research Evaluation, 1996, 6 (2).

心都是以经济增长判断为基础的。1958 年洛克菲勒基金会报告（Rockefeller Found Report）提出"国防政策已经落后于技术发展速度和国际政治形势"，要求能够推动技术趋势预测来了解先进技术竞争的潜在市场①。

为此，美国兰德公司（The RAND Corporation）开发了技术预见工具——德尔菲法②，其执行过程是通过数轮专家意见反馈实现的。第一轮调查重在获取专家判断某项技术变为现实的时间，形成未来技术发展意见；在第二轮调查中，专家能看到上轮调查结果，仍然被要求回答与上轮完全一样的问题，分析专家是否坚持自己上轮的判断或者服从于上轮调查结果而改变自己的判断。这种方法最早由加利福尼亚大学洛杉矶分校的 Kaplan 教授提出，德尔菲法来源于希腊神话中的"德尔菲神谕"，被称为"神谕的规则"，是一种"不可证伪的预测"，得出的判断没有正确或者错误的属性③。

日本专家从兰德公司引入德尔菲法，并作为主要预见方法应用在第 1~4 次技术预见工作中，构成日本第一个技术预见时代的启蒙期。这借鉴了 Linstone 的划分特征，但强化了在日本预见阶段的适用性。"第一个技术预见时代以德尔菲法作为主要技术规划法在发达国家的兴起为特征，范围是 K 波第四次上升期（1939—1969）"④，主要原因在于：日本技术预见时间范围明显滞后；多数发达国家技术预见尚未启动（如表 8.1 所示）。

表 8.1　国家技术预见启动时间表

国家	启动时间	国家	启动时间	国家	启动时间
日本	1970	意大利	1994	南非	1997
苏联	1972	英国	1994	奥地利	1998
美国	1982	法国	1994	爱尔兰	1998
德国	1985	印度	1995	西班牙	1998

① ISENSON R S. Technological Forecasting in Perspective [J]. Management Science, 1966, 13 (2).
② MÖCKEL C, SCHUMACHER G, HAKE J-F. Methoden zur Technologie-Vorausschau：Können wir zukünftige Entwicklungen vorhersagen? [J]. Chemie in unserer Zeit, 2019, 53 (4).
③ LINSTONE H A, TUROFF M, OTHERS. The Delphi Method [M]. Boston：Addison-Wesley Reading, 1975.
④ LINSTONE H A. Three eras of technology foresight [J]. Technovation, 2011, 31 (2-3).

续表

国家	启动时间	国家	启动时间	国家	启动时间
澳大利亚	1989	印度尼西亚	1996	瑞典	1998
韩国	1991	加拿大	1996	爱尔兰	1998
菲律宾	1991	泰国	1997	巴西	2000
荷兰	1992	芬兰	1997	墨西哥	2000
新西兰	1992	匈牙利	1997	捷克	2001

数据来源：整理自联合国工业发展组织相关资料。

二、日本第一个技术预见时代的成熟：德尔菲法的创新应用

到 1990 年，日本专门成立了国家科技政策研究所，在第 5~7 次技术预见调查中，反复调整调查领域，创新性地将技术规划和社会需求纳入德尔菲技术预见分析，提升方法应用的成熟度。日本开始建立专业化机构，并仍以德尔菲技术预见法为主，这与 Linstone 提出的 K 波第四次上升期的时代特征相符，故仍应作为日本第一个技术预见时代的成熟期。

这三次调查的主要改进表现在内容配适、问卷推进、调查对象选定以及调查项目选取等方面。首先，应用领域合理调适，尤其是基于需求的技术预见调查分委会的成立，标志着日本在 2000 年就已经开始重视技术与社会的互动关系。图 8.1 展示了领域变化的四种现象：（1）领域拆分、合并现象。"信息电子"（第 5 次）→"信息"和"电子"（第 6 次）→"信息和通信"（第 7 次）；"矿物和水资源"和"能源"（第 5 次）→"资源能源"（第 6 次）→"资源能源和环境"（第 7 次）。（2）领域分解和移除现象。"基本粒子"和"社会生活"（第 5 次）在后期被分解，不再单列。（3）领域新增现象。第 7 次新增"流通业""商业与管理"和"服务"领域。（4）非常值得注意的是，第 7 次形成了以"技术领域"和"需求领域"分委会的"领域模块大类"，成立由文化和社科类专家构成的"需求领域分委会"应对社会经济需求，并极具创新地将"新社会经济系统""老龄化社会"和"安全和治安"领域纳入调查，扩大了德尔菲法的应用范围，推动了面向社会需求的技术规划，提升了专家领域匹配效率。

其次，问卷推进方式稳中求进。第 5 次调查是由分委会首先明确各领域

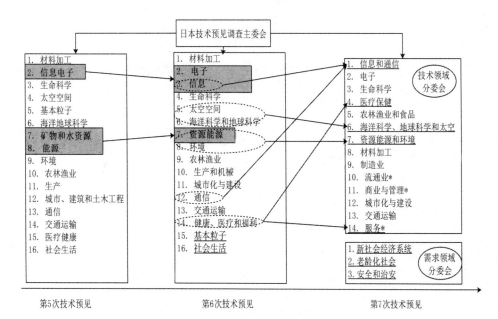

图8.1　日本第5~7次技术预见领域变化过程

调查对象范围和技术开发方向，防止重要话题（topics）① 被遗漏和筛除，然后设定框架，再加入第4次调查的话题，依重要性压缩得到1149个话题；为保证预测话题的单一预测指向，在预测目标值、重点聚焦、技术开发阶段和技术普及方面加上了下划线；第6次的问卷基本上沿用了前次的问卷推进方法，并保持上次调查相同话题数、改进话题数和新话题的比例均占1/3；第七次调查由主委会设计评估总体框架，提出调查方案和执行指南，并研究各领域的调查结果，保持话题数和比例不变，总数达1065个，主要将文化和社会科学纳入技术预测范围。

再次，调查对象总数明显上升，且非常重视专家来源比例。如表8.2所示，从数量上看，参与专家总数、第一轮和第二轮填答数都上升了1000余人，而3次调查领域数量相近，反映出日本在领域专家匹配上取得了显著成绩。从比例上看，第5次和第6次参与专家来源比例相近，第7次调查中产业界专家比例下降，政府公务员达到了14%；女性比例仍然非常低，在第7次

----

① 穆荣平，任中保．技术预见德尔菲调查中技术课题选择研究［J］．科学学与科学技术管理，2006（3）：22-27．这里将Topics按照意义本身译为"话题"，而在国内技术预见相关研究中多译为"课题"，虽然在很多时候二者是基本相同的概念，但是"话题"的覆盖面更广，更加契合使用的意图。

调查中达到 3%。产业界专家比例下降是"信息和通信领域合并"所致①，政府管理者人数增加说明技术规划是预见调查的重要目标。

表 8.2 第 5~7 次日本技术预见调查对象情况

项目	第 5 次技术预见	第 6 次技术预见	第 7 次技术预见
参与专家总数	3334 人	4868 人	4448 人
第一轮填答数	2781 人	4196 人	3809 人
第二轮填答数	2781 人	4196 人	3809 人
专家来源比例	产业界占 37%；高校相关人员占 36%、公共研究机构占 15%，其他 12%	领域分布类似于第 5 次技术预见；女性占比 2%	产业界占 31%；高校相关人员占 42%、政府管理者 14%，非企业职员 10%，其他 3%；女性占比 3%
调查对象评价	回答者专业水平自评；实现时期确信度自评	回答者专业水平自评	回答者专业水平自评

数据来源：从日本第 5~7 次技术预见调查报告整理而成。

最后，调查项目针对性不断加强，更加关注日本在特定领域的技术难题，如表 8.3 所示。（1）项目更加具体化：第 6 次调查中将"国际共同开发的必要性"和"目前国内外研发水平比较"变更为"技术领先国家列举"②，直接找出在特定领域排名靠前的国家；在第 7 次调查中，新增"技术阶段性评价"，明确选择当前技术所处的阶段——技术阐释、开发、实践应用和广泛普及。（2）项目更关注日本的突破口，将"技术实现障碍性因素"变更为"日本潜在的难题"和"日本政府应采取的措施"，直接面向日本政府提出技术规划的建议。（3）质化评价弥补量化研究短板：在第 7 次调查中，两轮问卷分别增加了"21 世纪科技发展方向"评论和"日本科技政策建言"的环节，让

---

① 科学技术政策研究所．第 7 回技术予测调查：我が国における技术発展の方向性に関する调查［DB/OL].）（2001−07−17）［2023−08−02］. https：//www. mext. go. jp/a_menu/kagaku/chousei/news/1357854. htm.

② 科学技术政策研究所．第 6 回技术予测调查：我が国における技术発展の方向性に関する调查［DB/OL].（1997−06−10）［2023−08−02］https：//nistep. repo. nii. ac. jp/records/4359.

专家除了量化评分外提出一些具体的内容，丰富了调查的内容。这次调查除专门标注的技术预测时间外，已经开始放眼全球预测技术实现时间。

表8.3 第5~7次日本技术预见调查项目情况

项目	第5次日本技术预见	第6次日本技术预见	第7次日本技术预见
调查项目选取	重要性程度 技术实现时期预测 国际共同开发的必要性 目前国内外研发水平比较 技术实现障碍性因素	重要性程度 可预期的影响 技术实现时期预测 技术领先国家列举 日本政府应采取的措施 日本潜在的难题	重要性程度 可预期的影响 技术实现时期预测 技术领先国家列举 日本政府应采取的措施 日本潜在的难题 新增技术阶段评价 新增问卷质性评论

数据来源：从日本第5~7次技术预见调查报告整理而成。

三、多种预见法并用的日本第二个技术预见时代

Linstone 的第二个技术预见时代是 K 波第四次下降期和第五次上升期（1969—2024 年），特征是信息通信技术的快速普及，以复杂性科学（Complexity Science）和多层次视角（Multiple Perspective）为基础理论的新预见工具的出现①。这些新特征主要体现在第 8~10 次日本技术预见调查（2005—2015 年）中，从单一德尔菲技术预见法到多种方法并用，尤其是新增的情景，分析法（Scenario Analysis）利用高性能计算机模拟大量未来情景，有利于专家评估技术发展变化历程，故本章将其划为日本第二个技术预见时代。

一方面，日本仍在不断改进德尔菲调查法的应用过程；另一方面加入了情景写作法（Scenario Writing）、区域性研讨会（Regional Workshop）、远景分析法（Vision Analysis）、专家小组法（Panel Analysis）等（如表8.4所示）。更具价值的是，技术预见调查不再局限于技术预测，已经发展为"社会—技术—规划"三位一体的前瞻性国家技术战略，不仅分析技术在未来场景中的应用趋势，而且通过规划引导技术走向。

---

① LINSTONE H A. Three eras of technology foresight [J]. Technovation, 2011, 31 (2-3).

表 8.4　第 8~10 次日本技术预见方法总体演进过程

项目	第 8 次日本技术预见	第 9 次日本技术预见	第 10 次日本技术预见
技术预见方法	资料整理法 聚类分析法 层次分析法 小组访谈法 共引用论文分组化法 德尔菲调查法 引用论文特征法 研究领域内容分析法 发展情景主题分析 发展情景写作法	论文共引用法 德尔菲分析法 团队合作情景撰写法 基于德尔菲调查的未来情景分析 青年专家未来社会探讨法 区域研讨会法	趋势扫描法 研讨会法 小组讨论法 远景分析法 专家问卷法 文献调查法 主题情景分析法 德尔菲调查法

数据来源：从日本第 8~10 次技术预见调查报告整理而成。

第一，开始设置鲜明的技术预测，调查分模块、分步骤进行，技术预测向前推出的社会需求和社会形态研究。（1）三次调查主题依次是"科学技术中长期发展的俯瞰性预测调查""科学技术对未来社会的贡献调查""全球化视角下的情景规划"，特色日渐鲜明，内容不断细化，技术与社会的互动性贯穿始终。（2）建立模块式调查方案，从按方法分类到按主题分类，融入技术预测的社会特征。模块变化依次为"社会经济需求调查、急速发展的研究领域调查、受关注的科学技术领域发展情景调查和德尔菲调查"（第 8 次）；"德尔菲调查、未来科学技术的情景和分区域的可持续未来"（第 9 次）；"未来社会远景、科学技术的未来视角和全球化视角下的情景分析"（第 10 次）。（3）社会需求调查的出现和发展：第 8 次调查从市民和产业界的需求角度分析了技术发展的社会经济需求，第 9 次从技术对未来社会图景的贡献角度说明了技术如何推动未来社会的到来，第 10 次的社会需求体现在全球化的视角中。

第二，技术预测向后推出的技术规划和技术政策研究，体现出技术预测的应用性和落脚点，促进技术预测和技术规划深度结合。第 8 次调查中开始出现技术预测的"政策应用"，提出了"跨领域研究融合的重要性""与研究领域发展相符合的公共研究发展和支持重要性""研究发展领域定期观测的重要性"等议题①；第 9 次调查不仅单列了"绿色创新"和"生活创新"的推

---

① 科学技術政策研究所 . 第 8 回技術予測調査：科学技術の中長期発展に係る俯瞰的予測調査［DB/OL］.（2005-05-12）［2023-08-02］. https：//nistep. repo. nii. ac. jp/records/4416.

进策略，而且展开了创新推进的共通策略、国家化战略以及加速科技实现等的政策分析①；第 10 次调查提出科技创新战略和科技外交战略，政策规划更加具象化。

第三，开始将德尔菲法作为调查系列活动的一个重要环节，服务于技术预测的主题研究。从"单独调查"到"融合调查"，是德尔菲法应用的深层次革新。德尔菲法是前 7 次调查唯一的核心分析法，而第 8 次调查以后，德尔菲法、情景分析法和远景分析法成为三大核心方法。尽管核心方法增加，但专家意见仍然是技术预测调查的核心和重点，远景分析和情景分析也都采用了专家观点。值得注意的是，第 10 次调查开发了德尔菲在线分析系统 Delphin，从纸质邮件获取数据发展为在线实时分析，调查效率大幅度提高②。

第四，情景分析法经历了从初步应用到成熟应用的过程，如表 8.5 所示。第 8 次调查中，首次采用情景分析法，并定义为"不仅仅是单纯对特定领域的科学技术预测，而是情景撰写者描绘的日本发展的远景，包括科学技术的发展动向和应对战略"。撰写者通过比较多个未来情景，将能够改善和发展的方向设定为"发展情景"，再以日本为对象，分析 2015 年之后 30 年的战略。各领域的情景撰写者是从学会或产业界团队中推荐产生，形成数百人规模的候选名单，最终投票产生的前五位作为发展情景的撰写者。第 9 次由 54 位专家研究得到了 12 个未来情景和概念图，主要亮点在于开始明确讨论的主题，明晰了未来日本社会可能的发展蓝图。到第 10 次预见调查时，情景分析已经发展较成熟，将日本社会的发展远景和科学技术的情景式变化结合，共同探讨情景式的政策规划。

表 8.5　第 8~10 次情景分析的演进比较

项目	情景分析概要	调查特色	讨论主题
第 8 次	96 位撰写专家 12 个领域 48 个发展情景	组建了 10 个情景分析调查分领域委员会，开展了两个主题的情景分析：德尔菲受关注领域选定；整体俯瞰性研究的选定	现状分析 发展情景 日本应采取的行动

① 科学技术政策研究所. 科学技术の将来社会への貢献に向けて：第 9 回予测调查综合レポート－［DB/OL］.（2010-12-10）［2023-08-02］. https：//nistep. repo. nii. ac. jp/records/4471.

② 科学技术政策研究所. 第 10 回科学技术予测调查：国际的视点からのシナリオプランニング［DB/OL］.（2015-09-10）［2023-08-02］. https：//nistep. repo. nii. ac. jp/records/4765.

续表

项目	情景分析概要	调查特色	讨论主题
第9次	54 位撰写专家 12 个未来情景 12 个概念图	以 30 年后的情景为目标，绘制了概念图，并提出了实现目标的手段。实施手段包括：重点开发方向、确保人才培养、学科融合的必要性、改革和引进必要的社会系统、政策协作、产业、商业和劳动力创造、社会接受、国际视点	通过持续绿色创新社会不断发展的日本 健康和高龄社会成功模型下的日本 生活安全保障的日本
第10次	由预见研讨会、访谈、文献综述等多种材料中整理形成	首先从远景调查、科技情景变化和跨学科跨领域主题中讨论未来社会远景，再分析科学技术的变化趋势，最终讨论情景规划的内容，尤其是提出"全球背景下的日本"	联结性社会 知识基础型和服务导向型社会 制造型社会 健康长寿社会 可持续区域性社会 弹性社会 国际背景下的日本

数据来源：从日本第 8~10 次技术预见调查报告整理而成。

第五，日本技术预见的参与人范围拓宽。与日本第一个技术预见时代相比，不仅包括科研专家、政府管理者、产业界人士，还新增了市民。市民的参与不仅反映了公众对科技的社会需求[1]，而且有益于推动新兴技术的采纳和扩散[2]。

四、日本第三个技术预见时代：人工智能式转型的开启

Linstone 认为，K 波第五次下降期为第三个技术预见时代，将在 2024 年启动，特征是随着分子、纳米和材料科学的快速兴起，计算机、人工智能和

---

[1] 科学技術政策研究所. 科学技術の将来社会への貢献に向けて：第 9 回予測調査総合レポート - [DB/OL]. （2010 - 12 - 10）［2023 - 08 - 02］. https：//nistep. repo. nii. ac. jp/records/4471.

[2] 科学技術政策研究所. 第 10 回科学技術予測調査：国際的視点からのシナリオプランニング［DB/OL］. （2015 - 09 - 10）［2023 - 08 - 02］. https：//nistep. repo. nii. ac. jp/records/4765.

生物出现融合，基于技术和科学的预测方法，尤其基因算法、神经网络和分子编程工具不断涌现，推动技术预见应用从"基于预测式的规划"发展为"从大型计算得到未来远景后提出的稳健性策略"①。

这些特征在日本第11次技术预见调查中已经有所显现，预见方法实施过程如图8.2所示。从初步研究报告②中，主要有如下重大变化：第一，采用了人工智能相关方法，是客观量化方法在技术预见调查中的一次全新升级，采用自然语言处理、聚类和可视化手段分析了科技话题，极具划时代意义。人工智能算法的开发和应用主要是应对海量日本技术预见话题的数据而生的，单纯靠个人很难读懂大量数据，人工智能相关方法，可以自动判别相似度，提升一些最低等级话题之间的联系性，将大量话题语句分散和聚类正是第三个技术预见时代"分子性"的体现。

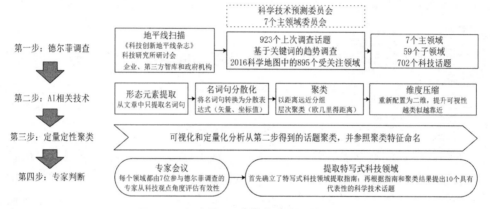

图 8.2 日本第 11 次技术预见实施过程

数据来源：从日本第 11 次技术预见调查初步报告整理而成。

第二，从定量技术预见方法起步，再采用定性方法斟酌定量方法研究成果的妥当性，并进而提出了特写式科技领域（Close-up Science and Technology Areas），整个过程正如相机特写镜头，不断缩小至合适的范围，重点捕捉关键研究话题。定性方法贯穿了调查的始终，在德尔菲法中通过对地平线扫描（Horizon Scanning）、上次调查的科技话题的反思，最终筛选出初始话题；在人工智能技术中提取的科技话题聚类，仍然是通过专家评论后命名，最终提

---

① LINSTONE H A. Three eras of technology foresight [J]. Technovation, 2011, 31 (2-3).
② 科学技術政策研究所. 第 11 回科学技術予測調査：2040 年に目指す社会の検討（ワークショップ報告） [DB/OL]. （2018 - 09 - 25） [2023 - 08 - 02] https：//www. nistep. go. jp/archives/38097.

取出特写式科技领域。定性方法在本轮技术预见中完美地充当了定量方法的优化方法。

第三，分步骤地层层缩进式聚焦，形成特写式科技领域，并成为科技创新政策的重点对象。特写式科技领域筛选过程，深刻地反映了本次调查的内在逻辑。初始话题首先继承了上次调查的成果，又结合了最新的地平线扫描，保证了研究的前沿性和稳定性；缩进方法也极具独特性，此前的调查中都是通过专家来划定科技话题的领域，而本次的人工智能方法能破除专家个体的判断局限，推动科技话题遴选更符合实际的学科领域发展态势；最终的聚焦点仍然是通过专家讨论形成，避免了人工智能技术不完善而可能产生的失误。

第 11 次日本技术预见最终目标是形成一套稳健的技术策略，这是对第 10 次技术预见规划的一次突破。人工智能式转型和特写式科技领域的提出，说明日本正在进入第三个技术预见时代，从信息化向智能化和无人化方向迈进。

第三节　政府科技规划编制的科学调查策略

一、基于技术预见的科技规划基础性调查模型

技术预见实施方法的背后是日本技术预见调查设计的逻辑模型。深挖日本技术预见的精妙设计，才是学习并超越的起点。本章节经过对日本近 11 次调查过程后，提出如图 8.3 所示的日本技术预见调查设计模型。日本技术预见设计模型的主线是"技术预见方法库构建→调查思路→调查实施→综合判别→科技政策规划战略"。设计主线按部就班地向前推进，设计革新主要体现在"支线"上。整个预见过程既保持了总体的稳定性和连贯性，又在每轮调查中展现出独到的特色；尤其中间的三步存在明显的"阶梯式调适"过程：技术预见调查的创新"阶梯式贴近"康德拉季耶夫长波论和技术预见的时代特征，形成了每次调查的创新量变和每个预见时代的创新飞跃。

第一条支线是技术预见的方法库构建：（1）自启动以来就以德尔菲法为主，而后又补充了情景分析法、需求分析法、研讨会法和远景分析法等基础性方法。这些方法的选取或更改，反映出不同时期调查的特色性。比如，第 7 次调查最大的特色就是增加了需求分析法，推动技术发展动态和社会发展需求的结合。②增强性方法包括人工智能技术、聚类分析法、层次分析法等，这部分方法多是在原有调查方法上的提升，比如人工智能技术方法是对"专

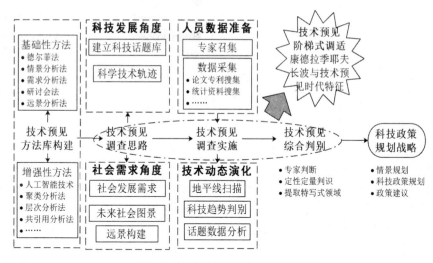

图8.3　日本技术预见调查设计模型

家经验判别关联性"的技术性提升，目标是找出技术领域和技术内容之间的关联程度，并不是基础性方法。

第二条支线是技术预见调查思路。（1）技术趋势思路：日本第一个技术预见时代重在窥探未来科技的自身发展趋势，而忽视了对解决社会发展问题的功用分析，影响了技术预见成效。（2）社会需求思路：日本第二个技术预见时代开始先考虑社会需求，再探讨技术发展趋势，推动技术趋势优先满足社会需求，这虽对社会发展有较大好处，但是很可能制约了技术革新。（3）技术—社会权衡性思路：日本第三个技术预见时代采用人工智能技术，再与未来远景分析和情景分析联合使用，正是兼顾技术发展客观性和社会发展需求的设计思路。

第三条支线是技术预见调查实施，包含人员数据准备和技术动态演化两个阶段。（1）专家人员配置调整是调查实施的难点，日本从早期的固定分组发展为更灵活的分组，关注交叉学科人员归类对预见结果的重要影响，以契合技术发展形势、学科领域调整和社会发展阶段的变革。（2）技术动态演化的常用实施方法有地平线扫描、科技趋势判别和话题数据分析等，其中地平线扫描用于探索科技前沿，后两者则主要是从技术发展现状角度形成的判断。

主线第四步和第五步分别是技术预见综合判别和科技政策规划战略。通过组织专家从定量判断得到的技术趋势中筛选出最有价值的研究话题，早期调查主要依赖于专家的判断，而现在专家主要作为客观技术预见所得结果的把关者；进而，从情景分析、德尔菲分析中提出与技术趋势匹配的科技政策规划及建议。

二、政府科技规划科学调查水平提升建议

我国至今仍缺乏稳定、连续、系统的国家技术预见；科技规划编制经常缺少前置支撑；所处的国际经济科技竞争环境与 1970 年的日本非常相近。结合这些现状，综合考虑萃取的模型，提出四点建议。

（一）推动建立异质化的技术预见体系

中国各省份经济、科技发展不均衡，技术预见独立调查能力也有较大差距。因此，提出了"以国家为中心的技术预见调查"和"以地方特色为重点的科技政策规划"的异质化技术预见体系，更符合中国的国情和发展需要。

一方面，当前亟须建立稳定性和周期性的国家技术预见制度。虽然中国已经开展了中国工程科技 2035 技术预见研究等初步探索，但仍没有国家技术预见专门机构，致使工作的稳定性、连续性和系统性缺乏保障，对技术产业的导向性弱。虽然上海等发达地区早在 2001 年就启动了以 5 年为周期、15 年为预测期的技术预见，但国家技术预见需要一个相当强大的国家级专家和研究团队，集聚大量的人力、物力和财力展开调查实践，单靠一个省市很难完成；而其他大多数省份都只是制定技术规划，且内容大量重复，科学性和导向性受到质疑。应学习日本举国之力开展国家技术预见调查，充分研讨后再制定全国性科技规划。

另一方面，特色型和分布式的地方科技政策规划是地方科技部门的重点任务。地方科技政策规划应是结合省情并对国家技术预见报告的解读和延伸，但不考虑省情的互相模仿仍然存在于当前各省市的科技规划。应学习日本技术预见调查，将落脚点放在科技规划上。地方科技管理部门需要积极参与国家技术预见调查，学习使用国家技术预见报告，找准地方省域在全国技术发展的定位，对焦省情找准重点开发的技术领域。而对全国而言，将"关键尖端技术"分布式地散落在优势省份，合力角逐世界科技前沿。

（二）提出具有时代感的技术预见思路

"时代感"是要参照康德拉季耶夫长波时代特征，捕捉技术预见方法演化规律，提出有社会价值且与技术发展匹配的创新思路。日本三个时代的思路嬗变，经历了从技术本体出发到技术—社会相结合过程，检验了技术的社会

塑造性和未来社会情景分析的合理性①，"技术—社会权衡性"也亟须应用在中国工作实践中。

首先，这种思路能够充分探测技术的可能性，最大程度地释放技术潜力。单纯分析技术发展趋势，很可能会产生一些"无用的先进技术"，不仅占据和消耗大量资源，而且对社会发展的推动作用有限；其次，技术—社会权衡性思路有很强的"社会性"。加快引进社会需求分析、未来远景分析和情景分析等方法，将技术纳入社会场景，刻画未来中国社会中的技术应用环境；最后，技术—社会权衡性的"适中度"的把握尤为重要。应切合中国社会的需求，并考虑全球化环境下的国际需求，重点关注"卡脖子"技术领域的革新，促进负责任创新，提升中国关键技术的独立性。

（三）加快形成技术预见方法库和专家库

应加快形成中国的技术预见方法库。第一，应学习日本保持对经典德尔菲法的调适，并从学术研究中吸纳新方法；再面向使用者开展人工智能、远景分析等先进方法的专业化培训，摸清技术预见方法的种类、区别、使用目标和预期成效，如人工智能技术的优势在于挖掘海量数据中潜在的技术融合和发展动态。第二，应重视对技术预见方法的科学研究，促进创新管理、政策研究和大数据分析等学科联合推动方法革新，跟进和引领世界技术预见方法前沿。

应构建灵活匹配的技术预见专家库。一是要扩大专家覆盖范围，囊括多样化社会需求，既包含学者、政府管理者和产业界人士，又吸纳社会科学专家，形成社会发展专家分库，甚至让公众参与技术需求和社会图景调查；二是要增强专家的学科灵活性，为了规避专家误配风险，建立专家库时应标签化管理技术领域专家，便于调查时灵活调配；三是要学习日本，积极开发技术预见软件，提升专家评价的便捷性和实时性，节省数据采集的时间。

（四）找准技术预见和科技规划的落脚点

当前中国技术预见和科技规划的边界尚不明晰，在一些省市内容重叠。这主要是因为技术预见和科技规划的结合点是"前瞻性"②：如图 8.3 所示，

---

① URUEÑA S. Understanding "plausibility"：A relational approach to the anticipatory heuristics of future scenarios [J]. Futures, 2019, 111.

② STEINMÜLLER K. Grundlagen und Methoden der Zukunftsforschung：Szenarien, Delphi, Technikvorausschau [M]. Gelsenkirchen：Sekretariat für Zukunftsforschung, 1997.

技术预见主线的最后一步是"科技政策规划战略",其中涉及科技规划的部分内容,但技术预见的规划更多是未来技术应用的社会场景预测和推进科技发展的政策建议。日本的两种实践定位非常明晰:技术预见以获取科技未来发展的客观趋势为目标;科技规划则是政府或者产业组织对未来科技发展路径的主观战略。

我国应尽快明确技术预见和科技规划的差异性定位,找准两项工作的落脚点。第一,应提升技术预见的客观指向性,以技术与社会图景的互动关系为纽带,考究未来社会场景下的技术应用和辅助性政策的开发;第二,开展技术预见调查报告评估,重点检测技术完成度水平,从而循环往复地改善研究方法和过程;第三,以技术预见的研究报告为基础,设计国家科技规划,使得规划文本有据可循。以五年为周期的国家科技规划应重点扫描技术预见报告中的近期技术潜能,而中长期科技规划更需要参考技术预见成果,这主要是由于技术预见的时间通常都有 20 年及以上,日本达到了 30 年。参考技术预见成果的国家科技规划更符合技术和社会的发展规律。

第四节　本章小结

本章节重点讨论了技术预见作为科技规划的科学调查基础活动。日本是世界上国家技术预见工作开展时间最长、成熟度最高的发达国家,该国连续50 年不断改进和革新预见方法。选取日本作为案例,不仅极具典型性特征,而且也是东亚国家,在文化和科技方面有一些相通性,研究的结论能够对我国当前开展战略性新兴技术的预见和规划编制工作,乃至国家技术预见和科技规划提供很好的帮助。本章节参照康德拉季耶夫长波论,从 75 份日本技术预见总报告、调查过程设计报告和辅助性资料等文本中,全面透视了日本技术预见方法演进革新历程并提出了"三个时代"的阶段性划分。研究发现,日本国家技术预见先后经历了"德尔菲法的持续改进""预见分析法从单一走向多元""人工智能化技术预见"三次跃迁,由此萃取了日本技术预见调查设计模型,并提出对中国相关工作的启示。

第九章

科技治理与创新系统共演优化建议

本章节的优化建议主要是在围绕主要章节研究内容和实证分析的基础上，凝练总结出针对科技治理与创新系统共演的优化建议。这里主要从五个方面提出建议：第一，加强研判全球创新态势，促进政府科技战略的科学化过程。政府制定宏观科技政策应更加关注全球创新形势，提升研判的技术能力，增强科技规划的落地能力。第二，释放区域创新动能，提升功能区经济质量效率。加强对高新区、经开区等功能区的建设，激发功能区建设改革与行政区的融合匹配，改善功能区的创新环境。第三，推进社会科技奖励，激活微观创新社区集群化发展路径。提升社会科技奖励的影响力是当前我国发展的重点，尤其是缺乏具有世界性影响力的社会科技奖。第四，把握新兴技术周期，提升政策资源投入的有效性。政策投入应提升稳定性，尤其是在具有发展潜力的技术上，而非随着媒体炒作产生过大波动，应加强稳定的基础研究和应用研究的投入。第五，世界发展变局不仅表现在科技治理的本身，还表现在科技治理的影响力上，提升科技治理的模式化和样板水平，为发展中国家和新兴经济体乃至世界科技治理提供一个快速发展的科技治理模板，将创新系统引领力作为科技治理全球推广的价值体系，将成为未来一个时期中国科技引领世界的关键。

第一节 研判全球创新态势促进政府科技战略科学化

研判全球创新态势正在成为政府制定科技战略的关键准则。在全球化和逆全球化盛行的国际环境下，政府和企业仅关注本国或者本区域的创新发展水平已经远远不够，将本国和区域创新系统纳入到全球创新系统中，分析引领全球的创新过程尤为关键。世界科技创新格局已经不再是完全以美国为中心、欧美全面领先的状态，以中国、印度为代表的亚洲新兴经济体的科技崛起，正在成为推动全球科技治理过程的新状态。在这种背景下，政府提升对全球创新态势的理解将能够为制定科技政策，促进本国创新提供更为准确的政策导向。政府创新资源的投入尤其关键，如何引导创新资源流向最具潜力的技术创新方向，增加社会发展的科技驱动力，成为各级政府制定科技战略最为重要的目标。全球各国在科技领域的竞争不断激烈，加强对创新的投入成为国家发展的关键方式，尤其是在未来科技产业布局上，缺乏明确的发展方向或者误判了发展趋势，将使得整体的经济和科技发展滞后于世界平均水平。在不同国家的创新系统中，政府在科技治理中的作用有一定差异，但是基本能确定的是政府都普遍发挥着非常重要的作用。如何科学地制定政策并有效地执行政策，对创新系统的影响非常深远。

一、增强对创新态势不确定性的理解

创新态势的不确定性是把握创新态势最为困难的问题。创新态势的不确定性不仅表现在技术发展和演化的不确定性上，而且表现在社会期待、政策投入、市场反馈等多个方面。创新态势的不确定性从技术发展上看，表现为创新态势的预判较为困难，仅靠政府科技管理部门很难预测技术发展的趋势。政府制定科技中长期规划和宏观科技政策时，发达国家普遍偏向于基于集体决策的创新态势判断，通过集体决策来提升创新态势判断的准确性，但即便是集体决策和反复研判，技术态势的判断也不能做到百分之百的准确，只是比单独的决策更有优势。德尔菲法是最早的科技发展态势集体决策的研究方法，这种方法经过了几代的发展，已经日渐成为开展技术预见和科技规划的基础性工作。而目前我国的德尔菲法技术预见还不够体系化和规范化，从技术创新预见能力和集体性角度还缺乏对于模糊性更细致的探讨。从比较各国技术路线图和科技规划的调查编制可知，我国在技术预见和科技规划编制科学化上已经取得了长足的进步，已经从较为依赖决策者经验判断的科技决策逐步转变为技术预见和经验判断并重的科技决策模式。为了进一步降低因为创新态势不确定性带来的决策难题，这里提出四点优化建议。

第一，提升德尔菲法参与调查的专家类型，完善德尔菲法的决策权重，将技术的发展预测交给更多对技术感兴趣的专家。通过丰富专家类型和专家数量，发现更多的技术发展可能的轨迹，这也是对技术预见的价值使用和应用性更大的支持。德尔菲法不仅仅是传统意义上的专家咨询，更强调通过多轮的判断和意见修改磋商的过程实现技术发展轨迹的可靠性主观推测。虽然这种推测方法有一定的主观性，但是如果能充分挖掘决策专家的类型，丰富决策专家的选择，那么就能够较为全面地掌握不同专家对于技术发展的未来可能性，这种可能的潜力对于企业发展也有更大的贡献。不少企业可以参考

这种技术预见结果，对企业的技术投入和技术选择产生更好的作用。

第二，将德尔菲法与大数据技术分析相结合，推动智能化的德尔菲技术，提升德尔菲专家咨询的数据丰富性和联想能力。大数据技术正在改变着技术预测和更为丰富的技术预见，单纯依靠人工统计和简单的软件统计已经不能满足当前智能化的决策需求，尤其是当前的技术发展速度和迭代过程越来越快，这就使得单纯地依赖人工或者简单统计不一定能够满足需求，德尔菲法的缺点也变得更加明显。德尔菲法的主要缺点就是整体的运行过程较为复杂，通过专家库构建和联络专家参与调查会花费非常多的时间，之后的统计和分析又非常耗时。这些缺点在当前技术发展飞速的环境下，德尔菲法的测算结果越来越受到主观性和效率低的影响，似乎不是最高效的预见方法，但不可否认的是德尔菲法的专家咨询和反复研判确实具有明显的预测优势，这从日本技术预见的结果就能看得出来，日本的技术预见准确度是相当高的。所以，建议将德尔菲法和大数据技术分析相结合，提升问卷调查的发放精准性和判别结果可靠性，这个过程中，能够对德尔菲法的效果和效率有较好的提升。

第三，加强对不确定性的原因分析，提升对技术发展不确定性的认识。导致技术发展不确定性的原因是多方面的，技术发展的不确定性有时是因为技术本身研发存在的困难或者技术种类的更迭，也有时是因为不同社会环境的应用驱动。对技术发展轨迹的研判应该考虑技术种群的发展，而不是单一技术的发展，从技术种群中找到促进或者抑制发展的原因，一些技术的发展停滞是因为有了更新的替代性技术，这些技术能够替代技术原有的功能，这种情况下，新技术种群的出现或者替代会导致旧技术种群的停滞甚至是退出，也有可能是因为技术所处的社会环境变化导致的。技术的前景是否被看好，是否有相应的政策和资本资源的支持，也是导致技术发展不确定性的关键性原因。政策和资本的流向受到的影响因素很多，应调控一些不合理的流向，加强政策和资本的合理流动，减少资源浪费，提升技术发展投入的稳定性，尤其是对于一些对社会发展和整体变迁极为有用的技术，更应该加强投入，并增加稳定性投入。

第四，加强对创新基础上的科学研究，提升对基础和应用基础科学研究的支持。技术的发展虽然具有很强的应用性，受到市场的影响较大，但这并不意味着技术只依赖于市场的需求波动，技术发展的不确定性的另一个非常重要的方面就是科学的发展。而科学的发展并不一定是受到重视的。多数时期，政府对科学的支持只关注当前对技术和市场影响较大的科学领域，许多科学领域处于不受重视的状态，这使得科学研究者往往会根据政府科学投入开展研究，而一些重要的基础性研究则很容易被冷落。而在这个过程中，政府往往不会过多关注，这就使得原有的技术发展实际上会受制于一些科学投入的政策偏见，但从科学发展的过程而言，促进某一项技术发展和迭代的科学有可能是来自于其他的学科领域，这就使得在一些情况下，政策偏好的科学领域并不一定能够产生重大的技术影响，而另一些不受重视的科学领域也有可能对技术的迭代产生重大作用。而在此过程中，就需要政府能够加强对科学的投入，在一些时期，并不一定要过度投入在某一科学领域，适度地调配资源促进科学研究有时候更重要。

二、采用人工智能辅助态势判断决策

在人工智能技术不断发展的时代，推动人工智能和人脑共同为科技决策提供智力支持。科技决策本身也是个复杂的工程。科技决策是政府科技战略科学化的核心环节，提升科技决策的科学性需要从多方面入手，人工智能技术的快速发展成为辅助科技决策的利器，能够提升科技决策的科学性和有效性，加强决策的技术支持能力，强化在不同博弈场景下，各级政府部门和创新系统中的各类主体的协作配合，增强决策者做出科技决策的预判性和方向性能力。科技决策的智慧化，不仅是计算智能的快速发展，更是对感知智能和认知智能的高度应用，提升未来决策过程中的人机互动过程，降低科技决策的风险，增强科技决策的场景设置能力，改善信息不对称和遗漏关键信息的决策难题。人工智能辅助科技决策通过对多个技术领域的数据读取和数据分析，能够同时掌握海量信息，远远超过单一的专家掌握的认知信息，能够更好地为获取科技发展轨迹和相关科技情报提供更好的决策辅助。这里将人工智能辅助科技发展态势决策的优化建议归纳为四点。

第一，加快人工智能辅助科技决策的技术和平台开发，建构海量的科技发展信息的数据库。集聚目前人工智能领域的专家团队，分技术类别建立起辅助科技决策的人工智能技术平台，提高人工智能技术使用的便捷性，降低使用人工智能技术的高门槛，使得更多的决策者能够利用这个人工智能信息平台。人工智能辅助科技决策的平台建设，应重视对技术预测态势的阶段划分和技术种群的划分，提升技术的分类有效性和交叉性，尽可能将技术的发展信息囊括在人工智能辅助决策的系统中，提升系统使用的友好程度，减少平台使用的障碍。加强对科技发展的技术发展优势和劣势信息时时跟进，提升决策者的信息使用效率。人工智能技术辅助决策平台的开发，应该重视对全球主要发达国家的技术发展进展判断，从世界大国的技术发展进展态势的信息集合中开展数据分析，帮助决策者了解世界主要国家在技术发展中的进展和状态，从而为政府推进科技治理提供一个更好的窗口。人工智能辅助决策平台的开发应重视技术态势的研判和发展能力，为科技决策者提供一个能够获取即时和有效信息的平台。

第二，人工智能技术辅助决策并不意味着要替代科技决策。当前人工智能和大数据平台已经在一些领域的政府部门应用开来，较为常见的问题是将决策的权力让渡给技术平台，从而决策失误时规避决策者的责任。为了减少这种情况，在科技决策和治理过程中，建立人工智能技术辅助决策的平台并不意味着要将决策的权力交给技术平台，人工智能技术在决策过程中只是发挥着辅助性作用，而归根结底还是应依靠人工判断来最终决定是否使用技术平台所提供的技术决策建议。人工智能辅助平台建立的同时还需要有一套使用平台和辅助决策的制度规范和风险管理措施，不能盲目地将技术的发展方向和政策的投入都交给技术平台来做决策。科技决策专家仍然是最终确定是否发布科技决策的决定者，在这个过程中，科技决策不再单靠专家判断，能够减少人工判断的认知局限，但也不过度依赖平台系统，防止技术平台的信息不准确以及尚未考虑社会发展的实际情况等问题。人工智能技术的决策手段尽管有一定的科学技术支撑，但专家判断仍是一种具有专业性的发展意见。

第三，加强人工智能技术对社会场景信息的理解，推动社会场景信息的基础性建设。人工智能技术的发展对社会场景的描述和理解能力对科技决策非常重要。科技决策并不只是对技术发展态势的研判，还包括对社会场景的认知。社会场景信息是人工智能辅助决策中关注社会应用和社会需求的场景信息。社会场景也是技术使用和技术市场的实现场景。在人工智能平台的应用过程中，增加技术对社会宏观信息的把握，比如经济发展水平、技术的应用场景、技术的使用状态、用户群体信息等，增加对技术所处环境的信息描述，有助于增加科技决策的综合性判断，这种决策才能够贴合技术在社会中发展的场景，而非只关注技术发展却不考虑技术的社会应用，这样会导致科技决策缺乏必要的发展性和场景性考虑。提升人工智能技术对科技发展场景的解析，应着眼于科技与社会的相关专家，而不能仅关注技术研发专家的观点，科技与社会的相关学者目前在我国的发展还处于初始阶段，在许多方面还不够成熟和成体系，培育既懂技术又懂社会场景的专家是未来一个阶段技术与社会方向的重点工作。

第四，提升人工智能辅助决策应用的政策管理水平。建立一套管理人工智能辅助性决策的政策，将人工智能辅助决策的政策管理作为科技治理变革的重点方向。推动科技治理变革更加智慧化和体系化，尤其是打通各级科技管理部门在科技决策的信息互联，将联动性作为创新系统政策建设的重点。目前的科技治理变革尚未考虑科技政策之间的联动性，或者是考虑联动性，却缺少更为准确地描述联动性效果评价，这就需要建设一套政策管理制度，加强科技政策的系统性管理。地方科技政策能够增强对中央科技政策的支撑，中央科技政策能够对地方科技政策起到更好的宏观引领作用，在不同层级政府部门之间能够快速掌控科技政策调整和改革的动态，快速分析政策的动态变化，这些都需要人工智能技术的辅助。同时，建立起管理辅助决策的规制，促进科技决策者敢于决策，能够在适当的决策范围做出最有效和最高效的决策。把创新态势的研判能力和科技政策的结构变化信息通过技术手段呈现出来，为科技政策的决策者提供科技治理改革的思路。

三、加强技术对科技战略规划的支撑

科技规划的重点是对科学和技术的发展状态和未来前景的计划和分析，科技战略规划的合理性必须受到管理技术的支持。采用先进的管理技术和不断更新的管理技术，能够对科技战略规划给予更好的架构。科技战略规划的技术支撑问题一直是困扰科技战略制定者的难题，过于复杂的技术会影响决策效率，过于简单的技术通常又难以发挥足够的解释力，很难对复杂的科技战略规划问题起到应有的作用。在这种情况下，如何去选择技术支撑成为众多决策者面对的难题。在现有的管理环境下，技术支撑的讨论仍然主要在学术讨论之中，在应用上较为成熟的技术还非常少。这都为未来科技政策的发展提供了极大的空间，寻找支撑科技政策判断的技术，需要在管理决策和技术研发两方面发力，单靠技术引入很难解决复杂性决策的问题。尽管现在有一些人工智能技术和大数据技术加入科技战略规划的基础性信息搜集，但这些技术仍然主要是技术研发型，这些技术与管理决策的衔接度存在很大的问题，很多技术过度依赖于数据，分析出的结果也和决策者所期待的信息相差太多，尤其是在管理决策中，政府管理决策所考虑的问题远比单纯的技术分析结果要复杂。针对这个问题，这里提出三点优化建议。

第一，加强对技术预见系统方法的科学研究，提高我国技术预见方法在世界范围内的学术水平。当前的技术预见方法使用还主要是跟随发达国家或者管理水平先进国家的政策使用，技术预见方法的理论研究在国内管理学界有一定的基础，但是技术预见的方法创新还是短板，在未来一个时期，应鼓励技术预见相关学者加快开发能解决中国科技政策设计难题和符合中国实际

的技术方法。另外，技术预见方法的系统性还不够好，许多新兴的技术预见方法在国内的管理实践中应用很少，而由于语言文化差异，照搬国外的技术预见方法也不一定能够解决我国的技术预见问题，这就要求激发我国的管理学研究者重视技术预见方法的研究，政府应在这个方面给予更多的科研引导，这对于服务国家科技战略的技术方法较为有利。科技战略规划的编制应该充分利用和探索一些前沿的管理技术，提升国家科技战略规划的技术水平，重点提升管理技术服务于政府管理实践能力，将管理水平和决策质量作为评判技术预见方法选择的关键，而非偏向于简单好用但实际效果一般的管理方法。

第二，加强对科技战略规划决策者的管理技术应用培训，提升决策者认识和使用先进管理技术的能力。发达国家技术预见团队往往会通过一些管理培训课程面向学术、政府和企业的管理者开设一些技术预见方法的专题培训，帮助他们尽快地理解技术预见的管理方法，提升其在未来科技战略规划过程中对技术预见方法的理解和应用能力。在这个过程中，增强了学术研究与政府管理者、企业管理者和对技术预见方法感兴趣的研究者的联络，通过这种联络，技术预见方法的应用性得到很大提升。在英国曼彻斯特大学商学院创新研究所，每年都会为政府、企业的管理者和学术研究者提供技术预见课程培训，这个培训项目还会吸引全世界发达国家的政府管理者的参与。这个项目培训对推动技术预见和科技战略规划的管理决策科学性有很大帮助。我国在技术预见领域目前还缺乏类似的培训项目，尤其是一些有影响力的培训项目，这是未来国内技术预见研究者可探索的一个实践性的领域。科技战略规划决策者应加强这方面的学习，从而能够提升技术预见方法和研究结果对科技战略规划决策的应用。

第三，提高技术预见对国外前沿信息的获取和支持，而不能只关注国内的技术发展态势。技术预见方法的理论和实践都应该将全球技术发展的前沿作为跟踪目标，在探索国内技术预见的发展能力和应用效果的同时，也应该重点开发英语、德语、日语等技术预见信息搜集系统，辅助我国决策者了解世界主要发达国家在技术战略和技术决策上的前沿动态，从而为我国的科技战略决策提供充分的信息。在全球化融合度不断加深的时代，关注国际科技政策的动态，并了解国外对于技术预见和科技战略的制定模式，有助于我国在科技治理变革中吸取一些先进经验，提升管理技术达到世界一流水平。当前在技术预见应用上，对国外的技术发展态势的关注还不够，但是对国外科技政策的分析已经有了非常大的进步。技术预见的信息获取应该对全球的创新态势有一定的把握。科技治理变革的方向能够在全球发展态势中有个宏观的把握，敞开大门去了解世界发达国家的科技治理新方向，对增强我国科技治理的国际化水平有充分支持。

第二节　释放区域创新动能提升功能区经济质量效率

释放区域创新动能，是区域高质量发展的关键。在区域创新系统中，创新动能与经济质量效率紧密相关，尤其是在国家大力推动高新区和经开区建设的过程中，经济功能区对区域创新的作用非常显著，那么如何推动这些创新区发挥出创新动力，而非将创新区变成了低端加工区，这就需要在政策上对创新给予更多引导和支持。许多高新区和经开区在经济质量效率上表现还不够好，释放创新动能是功能区政府管理者最需要考虑的问题，创新经济区的建设还需要更多的政策引导，才能有助于走上创新发展的道路，单纯依靠市场调节往往是不够的，市场调节更重视经济效益，但低质量的经济效益能使得经济规模变大，却不能使得经济质量变高。这就需要功能区政府管理者能够有更多的科技治理创新手段，将创新功能区的创新性发挥到最大程度，促进区域创新系统内部资源的耦合和协作，形成区域创新中心和外围加工制造中心。充分发挥区域创新系统的资源协同效应，提升政策对资源的集聚能力，扩大区域创新对国家创新系统的支持能力。释放区域创新的动能，应从提升创新政策的跨层级联动性、理顺区域创新系统内的政府间联系和激活区域创新的政产学研协同生态方面入手。

一、提升区域创新政策的跨层级联动性

区域创新政策的跨层级联动是当前创新政策的一个主要短板。层级之间的创新政策存在明显的重叠和交叉，重叠的创新政策会导致部分重点或者热门产业领域得到重复的支持或者引导，这虽然有助于集聚政策和资本资源，促进热门产业和重点产业的发展，但也带来了重复建设和资金浪费的问题，很多资源过度集中在少数几个产业上，也使得整体的创新效能没有得到充分激发。区域创新政策的决策者往往是根据国家宏观创新政策的投入情况来计划本区域的创新政策，但是能否结合本区域的发展实际，有时候并不在考虑范围内，重点产业和热门产业的支持力度没有一个很好的研判，加上媒体对热门产业的报道和关注，导致了在一段时间内这些产业会受到极高的支持，但是一旦这些产业的发展并不能按照发展预期取得成果和业绩，很多投资就

会被浪费在一些盲目的投入上，区域政策资源没有保持适度的平衡。跨层级的政策联动性问题，应充分考虑政策与政策之间的协调性问题，将宏观、中观和微观政策设计能够以更好的联动方式联系起来，推动政策结构的联系能力。主要应从三个方面提升这种跨层级联动性。

第一，推动跨层级政策联动之中的部门协作能力。跨层级政策联动效果不佳的原因之一就是部门协作能力不足，在不同层级之间的沟通协调能力不够。尽管目前政务智慧化已经有了很大进步，但政府服务部门之间的政策设计传导能力还不够。很多部门之间在制定政策前后对上级政策较为了解，但对下级政策的了解不够，缺乏充分的实地调查。在这种状态下，很容易出现政策的结构不合理。宏观层面的政策解释在省市级的理解不够到位，省市级的政策在宏观政策制定过程中没有充分了解情况。加强层级之间政策设计的部门协作，如政策研究部门应重点分析上下级政策的联动能力，梳理政策之间的协同效果，推动部门之间的沟通和解释渠道的畅通，基层政府管理者不能只做"传话筒"，还要具备能够解释政策的能力，为产业界需要的政策服务做好解释和分析，帮助企业获取更多的政策支持。基层政府管理者应该加强对产业发展障碍的了解，深入分析功能区在土地、资本、创新资源利用上的短板，提升创新发展的空间和环境，提升对产业的治理能力协作，帮助企业切实解决发展中的资源障碍，鼓励企业与园区周边高校院所的创新资源整合，增强产学研协同发展的行动力，充分利用本区域的创新优势资源，鼓励政策执行的跨层级部门的沟通。

第二，完善跨层级政策执行协作性的效果评价。跨层级政策设计的协作性和执行的协作性是区域创新政策成效的关键。从政策设计的协作角度而言，区域政府管理者应该加强与上级和下级部门在政策出台前的调查，了解政策对象对政策的内容建议，了解上级管理部门对区域发展政策的建议，将不同层级的管理者和管理对象的观点进行整合，服务于本级政府管理者在科技创新政策上的设计效果，这种在设计上的协同过程是目前政策设计中较为缺乏的内容，很多政策在出台之前政策对象对政策的了解程度并不高，这实际上制约了政策设计出台前的完善能力，使得许多科技创新政策的效果没有得到充分发挥。政策的执行协同也是一个关键内容。执行协同主要表现在能否在政策执行过程中保持统一的发展思路，这种统一性不仅表现在时间层面，也表现在空间层面。从时间上看，政策执行的统一性能够提升科技创新政策在区域内保持相对稳定性，从而解决政策变动调整过于频繁的问题；从空间上看，政策执行的思路应该有一个统一的协同执行适配过程，当政策之间存在一些分歧时能够尽快得到政策执行的最佳方案。推动跨层级执行协作效果评价体系，增强区域创新系统管理者对政策执行协同能力的理解。

　　第三，提升政府服务平台的跨层级数据分析能力。推动区域创新的服务精细化和专业化水平，关注高新区和经开区政府在功能区服务上的平台建设，完善平台数据的跨层级数据对接能力。提升政府服务的数据存储能力，在上级部门能够通过政府服务平台快速获取创新区的政府服务情况，从而能够对区域政策设计和宏观政策设计提供直接的数据支持，这将有助于区域创新的政策协同效果，在很多情况下，上一级政府管理者获取区域创新数据较慢，这主要是由于系统之间的对接能力不够，较为依赖年度的统计和汇总。通过打通跨层级的数据平台，能够快速地掌握数据，这对区域和宏观科技管理都有好处。政府服务平台的智慧化建设还需要将政府服务的端口标准化，提升数据统计的标准化水平。比如，对企业开展的项目资金申报审批数据、环境评价和环境许可数据、社保补贴数据等，这些数据的统筹和实时更新能够更好地服务于政策设计和情况摸底。除此之外，园区的招商引资、人才引进、高技术企业申报、物业管理数据等，都应考虑纳入跨层级数据分析平台中，在这个过程中，能够较好地帮助上层管理者了解区域创新发展的水平。从对症施策的角度，这种数据管理模式应该在未来区域创新中得到充分的应用，而这在技术上已经并不是难题，最重要的还是要消除一些管理观念上的障碍，提升和完善政府服务的一体化水平，这不仅有利于创新区的企业集群发展，也有利于政府管理者加快政策改革创新，设计出更符合创新区域发展实际的政策。

二、理顺区域创新系统内的政府间关系

　　区域创新系统内的政府间关系能否理顺对区域创新系统府际关系优化至关重要，也是创新资源优化的关键组织。区域创新系统内的政府间关系主要是功能区和行政区之间的关系。功能区和行政区是区域创新系统中资源管理的政府组织，但是功能区的重点在于区域内创新资源的利用，行政区就更为全面，功能区的典型代表包括高新区、经开区、自贸区等类型。行政区和功能区虽然都是政府管理机构的一种类型，但是功能区更偏向于经济领域，是一种在经济领域上的区域划分，主要是为了促进区域经济的发展设立的。行政区和功能区在许多城市中都有重叠之处，多数的高新区或者经开区都是在行政区划范围内的，虽然近年来有少数的功能区转化为行政区，但是多数功能区和行政区在城市中为相对分离的政府部门，由于管理区域存在重叠，这

就使得行政区和功能区之间的关系尤为重要。在这种情况下，行政区普遍是大于功能区的。由于设置时间长短不同，功能区内部又有一些新的划分，比较常见的情况是经济开发区设立的时间较早，发展相对成熟，高新区则设置时间晚，各方面运行存在一些不完善，但到具体的城市，也不完全如此。而从功能区与行政区的形式上看最为常见的包括功能区是市级政府的派出机构，也有的是功能区与行政区完全统一在一个单位之下。从区域创新生态系统上看，两者在大多数情况下并不是上下级的关系，这就使得在同一块区域上实际上产生了两个政府管理的主体。从理顺行政区和功能区的关系角度，这里提出三种优化的思路，以促进区域创新资源的优化整合。

第一种优化思路是推动建立功能区与行政区的职能部门分界，将行政区和功能区在政府服务职能上能够有更为清晰的界限。通过厘清界限，促进行政区和功能区在职能管理上减少重叠的服务。整合功能区和行政区的功能服务，促进功能区和行政区在相对界限清晰的状态下开展政府服务和管理。功能区的设置通常主要是以经济发展为中心的，那么在功能区的功能划界上应该以高新技术产业、经济财税等问题作为重点，而对其他行政职能进行有效的剥离，将这些行政职能划归到行政区的管辖之下。通过明确划定功能区和行政区的职能范围，进一步提升政府服务的办事效率，改善营商环境。在政策适用上，功能区和行政区也要进一步做好分离工作，减少一些在功能区和行政区政策设定过程中的不适用情形，能够在政策设计过程中处理好政府部门之间的协同关系，将政策协同作为政策设计的最后筛查工作，减少政策执行过程中的政策不适用现象，鼓励功能区和行政区能够在涉及功能交叠的情况下积极开展预先磋商，为企业提供更加高效的管理服务，减少因为政策不适配带来的困境，减少企业在政策资源利用上的多边联络的问题。

第二种优化思路是推动功能区和行政区的资源整合，合并相近的管理部门，成立主管高新技术产业园区、经济技术开发区园区的专门机构，将政务服务整合在一套系统之下。在目前的行政区和功能区管理中，一些城市已经在探索建立这种模式的资源整合型政府部门，从而减少因为功能区和行政区部分功能重叠而带来的困扰，这种改革的思路也较为符合管理的实际。功能区的设立实际上是为了抓经济和抓创新的一种举措。而将功能区与行政区政府的管理部门纳入整合的范畴之下，但是在内部部门的设计上又有单独的设计，这种方式能够加快两套人马的即时沟通，促进政策设计的统一性和协调性。从经济发展的角度，行政区和功能区在经济发展的关注上有很多共同之处。在这种模式下的一种优势是能够精简人员机构，但是如果处理不好，则会影响原有的高新区或者经开区的创新经济发展，由于功能区对企业的服务日渐专业化，因此，设置高新区和经开区的目标是为了加速区域经济和创新水平的提高，整合在一套系统之下并非消除功能区，而是一种加强行政区和功能区的职能协同的举措，在部分城市中将功能区和行政区的管理机构设在一个办公大楼中实际上就是一种融合型的举措，这在一定程度上能够促进行政区和功能区的资源整合水平。

第三种优化思路是将功能区完全独立于行政区，推动功能区在经济功能上的进一步优化，并且开始承担部分行政区的职能，这种改革方向的好处在于能够加强功能区的建设，提升功能区对创新资源整合的专业化水平，也较为符合创新资源集聚和区域资源统筹整合的思路。但是这种思路的劣势在于会增加行政职能，将使得功能区的原有人员面临较大的工作压力，很可能需要增加人员编制。另一方面，行政区域内的功能区在完全独立之后，行政区的经济水平会明显下降，还能否作为一个独立的行政区，这在不同的城市的情况则会不同。一些行政区面积较大，功能区剥离之后仍然符合行政区规划的行政区则很可能可以正常运行，而对于一些面积小的行政区这种模式很可能不适用。功能区完全独立以后成为新的行政区，这种模式在上海、杭州等城市已有先例。这种模式适用于一些相对发展完善的功能区。

如何理顺行政区和功能区的关系，是一个对区域创新系统良好运行尤为重要的议题。在长三角地区的高新区中，多数还是高新区和行政区分开设立的。在全国范围内，独立设立的功能区能否充分发挥经济功能，尤其是在促进创新上能够有多大的推动力，这个仍然是值得探索的问题。

三、激活区域创新的政产学研协同生态

政产学研协同生态是区域创新的关键协同主体，激活区域创新的生态能力和集聚发展要注重在管理上的创新。政产学研协同生态的核心在于生态性，在一个创新系统中不同主体都能够在系统中和谐共生，这就需要提升生态上的关联度。区域创新生态的关联度主要就表现在政产学研这几个关键主体上。目前在区域创新系统中，政产学研四方主体之间的关系不够整合，发展上缺乏充分的联系和沟通，使得技术创新的水平和要素集聚能力都受到影响。那么，要激活政产学研的协同生态，就需要重视各方的利益诉求和数据资源的整合，而目前在这两方面的工作推进还有较大的提升空间。从利益诉求上看，政产学研四方的取向存在一些差异，政府关注的最为宏观，重视宏观上的经济创新发展问题，产业内则更关注自身的经济利润和创新效率，学方更重视

人才培养和基础科学的发展，研方则关注的是科技创新的成果转化。从四方的利益诉求上看是存在一些明显差异的，这些差异也就造成在合作过程中，必然会出现协同的困难。如何驱动协同生态的出现，就得从政策资源导向、产学研协同连接、示范性建设和数据资源的整合来做综合性和系统性的提升。

第一，建立政产学研用的典范模式，通过树立典型模式来推动生态主体的关系管理。现有的区域发展建设中，对模式的管理关注的较少，应该推动在区域创新系统中树立典型的政产学研用模式并加以推广。通过一些典型的协同模式，让政产学研各方从中获利，再通过广泛宣传，加强各方对模式建设的理解和获取，最终为典范模式的推广和实施提供机会。这里可以利用如产业集群的平台建设的方式，鼓励相关主体参与平台的建设，增加不同主体对于协同联系和模式的了解，并通过协同的创新活动，广泛获取信息，将增强专业化服务和提升创新质量作为发展的目标。政产学研典范模式的建立将为产业资源集聚提供模板，在推广过程中，鼓励各类主体参考几类模板的主体搭建平台，能够加速区域内的资源整合和创新一体化。在这个过程中，政府将不仅是行政管理者的角色，还会参与到区域经济的开发中去，比如对地方土地要素的开发、资金资本要素的流动还有创新资源的导向等方面，这些都是政府能够充分发挥作用的场域。企业也能从典范模式中获取更多与政府沟通的便利，加强与高校院所和研发机构在创新资源获取上的合作。高校能够从产业界获取更多的创新需求，并为产业输送更多的高质量人才，提升高校对地方经济和区域创新的贡献能力。科研院所能够从典范模式中获取更多的创新资金，服务于科研院所在专业化科学研究和应用研究上的支援能力。

第二，推动数据资源的整合，加强对区域创新系统的内部数据流动的分析。数据信息是除了人力、物力和资本之外最重要的信息，这部分资源在大数据时代应该得到充分重视，加强对创新数据的分析能够增强系统内的资源协同效果。目前的创新系统发展障碍是缺乏对数据资源的对接和协作平台，很多数据流通不畅，导致数据的掌握较为困难，数据呈现出碎片化的分布样式，而这种环境实际上不利于创新系统内各个生态主体的发展。数据资源碎片化分布导致政府无法快速掌握系统内的创新动态，对产业创新的了解需要通过调研的方式获取信息，但在这个过程中，往往获取的信息是不全面的，而加快数据信息的整合能够让政府及时地了解创新资源的流向和发展情况。企业的数据流动往往只局限在企业范围内，但实际上有一些数据是可以公开的，尤其是一些中小企业在数据管理上缺乏接口，应推动企业加强对数据的供给，按照标准化的方式对企业的数据流动进行统计和对接，帮助企业了解区域创新资源的流向，找到区域创新资源的利用方式。数据资源作为一种新型的资源，正在成为推动经济增长的关键要素，提升数字化转型能力就需要打通数据资源的接口，推动企业、政府、高校在参与创新平台过程中的数据共享，提升数据的开放水平，将市场变化和数字化增长作为创新系统各方关注的重点问题。在数字化转型的大背景下，政府、企业和高校院所的数字化协同能力将成为区域创新发展的重要推动力。尽管在数据对接和标准化过程上还面临着较多的现实难题和条件约束，但是只有加强数据的开放和融通，才能够让创新生态系统的资源得到充分循环，这有利于各方在数据资源利用上发现一些新的思路。政府部门可以通过数据流动发现政策的设计思路，企业通过数据和资源分析能够更快地匹配上合作伙伴和创新搭档，高校能够更加高质量地培养人才和开展科学研究，院所能够更好地对接产业服务需求和开展基础性研究。平台接口的互联总体上是利大于弊的，虽然也可能产生一些潜在的数据泄露风险，但是通过技术方式规避和信息数据的有效管理，能够将产生的问题控制在较小的范围内。

第三，加强智库和科技协会平台在创新生态系统中的关联作用。相比一些发达国家的区域创新系统，我国的非营利性组织的发展较为滞后，应该鼓励推动智库机构和科技协会的平台建设，加强现有科协组织在区域创新中的联合融通的作用，提升科协的纽带性作用，帮助企业对接科研单位，匹配创新需求。提升智库的地位，鼓励第三方智库独立开展创新系统的评价。第三方智库的优势在于能够更好地站在一个旁观者的角度对创新资源配置给予更加直接的建议，在分析创新资源分配上能够保持相对独立的观点。提升第三方智库运营管理的规范化，鼓励已经建立的第三方智库采用商业化的管理模式，提升咨询报告质量，为面临的发展难题和资源配置不合理的现象给出更为客观的建议。积极开展专家咨询工作，提升智库和科协开展专家咨询工作系统性，鼓励智库和科协组织开展深入的调研，发现区域创新过程中的问题，为提升政府的创新治理能力提出切实可行的建议。

第三节　推进社会科技奖励激活微观创新社区集群化

社会科技奖励是目前我国政府科技管理部门非常重视的领域。根据科技部公开的"社会科学奖励目录"数据，目前在列的社会科技奖励项目共计297项，这些科技奖励最早是在 2001 年登记的中国汽车工业科学技术奖、何梁何利基金科学与技术奖等 20 项社会科技奖。尽管在过去的 20 多年，中国社会科技奖励已经有了很大进步，数量上不断增多，影响力不断增强，但是具有国际影响力的社会科技奖还非常少，多数社会科技奖仍然是在国内或者行业内具有一定影响力。社会科技奖的作用是对政府科技奖励的一种补充。社会科技奖励是一种促进微观创新社区集群化的有效形式。从已有研究可知，世界研发百强奖对美国国家创新社区集群化产生了重大影响，促进了研究组织的合作和发展。建立一套完整的社会科技奖励体系，尤其是提升中国的社会科技奖励国际化，将有助于提升微观创新社区的发展和中国科技创新的影响力，这也有助于在全球范围内网罗高水平的创新资源，鼓励世界创新资源向中国流动的举措。在 2023 年最新的科技部文件《社会力量设立科学技术奖管理办法》中，也是将社会科技奖励定义为中国特色科技奖励体系的重要组成部分，开始重视社会科技奖励的作用，鼓励社会科技奖朝着更加规范的方向发展，重视社会科技奖励的质量，也同时加强对社会科技奖励的监督，尽管放松了社会科技奖励的登记，但是更加重视社会科技奖励的跟踪性监督，推动社会科技奖励朝着更加具有推动力和影响力的方向发展。

一、提升社会科技奖励对行业创新的引导

提升行业类科技奖励的质量，就要推动行业协会加强对社会奖项设立和影响力的培育。社会科技奖励的价值在于具有很好的行业导向性，提升社会科技奖励的引导能力不仅能够转化过于偏向政府科技奖的现象，也能鼓励更多有创造性的科技奖励项目，从不同的角度推动社会的创新气氛。经过 20 多年的发展，社会科技奖励总体上在我国仍然处于建设阶段，社会科技奖的影响力不断增强，社会科技奖的种类不断增加，也有一些社会科技奖的影响力开始受到广泛关注，比如何梁何利奖、陈嘉庚奖、求是奖等，但与国际上发展和运作完善的科技奖相比还有很明显的差距，比如诺贝尔奖、拉斯克奖等。在奖励的种类上看，尽管在许多行业已经有了行业科技奖，但是这些奖励的国际影响力较为局限，更多时候只能引起国内科技研究者的关注。在当前的新形势下，提升社会科技奖的引导作用，鼓励以奖促创气氛的形成，这都需要我们鼓励和推动将社会科技奖励作为一种新型的创新引导方式进行更好的设计和建设，让社会科技奖励发挥出对行业创新和集聚创新的作用。社会科技奖励在认定范围上，不同的组织有不同的认定方式，较常采用的是科技部的"社会科技奖励目录"，通过社会科技奖励的认定能够快速找到相应的奖励项目，但是对于社会科技奖励的认定等级也存在较大的差异，一些奖项被认定为是省部级，另一些奖项被认定为其他奖。这种认定方式实际上还是过于简单，社会科技奖并不一定要和政府科技奖一样采用国家级、省级这样的认定方式，可以考虑更加灵活地使用社会科技奖励。社会可将奖励视为促进行业创新的一种很好的激励方式，通过奖种的设立，鼓励行业内的科技研究者加强创新，弘扬行业创新气氛。因此，这里针对提升社会奖励对行业创新的引导，主要提出以下三点优化建议。

第一，推动建立社会科技奖励的激励评价体系，对社会科技奖产生的激励作用进行评价，比较不同的科技奖励在激励创新者上起到的作用。获奖的项目是否能够很好地进行成果转化并带来经济效益，扩大社会科技奖对行业的支持力度，社会科技奖励是国家科技奖励体系的重要构成部分，社会科技奖励体系的发展要注重对行业科技创新的引导能力培育，提升科技创新的竞赛和创新人员的凝聚，增强科技创新的聚焦能力，将社会科技奖励的自主性和特色发挥出来，重点提升行业和区域在创新中的作用，对获奖者的奖励成果转化效果进行跟踪推进，充分挖掘社会科技奖励的价值。激励评价的方式要进行改革创新，不拘泥于现有的奖励形式，应该加强对社会科技奖励体系的创新性提升，注重社会科技奖励的激励效应，以激励的形式提升社会科技奖励的效果，完善激励评价体系，对社会科技奖励的效果进行客观评价，从而提升社会科技奖励在创新成效和区域创新引导上的作用。社会科技奖励的激励评价是值得学术界和实践界共同探索的新问题，从而发现社会科技奖励在多大程度上能够发挥激励效应，以及社会科技奖励的激励效应对区域和行业创新发展的影响。

第二，鼓励社会科技奖励建立一套完善的奖励体系。目前的社会科技奖励的特征就是松散和不够体系化。社会科技奖励应该从体系化建设角度对行业创新加以引导，这就需要从政府、企业、中介机构等多方主体能够对社会科技奖励的体系有更完善的认识。政府科技奖励体系已经形成了较为完善的一套运行体系，能够较好地展现出不同层级的科技奖励，这种梯队化的建设能够很好地体现政府科技奖励的差异性。社会科技奖励实际上应该更加灵活，从完善社会科技奖励角度，应该从科技奖励覆盖的范围出发，检查社会科技奖励还有哪些可完善的空间。同时，应该加强其奖励过程的创造性，很多奖励更多的是对过去科技成果的奖励，但对未来科技发展的引导方面的作用不足，科技奖励的激励作用要关注过去更要关注未来。提升社会科技奖励的奖励过程分析，加强社会科技奖励的激励作用，能够尽可能地推动社会科技奖励在奖励价值上的贡献。

第三，加强对获奖者的跟踪研究和持续性经济效应评价。社会科技奖励的灵活性是社会科技奖励类型的优势，这种优势能进一步体现在社会科技奖励的跟踪性评价上。社会科技奖励可以采用投资的形式，推动获奖者进一步探索科技研究，并对科技成果进行转化，加强科技成果转化的后续过程服务，将科技成果转化和经济效应评估，作为社会科技奖励的后期工作，促进社会科技奖励能够尽可能地发挥奖励外溢出的经济效益。社会科技奖的跟踪推进和经济效应评价应重视对获奖者的创新空间进行支持，增强获奖者在创新上的支持，帮助获奖者找到支持创新的动力，尤其是在经济效应推进上，推动创新成果与金融机构投资的融合，帮助创新成果找到资金支持，从而为创新成果和产品进入市场和打开市场发挥作用。获奖者在得到社会科技奖励之后如何应用科技奖励也可以纳入评价之中，提升科技奖励获奖者对持续开展创新的创造力，帮助获奖者促进行业科技创新。

二、利用社会科技奖励吸引国际创新资源

社会科技奖励的国际化是近年来社会科技奖励在国家层面的重点推进方向。科技部在鼓励社会科技奖励上做出了大量的工作，尤其是推动社会科技奖励的国际化和全球影响力方面，是我国在新时代背景下推动社会科技奖励发挥创新资源吸引作用的重要方式。社会科技奖励作为一种更有自主性的奖励方式，很好地补充了政府科技奖励的作用。社会科技奖励在促进国际化方面也有很明显的优势。在世界范围内，许多社会科技奖励都成为全球科技创新的代表性奖励，比如诺贝尔奖等国际知名的科学大奖。我国的社会科技奖的国际影响力普遍不大，能够吸引全球创新资源的能力还不够，而在"跟跑、领跑和并跑"的"三跑并存"的科技创新形势下，目前的科技创新资源流动尤其是吸引全球创新资源的能力将成为未来科技竞争的关键性因素之一。吸引全球创新资源的方式之一就是通过社会科技奖励的形式，拉动具有全球创新影响力的资源快速地关注中国的创新事业发展，能够投入中国的科技创新发展中。这就要求我们要有一批在国际领域具有较强影响力的社会科技奖励，在奖励评选过程中实际上也能够为我国的相关行业了解全球创新发展状态，尤其是特定领域的创新发展水平有很大的帮助，能够让许多科技创新企业愿意到中国投资和建设，增加了国际创新资源的吸引力。为了推动社会科技奖励的创新资源吸引力，应从三个方面完善现行的社会科技奖励体系，将社会科技奖励的国际影响力作为一个重要的发展方向来加大培育力度。

第一，促进面向全球创新的社会科技奖励设计和引导，推动全球创新资源向中国流动。社会科技奖励的设计应该加大差异化水平，推动社会科技奖励考虑全球发展的差异，提升社会科技奖励对优质创新资源的关注，鼓励在面向优质创新资源和能够流入中国的方向性项目上设置创新奖励，增强社会科技奖励的目标性，提升全球创新资源对中国设置社会科技奖的关注。目前的社会科技奖还是较为局限在本国和行业内，缺乏对全球创新资源的关注。比如中国培养了大量的创新人才流入发达国家，经过几十年的发展，很多海外人才仍然是中国获取创新资源最为重要和最有可能的突破点。针对这些方向的社会科技奖还较少，社会科技奖的设置创新性和获奖的目标性都还有待更好地挖掘。政府在审核社会科技奖的过程中，应重视对能够获取和吸引全球科技创新资源流向中国的奖项关注，将提升社会科技奖励对中国创新经济的支持作为社会科技奖励的建设目标之一。

第二，加强社会科技奖励的国际品牌建设，支持设立 1~2 种的综合性全球科技奖。面向全球范围去设置科技奖励从社会科技奖励的层面更容易开展，这些社会科技奖励更容易成为引起全球关注的科技奖。在世界科技创新奖励体系中，许多发达国家利用自身在科技领域的影响力，产生了许多非常有国际影响力的国际创新奖，而我国在部分领跑的领域应该重视设奖工作。在综合性的全球科技奖设置的过程中，能够很好地发挥社会科技奖对资源的获取作用，帮助了解全球在科技创新领域上的重大成就和进展，促进优质的科技成果关注中国，并推动我国建立科技创新的前沿阵地建设。社会科技奖励的国际品牌建设应从社会科技奖对全球创新人才的吸引力的角度入手，提升社会科技奖励对海外华人的吸引力，通过海外华人群体提升中国的社会科技奖励的国际影响力。另外，应加快在全球科技创新会议上去推广中国的社会科技奖励品牌，让具有中国特色的社会科技奖励引起国际科技界的关注。通过奖励筛选和评奖，让中国的社会科技奖励在世界知名的社会科技奖励品牌中突显出来。

第三，深化社会科技奖励对中国产学研协同的支持，鼓励海外获奖者到中国参与产学研协同创新转化。鼓励海外高校获奖科学家能够来中国高校开展学术研究或者开办企业，提高海外科学家对中国科技创新环境的了解，加快中国省市地方政府在建设产业园区的过程中，尤其关注中国社会科技奖励的获奖者，重视对获奖者的政策支持。鼓励海外获奖的企业在中国建设研发中心，吸引世界各国的优秀人才在中国开展创新工作，通过社会科技奖来吸引人才和企业；鼓励海外获奖者能够充分利用中国的大市场，将创新资源带入中国，并鼓励中国的科学家能够参与到海外获奖者的企业和研发团队中，为中外科技交流牵线搭桥。社会科技奖励对海外优质资源的偏向，能够更好地推动中国的创新产品走向世界，并能够在此过程中获取更大规模和更高层次的海外一流人才来中国工作和生活，共同推动中国创新水平的提高。中国产学研创新的协同发展需要有更多的与海外的互动创新，社会科技奖励可以作为一种更加柔性的方式驱动海外创新者与中国科学科技研究者加强互动，比如在奖励申请的过程中鼓励合作申请奖励的方式，帮助中国的科学研究者加强与海外的科技联系，增强对中国产学研创新的国际化水平的支撑。社会科技奖励在相当一段时间内缺乏足够的重视，在政府发布的指导性意见中对社会科技奖励的名称也有较多的规范性要求，但对社会科技奖励的成果转化和后续跟踪评价的体系较为滞后。从发展上看，社会科技奖励应该在推动国际化的过程中支撑对中国创新的支持，提升对中国创新生态系统的贡献。

三、跟进社会科技奖励的创新成果转化

社会科技奖励应和政府科技奖励一同促进创新成果的转化。社会科技奖励的激励机制应提升持续性，加强对创新成果转化的跟踪性和持续性评价体系建设，增强社会科技奖励对创新转化的支持力度。国家一直非常重视科技创新成果的转化，尤其是关注获奖成果对区域和国家经济的影响，获奖成果的转化能够从经济角度确定成果对社会的贡献，也说明社会科技奖励的评选具有很好的导向性功能。在推动科技奖励的创新成果转化上，政府部门从政策层面已经做出了大量的努力，希望通过科技成果转化来促进创新产品的经济效益。跟进社会科技奖励的创新成果转化应该成为鼓励社会科技奖励的一种导向，充分发挥社会科技奖励获奖后的作用，推动获奖者在获奖后继续为创新成果的经济效益持续创新。社会科技奖励的创新成果转化最为需要的是一个完善和专业技术创新转化平台。社会科技奖励的资助形式可以更加关注成果转化，对转化的创新成果进行评价和筛选，提升社会科技奖励对创新成果转化的支持。为了进一步跟进社会科技奖励的创新成果转化，应从以下三个方面加紧布局和促进落实。

第一，建立社会科技奖励获奖后的评价机制。奖后评价是近年来的一个热点话题，如何促进科技奖在获奖之后开展持续性效应评价，已经成为许多奖励筛选部门关心的话题，如何充分发挥奖励的作用，将奖励的资金充分运用到新的一轮科技创新中，并能够创造出更大的社会经济效益。这就需要建立一套完善的奖后评价体系，社会科技奖励与政府科技奖励不同，在奖后评价上通常更加灵活，这也使得很多社会科技奖励的后续跟踪工作变得较为困

一、提升对新兴技术周期规律的态势分析

新兴技术周期规律如何分析和掌握，是困扰政府和企业管理者的重要难题。在学术研究领域，有不少研究者从新兴技术的发展成熟度角度提出了一些分析方式，比如技术成熟度理论、技术生命周期理论等。新兴技术周期规律的把握在不同新兴技术上也有一定的差别，做好新兴技术的周期规律分析能够帮助政府和企业做好新兴技术周期和现在所处位置的判断，从而为新兴技术的政策支持和资源的引导提供一个预判。通过预判能够更好地设计当前的科技政策和投资方向，这对政府和企业的新兴技术管理都有帮助。新兴技术在萌芽期和成熟期之间的不确定性因素很多，可能是社会发展的变迁，也可能是技术本身的迭代或者其他技术的替代，而对于决策者而言，都需要考虑新兴技术在发展过程中的投入和产出效能，是否足够的投入能够获得相应的产出，应该是在新兴技术发展过程中各方都需要考虑的问题。在新兴技术的发展过程中，有些技术发展较快，也有些技术发展缓慢或者只存在于概念和理论中，很难进入市场和商业化过程，这些都对投资产生了很大的影响。因此，要提升对新兴技术周期规律的分析，就应该从以下三个方面入手，加快对新兴技术周期规律和态势的分析，并能够通过公开发布相关研究，引导政策和企业资本的流向。

第一，加强对新兴技术研究的科研团队建设，鼓励在新兴技术周期研究领域引入一些咨询机构，建立能够监测新兴技术发展状态的手段。在科研团队建设方面，应着重提升采用数据分析和定量分析开展新兴技术发展周期研究的科研团队，鼓励科研人员分技术领域开展数据分析，对新兴技术的发展阶段能够有个较好的监控。尽管诸如加德纳炒作周期这种海外机构也在做这方面的研究，但是我们可以从针对中国情景和技术发展应用的态势来做一个在中国范围内的新兴技术发展和应用态势的研究。比如数字支付技术在中国的发展和应用就比较成熟，我们很难依赖国外对数字支付的评价来衡量在中国的数字支付技术的发展状态。加强中国自主的新兴技术周期研究，还需要关注细分的技术领域，能够对各个细分领域都有所涉及，从而帮助企业在获取新兴技术周期资料时更好地判断投资的方向。中国的新兴技术研究的科研团队建设不仅可以采用依托高校或者科研机构的模式，也鼓励一些商业化模式，提升中国在新兴技术商业咨询上的影响力。另外，在科研团队建设上，还应重视对国外发展动态的搜集，评估我国在新兴技术领域的发展水平，并关注新兴技术产业在地域上的分布，从而对中国新兴技术发展态势有一个更

为全面的理解。

第二，加快对新兴技术发展潜力的预测性分析，并在相关领域发布新兴技术发展潜力的报告。新兴技术的发展潜力预判虽然有一定的难度，但是可以通过专家评价、用户评价、企业评价、政府评价等多种方式开展对新兴技术发展潜力的评估，从而更快地获取各方对于新兴技术发展和应用水平的判断，减少盲目的政策和创新资源的投入。新兴技术发展潜力的预测应该重视对新兴技术的使用前景的评价，减少新兴技术的概念炒作，防止新兴技术的落地和转化难的问题，充分调动各方对新兴技术的发展方向开展评价。从新兴技术的发展过程来看，加强新兴技术的发展潜力评价，必须关注新兴技术的应用现状和使用场景。很多新兴技术融资时会使用一些概念，这就需要看这些概念能够在多长时间转化和应用，并通过一些预先的市场调查来判断新兴技术能否获得市场的青睐。新兴技术的发展潜力需要经过全方位的判断才能得出结论。但这些结论也主要作为一种参考，毕竟技术的发展在很多情况下并不完全能够依赖于主观判断。提升新兴技术发展空间的判别能力将有助于提升新兴技术的使用环境的识别，可以促进政府和企业加快相应方向的投资。

第三，提升新兴技术与社会场景融合的分析，探索新兴技术在社会环境中的应用能力。技术与社会的融合是一种必然的过程，无法与社会融合的技术必将会被社会淘汰。新兴技术的发展过程中，应重点关注技术在社会应用上的潜力，技术能解决哪些实际的社会问题，能够满足社会的哪些方面的需求，这些需求是否是社会发展中的必然需求。技术与社会场景的融合，需要关注技术在社会中的已有应用，并观察这些已有应用能否有进一步的完善和改进空间。新兴技术的成熟过程就是与社会融合的过程，能够深度融合的新兴技术必然能够走向成熟。这主要得益于广大的市场动力和经济支持，而长期依靠政府补贴的技术也应该考虑在市场中获取资本，这样才能保证技术是具有竞争力的。新兴技术的发展与社会发展的大方向应该具有一致性。比如在当前数字化社会的发展状态下，数字化技术普遍具有较好的发展前景，技术能够加速数字化社会的发展建设历程，也能够对新型的社会治理方式给予更好的支撑。推动新兴技术的发展方向符合社会发展的主导方向，推动新兴技术对数字化转型的支持。将数字化发展方向作为未来新兴技术的应用场景，从而判断新兴技术与社会方向的融合能力。

二、完善新兴技术政策的合理性和稳定性

新兴技术政策的合理性和稳定性一直是目前科技政策中面向新兴技术和

新兴产业的重点话题。新兴技术的发展和完善必然需要经历一个发展过程，新兴技术政策的合理性和稳定性是值得深入思考的问题。如果我们根据媒体对技术的发展报道数量变化来决定是否对一项新兴技术给予政策支持，很可能会不符合技术发展的规律和周期。在新兴技术发展的膨胀期，大量的政策和社会资本蜂拥而入，而在技术发展的低谷期，则会出现大量的撤出。在这个过程中，很多新兴技术的开发项目就会陷入发展的困境和投资中断的境地。为了减少这种政策资源的浪费，就应该关注新兴技术政策设计的合理性，关注政策的稳定性和投机性，在什么时期应该使用稳定性的技术政策，在什么时期又应该防止政策的过热，这些问题都是值得新兴技术的政府管理者认真审视的问题。新兴技术在发展中的不确定性因素之一就是政策的不确定性，那么如何提升政策的稳定支持，让新兴技术能够在一个相对平稳的状态下发展，实际上应该在这方面重点管理，能够给新兴技术的发展和完善提供更好的发展空间。围绕这个问题，这里针对新兴技术政策的合理性和稳定性，主要提出三点优化建议。

第一，加快对新兴技术产业集群的规划和新兴技术发展远景的统筹管理。促进新兴技术产业集群的发展，不仅能够规避单一新兴技术发展的不确定性，而且能够对新兴技术的发展态势和稳定性有一个总体的关注。新兴技术产业集群的规划是将原有单一的新兴技术发展和资助转变为一个新兴技术的技术簇，在一个技术簇中会有多个相互关联的新兴技术，这些新兴技术集聚式发展就为政策设计提供了更宽的适用空间。政策设计的对象范围非常关键，一个好的对象范围应该能适度的包含技术对象，过宽的适用对象会导致科技政策的覆盖范围过于宏观，而过窄的适用对象则会增加政策出现资源浪费的风险，因此在政策对象的选择上要格外关注适用范围，尽可能多地降低政策产生浪费的风险。强化新兴技术产业集群的发展能够在规避风险的同时促进整个新兴技术相关领域的科技创新，是一种较好的形式。另外，应做好新兴技术发展的远景规划，为新兴技术的适用性和融入社会的可能性提供保障，为长远地设计科技政策提供总体性的概述。

第二，增强对新兴技术政策周期性调整的空间，在政策设计时注意政策的时效性和政策实施的强度。新兴技术的政策周期应该与新兴技术的发展轨迹保持匹配，降低过度投入或者过少投入，尽量在新兴技术的发展周期上做文章，将发展周期与政策周期有机协调起来，减少政策的波动，降低政策过热和过冷导致的技术研发问题。政策实施一般具有一定的时效性，但在政策设计时很多都没有明确时间适用范围，这应该在技术政策实施之前做好相应准备，为科技政策的时效性做好工作，在限定时间范围结束时考虑是否对新兴技术政策进行调整，减少一次性的技术政策，增加技术政策前后的连续性和协调性。新兴技术领域的政策在一些时期会出现缺乏关注的情况，这使得新兴技术缺乏政策和法律规制的使用范围，在一些时候会出现伦理道德问题，但另一方面也会造成新兴技术的发展受到限制，比如会被质疑新兴技术的安全性问题。新兴技术的发展阶段不同会对政策支持有不同的要求，比如在技术发展的萌芽期则希望政策能够给予更多的资源引导，而在一定的成熟度水平滞后，则又需要政策和法规对技术进行规范，促进行业的公平竞争，鼓励创新的生态形成。

第三，加强新兴技术政策的权责界限，防止出现政策管理部门之间的多头领导问题。新兴技术发展的过程中必然会涉及多个政策管理部门，很多时候这些部门在工作之中缺乏沟通和协调，导致新兴技术的政策实施存在执行上的冲突和矛盾。比如在一项新技术应用和创新的过程中，可能涉及工商部门、公安部门、消防部门等多个部门的管理和审批，但是在监管过程中，很可能是各个部门各管一面，各个部门之间对新兴技术的了解都不全面，这就很可能留下一些缺乏监管的空间。如果处理不好，则很容易被不法分子利用产生一些社会风险。所以，新兴技术的管理必须在权责界限上下功夫，尽可能多地向技术专家咨询，并参与政策设计，使得政策的设计在多部门协调上更加准确，减少政策实施过程中的不一致。新兴技术的发展变化较快，很多时候政策管理应该具有一定的预见性，提升政策提前预判风险的能力，让新兴技术可能产生的风险降低在可靠的范围内。新兴技术的发展应该重视对市场的管理，哪些领域能应用，哪些领域禁止进入，都应该有明确的界定，注重与国际规则的对接，在部分处于领跑的技术领域应该能够优先设计治理规则，以便于在国际竞争中作为样板去推广中国的新兴技术治理对策，以此提升中国新兴技术治理的国际化水平。

三、提高新兴技术纳入创新生态的兼容性

新兴技术在发展的过程中非常需要创新生态系统的支持。新兴技术的发展必须在集群中发展，在集群中迭代。新兴技术从研发到市场都应非常重视创新生态的培育。通过创新生态能够将新兴技术做大做强，新兴技术能够依托创新生态实现更加稳定的发展。在全球科技创新日趋激烈的环境下，新兴技术的发展只有走生态化、协同式和交融型发展道路才能在竞争中立足。新兴技术的应用范围能够借助创新生态实现更好的联结和协作，新兴技术也是

发展中国家和一些新兴经济体国家超越老牌经济强国的迭代性技术，新兴技术在发展的过程中取代了部分旧技术，在这个过程中会涌现出一大批新兴企业，这些企业的飞速发展能够带动国家科技前沿的进步。同时，新兴技术要能够接入传统的创新生态，增强对现有创新生态的兼容性，才能够更好地服务于创新系统的整体演化。新兴技术发展水平好的国家能够在全球科技和经济竞争中占据优势地位，而在新兴技术上发展滞后则很可能在全球竞争中处于被动地位，甚至最终失去在科技和经济发展上的优势。中国目前正处于部分新兴技术发展的旺盛期，部分领域在世界范围内已经有一定的创新和发展优势，更应该关注新兴技术的创新生态兼容性。此外，在一些传统产业，新兴技术也正在加快进入，这些新技术将为传统产业带来更大的发展空间和发展想象力。提升新兴技术对传统产业的改造升级，为传统产业的发展障碍提供更多的创新解决思路，将很大程度上提升传统产业的创新生态系统演化升级。为了提高新兴技术纳入创新生态的兼容性，这里提出三点优化建议。

第一，促进新兴技术的源头创新与传统产业的发展瓶颈相结合。新兴技术的源头创新要求技术能够更好地从根本上发展创新，这种创新在与传统产业结合的过程中能够借助传统产业已经形成的创新生态系统，借助生态系统中已有主体的创新力量，如搭建新兴技术使用的平台系统，提升对传统产业技术发展的科技情报获取能力。比如，在医药行业中鼓励新兴技术的使用，将原有的一些治疗困难的疾病能够在新兴技术的监测中获取更多的数据信息，通过给病人治疗过程中使用一些传感器的实时监控，使得患者的健康数据能够快速地统计和分析出来，进而提出一些延缓病症的方法。利用新兴技术能够为医药产业的研发提供许多有价值的数据，能够为提升产业的发展活力和新药的研制提供基础性信息。新兴技术对传统产业发展瓶颈也有较好的支撑。在医药产业中引入新兴技术能够解决原有对患者的信息数据的监控难题，能够更加快捷地获取患者的数据，通过平台建设还能够促进新兴技术与医药创新生态的融合。尤其是近年来，电子就医服务的出现，移动健康医疗平台能够较好地解决一些看病难的问题，减少医院排队，提升医院的运行效率，以信息技术为代表的新兴技术的使用，能够为医药产业的发展带来更多的变革和机遇。

第二，提升新兴技术与政产学研用创新集群的深度融合。新兴技术的发展不能脱离创新生态，尤其是目前很多产业都已经形成了较好的政产学研用的创新生态系统，新兴技术要能为这些创新生态系统提供更好的支持。新兴技术应成为产业创新集群发展的热点问题，例如在原有的新材料开发上能够引入新兴技术或者服务于新兴技术的材料制造。通过在高校、院所和研发机构合作搭建一些新兴技术的创新平台，将新兴技术的使用纳入现有的创新集群中，促进新兴技术的发展与现有创新集群的深度融合。以智能制造为例，在传统制造业的发展升级中增加了智能化和数字化的新兴技术，提升数字化技术对制造技术的支持能力，利用人工智能技术的学习能力，提升智能制造的学习水平，通过智能学习，推动制造业的产业升级，将推动无人制造的实现。智能制造的智慧化过程能够促进从产品到服务的一体化智能的发展，让智慧技术在原有的制造产品上发挥作用。智能制造将为生产的数字化水平提供大量的学习算法，这些学习过程能够促进制造系统的转型升级，能够更好更高效率地利用现有资源，这对提高制造业的生产效率具有很大的影响，也是一种新型的工业形式。

第三，加强新兴技术发展环境的监测，提升新兴技术发展的政策环境。优化新兴技术的发展空间，应该重视新兴技术在创新政策环境中的政策质量和水平。关注新兴技术政策的数量变化。许多新兴技术在与创新生态融合过程中缺乏足够的支持。新兴技术的发展应该重视在政策环境上的投入，但是这种投入要符合新兴技术发展阶段。通过对信息技术发展的政策环境优化，能够对新兴技术的发展提供一个良好的发展空间。新兴技术的发展环境主要包括产业集群或者产业园区的优惠政策、不同层级政府的优惠政策和相关产业发展中对新兴技术的政策支持等。应该对具有发展潜力的新兴技术给予政策优惠，重视这些技术在不同的政策设计中的支持程度，鼓励在人才激励、资金流动和基础研究等多方面的政策支持。将新兴技术作为创新发展的动力，鼓励原有的产业政策关注新兴技术嵌入的可能性，在优化政策时考虑是否能够将新兴技术纳入新政策中。新兴技术政策评价应受到重视，能够更大程度上评估新兴技术发展的环境，了解新兴技术发展过程中的困难。政府管理者能够及时与新兴技术的研发人员、科技企业和相关基础研究的科学工作者开展积极交流，摸清新兴技术发展的政策问题，从而为新兴技术的发展和新兴技术政策的优化提供良好的智力支持。

第五节　认清世界科技变局激发创新系统治理引领力

世界科技变局的发生是一个渐变和突变并存的发展历程。世界科学中心的数轮转移，新兴技术的发展，区域创新与全球创新的过程，全球化与逆全球化并行，这些都构成了世界科技变局的新一轮动态过程。在这个过程中，世界科技变局将成为21世纪上半叶最为重要的世界发展大势，世界科学中心的转移必将带来新一轮的经济中心的转移。世界科学中心先后经历了数次转移，每一次转移都给世界带来了巨大的变化，人类世界从思想大解放到工业革命，再到第二次工业革命，世界各国的生产力经历了翻天覆地的变化，全球的经济发展也出现了空前繁荣，这为世界创新经济的发展提供了一个开阔的发展舞台。在每一轮的世界科学中心转移的过程中，也引起了人才的流动，新的技术的大发展，以及世界级的创新集群的出现。世界科技变局的发展过程目前尚处于混沌状态，虽然在世界创新发展的角度，中国等新兴经济体正在崛起，但美国、欧洲发达经济体、日本等老牌发达国家在科技上的实力和潜力仍然不容小觑。科学成果大量涌现的过程中，如何推动中国在世界创新系统中占据优势地位，是未来科技治理变革和创新系统共演问题的最为重要的发展问题。

一、增强对世界科学中心转移的关注

世界科学中心的转移过程先后经历了从意大利、英国、法国、德国到美国的发展历程。在近几百年的人类发展历程中，这些国家也先后成为世界上最受瞩目的科技创新强国。即使发展至今，早期的这些科学中心，比如意大利、英国、法国也都仍然保持着较高的创新经济活力。世界科学中心转移的一个重点是人才的流动和创新技术的大量出现。中国很可能成为下一个世界科学中心，特别是在中国经济已经在总量上位居世界第二位，经济发展的潜力较大，科技的发展水平较快，特别是在一些领域已经成为世界科技的前沿，这些发展的现状使得世界各国都在关注中国的科技发展和未来中国科技的发展趋势。那么如何促进人才和资本向中国流动，将成为世界科学中心建设过程中最为关键的两个因素。人才的流动和资本的流动具有一定的关联性，但是也不完全相同。促进人才的流动和资本向中国转移的过程将是中国成为世界科学中心的关键过程。为了促成这个转移过程，在科技治理方式变革和创新系统演化的共进过程中，应该从以下三方面加以关注。

第一，应重点关注人才的流向和波动，吸引世界各国的优秀人才来中国工作和生活。中国对世界人才的吸引力还有很大的提升空间。当今世界的优秀人才能否向中国流动将成为世界科学中心转移的关键。世界优秀人才的网罗能够为中国带来先进的科学技术创新知识和促进经济创新发展的动力。科技人才的投入和培养过程在创新系统中具有举足轻重的地位，增加人才投入的前提是拥有足够数量的人才。中国在高等教育上的发展有目共睹，但许多国内培养的优秀人才仍然会有大量的外流。通过出国留学和海外工作获取了先进的知识，如何吸引这部分优秀人才回国工作，促进中国创新经济的发展，将成为科技政策引导的重点内容。科技人才的流动也能反映出一个国家在创新经济上的吸引力，鼓励创新和发展创新的重点就是能够培养人才和留住人才。提升科技人才在国内创新环境下展开工作，为创新创业提供宽松和优质的条件，让人才能够为国效力是科技工作的一个重点。人才的流向和波动也反映出一个国家的经济潜力，增加对人才的吸引不仅依靠良好的薪酬待遇，也得依靠良好的创新环境和创新气氛。营造一个适合人才成长和发展的环境，将能够为留住人才、充分利用人才和吸引全球人才提供更多的机会。

第二，应重点关注全球资本的流动，吸引全球资本来中国开展创新投资，对中国的科技创新事业给予更多的支持。资本的流向将为中国的创新发展提供资金，资本流动的同时也会伴随着创新人才的流动。中国如何提升在全球资本流动上的影响力，吸引全球资本流向中国，提升中国发展的质量尤为重要。资本的流动不仅为中国创新发展提供金融支持，而且能够提升中国在创新发展中的国际影响力。加快在科技治理变革上的改革步伐，提升中国治理能力的现代化水平，为海外投资提供良好的环境，将能够增加中国的市场潜力。在当今的世界科技和政治变化的新环境下，关注资本的流动，引导对中国的投资，提升资本对中国创新发展的信心，出台更多政策稳住中国的发展速度。应该推动对投资者预期的关注，促进经济稳定增长和快速增长，将重点放在关系中国创新发展关键的科技上。增强中国经济发展对世界经济发展的贡献，提升外资对新兴经济体的关注和参与，加强中国应对金融风险和金融危机的能力，提升外资对中国企业发展的信心，增强中国上市公司的企业治理能力，提升中国企业的全球竞争力。

第三，应重点关注世界科技治理模式的创新形式，并结合我国的发展实际考虑是否借鉴并展开治理模式的创新。发达国家在科技治理上有着较为悠久的发展历史，积累了丰富的科技治理的经验，在世界科技发展过程中，尤其是新兴技术发展过程中，通常占据着有利的位置，加快对世界科技治理模式的关注，应成为新时期科技治理模式发展的重点。例如，美国在建设国家实验室方面就有着非常丰富的经验，美国早在二战时期就开始建设国家实验室，经过了八九十年的发展历程，在实验室管理和创新基地建设上已经形成了大量有价值的建设经验。我国在开展科技治理模式创新时应该充分借鉴国外的已有经验，并结合国内的发展实际，对国家实验室的管理模式和新建模式进行创新和优化。法国在大科学中心建设上也有非常多的建设经验，在与德国等欧盟成员国联合建设科学中心过程中发挥了领导作用。日本在技术预见和科技规划设计上仍然保持着先进水平。世界主要发达国家在科技治理模式上的改革应该受到重点关注，我们要积极地学习国外在科技治理变革上的有益经验和模式，并在我国的科技治理变革过程中探索能否适用于我国的建设管理过程，能否从国外的经验中获取我国建设和完善的模式创新思想，提升我国科技治理模式创新的水平。

二、提升中国科技治理变革的创新力

提升中国科技治理变革的创新力是中国科技管理部门应该尤其重视的话题，也是中国科技管理与科技政策研究者的重点话题。中国在科技治理变革上已经表现出不少的创新能力，比如我国在科技治理过程中提出的"双创战略""创新驱动发展战略""高水平科技自立自强"等，都表现出较强的科技治理变革能力。提升科技治理变革的创新水平，鼓励中国在科技治理领域有更多的创新治理模式，将能够提升中国在科技治理上的影响力。提升中国科技治理变革的创新力，要结合中国的改革发展实际，要关注中国科技发展的实际水平和现实问题，要对阻碍中国科技发展的因素展开深入的分析和探讨，并创造性地提出科技治理的优化建议。围绕中国科技治理变革的创新能力的问题，重点从以下三方面提出优化建议。

第一，加快探索科技治理变革与创新系统的协同性问题，针对共演过程中的不协调问题给出更多的解决策略。科技创新的高速发展使得科技治理发展的过程变得更加不易。优质的科技治理策略需要能够领先于科技创新的发展速度，但鉴于科技发展速度过快，很多时候科技治理的变革还是滞后于科技本身的发展，这就使得在科技治理层面在一定时期内是发挥不了足够作用的。加快对科技发展速度和发展方向的概括和总结，能够在科技治理变革过程中展开预见性的战略，这将成为一种解决科技创新发展障碍的方式。提升科技治理变革的协同能力，虽然不是一个新问题，但是与创新系统的协同话题仍然讨论的不够深入。科技治理变革与创新系统的演化过程，通常是不确定性和复杂性并存的。加强科技治理变革对不确定性和复杂性的关注和重视，能够增强科技治理变革有更好的创新性，尤其是在应对不确定性和复杂性风险上，能够更好地应对因技术的高速发展带来的潜在风险。科技治理变革不能以静态的思维和等待的思维应对变化，要以动态的视角和主动的思路去应

对问题。科技治理变革的创新性将决定科技治理的应变能力以及内外部协同的质量。

第二，增强中国科技治理变革的及时性和有效性。科技治理变革的评价和完善是一个长期话题。加强科技治理变革状态的分析，将有助于我们在改进科技治理战略中对现有的政策进行修改和完善，那么加快对科技治理变革水平和效果的评价，是目前科技治理模式创新的一个重要维度。通过合理设置评价的指标体系能够较好地评判出目前科技治理变革的能力，判断科技治理变革尚存的一些短板和问题，也是科技治理变革完善的重要依据。中国科技治理变革在部分领域还具有滞后性，推动科技治理变革的及时性，尤其是针对一些新兴技术的发展，在治理路径和治理效果上能够给出更好更快的解决方案。中国的科技治理变革，不仅要关注科技治理的本身，还要关注科技治理与创新系统的协同效果，科技治理的目标是为了促进创新系统的协同演化，能够让国家创新系统更加高效高质量的运行。中国科技治理变革非常重视资源的集中性配置，发挥新型举国体制的优势，在这个过程中，应注意资源的利用效率和集中性配置的效果，并及时跟进在解决重大需求和重大发展难题上的进展，关注科技资源集中配置前后效率的提升情况。

第三，加强对中国科技治理变革的新机制探索。中国科技治理变革的过程必将是科技体制改革的历程。探索中国科技治理变革的新机制，应重视发挥想象力，为中国科技治理中的现实难题寻找创造性的解决方案。例如，在推动高校院所的科研成果转化上，应找出阻碍成果转化的因素，为成果的转化提供专业化和便捷化的服务，大量建设促进科技成果转化的平台，并充分发挥平台的作用。中国科技治理的新机制必须从科技机构改革、科技人才政策、科研评价体系、产业创新发展等方面入手。例如在科技机构改革中，要重视科技创新主体的交互作用，明确发展改革的主要方向，推动科技机构改革与科技发展趋势相匹配，增强科技部门改革的专业化水平，提升科技管理机构、科技中介机构、科技服务机构等组织在创新系统中的引导和协调作用，提升科技机构改革的有效性，增强科技机构改革对专业化科技治理的支撑。在科技治理变革的新机制探索中，要注意政府与市场的关系平衡，要关注中国与世界科技的变化，要增强中国科技发展的安全性。

三、打造中国科技治理的世界引领力

提升中国科技治理的世界领导力是中国科技治理与世界科技治理保持一致走向并引领世界科技创新发展的重要途径。中国科技治理的模式能否在世

界范围内推广，世界各国对中国科技治理的了解能否加深，中国科技治理的模式创新能否与各国科技治理的模式协同并进，越来越成为中国科技治理改革面对的新问题。随着中国的科技和经济实力不断上升，尤其是在部分科技领域已经处于领先的水平，中国的科技治理能力能否对科技的高速发展给予更强力的支持，推动中国的科技产品在世界范围内得到更广泛的认可，这变得尤为重要。中国科技治理能力不应局限在本国的科技治理优化上，还应尝试推动中国科技治理能力能够形成世界领导力，增强世界各国对中国科技发展成就和中国科技产品的认同度。提升中国科技治理的世界领导力，不仅要重视科技治理对本国科技发展的治理，还应关注对其他发展中国家的科技援助和科技支持，关注与发达国家在科技合作和科技竞争中的治理协同，共同商讨对新兴技术的治理策略。形成具有世界认同的科技治理模式将为中国在科技领域的领导力发挥重要的支撑作用。

第一，打造符合科技发展规律的科技治理模式。提升中国科技治理模式的领导力，应重视发现中国科技治理模式对科技发展规律的支持。例如，针对新兴技术的发展周期变化，中国应该能够设计出更好的政策管理模式，防止政策过热和过冷导致的技术发展问题，增加对其他同水平科技国家的治理模式认知，在借鉴发达国家或者治理先进国家经验的同时，对中国科技治理的模式所产生的治理效果和治理影响给出更好的宣传，让更多的国家了解中国在科技治理上的努力和工作。中国科技治理模式的优势和亮点应该能够有更为科学的评价标准，设计一套更完善的科技政策评价体系，对中国科技治理模式变革的过程有更准确的评估，能够及时发现中国科技政策设计中存在的问题，并结合一些与中国发展水平相近国家的治理情况，分析中国科技治理模式是否值得推广，中国科技治理变革能否对技术的发展变化给出更好的解决方案。提升中国科技治理对科技发展规律的认识，增加科技管理者对中国和同类型国家的科技发展水平的理解，分析中国现行的科技治理体系在哪些方面仍然需要完善，促进中国科技治理水平的提高，并能够作为一个"治理样板"成为科技治理的典型国家。

第二，借助"一带一路"倡仪战略，提升沿线国家对中国科技治理水平的认同感。中国在科技治理上的许多工作在国际范围内的了解还不深，将中国科技治理的优质做法和经验有效地传播出去，提升各国对中国科技治理成就和问题的认识，提升中国科技治理的国际化传播水平。中国科技治理的国际化传播过程，将在很大程度上提升中国科技治理的领导力，将为其他国家在开展科技治理方面提供一些样板和经验。中国科技治理近年来取得了快速的发展，在科技治理变革中的一些新做法取得了不少成就。比如中国在科技治理变革中通过"举国体制"和"新型举国体制"的策略，取得了一大批重要的科技成果。这种治理上的创新实际上也可以为很多发展中国家在科技发展过程中提供借鉴，帮助这些发展中国家集中优势力量，提升科技发展的水平。比如，在开展"一带一路"沿线国家的科技合作的过程中，可以通过科技合作去介绍中国科技发展的经验和科技治理变革的过程，让更多的国家了解中国的科技发展，提升中国科技发展和治理水平的海外传播能力。

第三，加强与发达国家和技术强国的科技治理对话。中国作为新兴经济体在科技水平上的崛起必然对发达国家在科技和经济上的优势地位产生了较明显的冲击。加强与发达国家和技术强国的科技治理对话将能够促进中国获取世界领导力。通过科技治理的对话，让发达国家能够更好地认同中国在科技治理上的工作，我们在与发达国家科技治理交流中也能够更好地学习一些发达国家在科技治理上的做法和经验。科技治理的变革不仅要关注本国的创新系统，也有关注世界发达国家的创新系统变化，通过科技治理的变革与发达国家在科技治理上达成共识，也能够助力中国科技产品在世界范围内有更好的市场推广，增加发达国家和科技强国对中国科技产品的了解。具体而言，通过增强中国与发达国家和技术强国的学术交流，加强与发达国家和技术强国的科技人才交流，鼓励发达国家和技术强国到中国进行技术投资设厂。提升与发达国家和技术强国的科技治理对话能力，在交流和合作中在世界科技治理和中国科技产品扩大海外市场上获取更多的话语权。利用对技术创新水平和科技治理水平的双重提升作用，提升中国科技治理的世界引领力。

第六节　本章小结

基于主要章节的研究内容和实证分析，本章总结归纳了科技治理与创新系统共演的优化建议。政府管理者要使用先进科技手段，研判全球创新态势，提升政府科技战略设计的科学化水平，做好对前沿科技发展情况的宏观趋势评价，提出切合实际的科技治理策略。在区域创新系统发展过程中，要提升功能区的治理体系，调和功能区和行政区在建设发展中的思路差异，增强功能区与行政区在政府管理层面上的一体化水平，改善功能区的创新环境。推进社会奖励作为政府科技奖励的有益补充，提升社会科技奖励管理的质量，激活社会科技奖励对创新集群建设的支持，并探索具有世界影响力的社会科技奖励品牌。政府还应关注政策资源在新兴技术上的配置，提升政策投入的稳定性，对新兴技术周期有更好的理解，为新兴技术发展中的"过冷过热"问题提供一个缓冲，而非随着媒体炒作热度跟进波动，增强政策支持和政策配套资源投资方向的稳定性。引领世界科技发展变局的重点在于科技治理模式的创新，中国科技治理模式应为发展中国家和新兴经济体乃至世界科技治理提供一个快速发展的模板，这将成为未来一个时期维持中国科技竞争力的关键。

参考文献

著作

［1］党倩娜. 新兴技术弱信号监测机制研究［M］. 上海：上海科学技术文献出版社，2018.

［2］华宏鸣，郑绍濂. 高新技术管理［M］. 上海：复旦大学出版社，1995.

［3］GREGG V J, HOSSELL H C, RICHARDSON T J. Mathematical trend curves：an aid to forecasting［M］. Edinburgh：Oliver & Boyd，1967.

［4］STEINMÜLLER K. Grundlagen und Methoden der Zukunftsforschung：Szenarien，Delphi，Technikvorausschau［M］. Gelsenkirchen：Sekretariat für Zukunftsforschung，1997.

［5］GOULD S, ELDREDGE N. Punctuated equilibria：an alternative to phyletic gradualism. Models in Paleobiology［M］. San Francisco：Freeman Cooper Corporation，1972.

［6］GRANSNICK A. The hype cycle in 3D displays：inherent limits of autostereoscopy：International Conference on Optics in Precision Engineering and Nanotechnology［C］，2013，Singapore.

译著

［1］乔治·戴，保罗·休梅克. 沃顿论新兴技术管理［M］. 石莹，译. 北京：华夏出版社，2002.

［2］杰姬·芬恩，马克·拉斯金诺. 精准创新：如何在合适的时间选择合适的创新［M］. 中欧国际工商学院专家组，译. 北京：中国财富出版社，2014.

［3］罗杰斯·M. 埃弗雷特. 创新的扩散：第 4 版［M］. 辛欣，译. 北京：中央编译出版社，2002.

［4］扬西蒂，莱维恩. 共赢：商业生态系统对企业战略、创新和可持续性的影响［M］. 王凤彬，译. 北京：商务印书馆，2006.

期刊论文

［1］安慧影，黄朝峰，李阳. 新兴技术伦理风险协同治理研究［J/OL］. 科技进步与对策，2023-07-22.

［2］鲍志彦. 专利地图在技术预见中的应用初探［J］. 江苏科技信息，2012（12）.

［3］曹聪，李宁，孙玉涛. 中国中长期科技规划与自主创新战略（2006—2012）［J］. 科学学研究，2018，36（12）.

［4］曹兴，许罞，赵倩可，等. 多层网络视角下新兴技术跨界融合机理与实证研究［J］. 中国软科学，2022（12）.

［5］陈爱华. 高技术的伦理风险及其应对［J］. 伦理学研究，2006（4）.

［6］陈进东，宋超，张永伟，等. 中国工程科技 2035 技术预见评估：中日技术预见比较研究［J］. 情报杂志，2018，37（10）.

［7］陈进东，张永伟，周晓纪，等. 专家熟悉度对技术预见的影响评估及参数优化［J］. 科研管理，2021，42（6）.

［8］崔志明，万劲波，施琴芬. 技术预见：高技术产业集群与集群式创新［J］. 科技进步与对策，2004（10）.

［9］崔志明，万劲波，孟晓华，等. 技术预见"市场德尔菲法"的特点及实施程序探讨［J］. 科学学与科学技术管理，2004（12）.

［10］丁云龙，谭超. 作为技术预见工具的技术路线图及其应用前景［J］. 公共管理学报，2006（4）.

［11］杜丽群. 改革开放 40 年的经济成就与"中国名片"［J］. 人民论坛，2019（13）.

［12］第二届全国技术预见研讨会召开［J］. 世界科学，2005（1）.

［13］樊春良，樊天. 国家创新系统观的产生与发展——思想演进与政策应用［J］. 科学学与科学技术管理，2020，41（5）.

［14］樊春良. 技术预见和科技规划［J］. 科研管理，2003（6）.

［15］范广垠. 我国房地产政策宏观分析的模型与方法——以 1998—2009年房地产政策为例［J］. 同济大学学报（社会科学版），2010（1）.

　　[16] 范建年，刘瑞东.技术预见在区域创新中的作用探析 [J].经济问题，2007 (1).

　　[17] 方圣楠，黄开胜，江永亨，等.美国国家实验室发展特点分析及其对国家创新体系的支撑 [J].实验技术与管理，2021，38 (6).

　　[18] 高红阳，张少杰.基于外在技术预见的国家宏观发展战略研究思考 [J].科学学与科学技术管理，2005 (3).

　　[19] 高凯.基于文献计量与 ExpertLens 的技术预见方法研究 [J].科技情报开发与经济，2015，25 (11).

　　[20] 高楠，周庆山.新兴技术概念辨析与识别方法研究进展 [J].现代情报，2023，43 (4).

　　[21] 葛慧丽，潘杏梅，吕琼芳.融合科学计量和知识可视化方法的技术预见模型研究 [J].现代情报，2014，34 (6).

　　[22] 郭宝.间断性技术选择研究 [J].科学学与科学技术管理，2005 (3).

　　[23] 郭建峰，王莫愁，刘启雷.数字赋能企业商业生态系统跃迁升级的机理及路径研究 [J].技术经济，2022，41 (10).

　　[24] 郭俊芳，汪雪锋，邱鹏君，等.基于 SAO 分析的技术路线图构建研究 [J].科学学研究，2014 (7).

　　[25] 郭然，原毅军.服务型制造对制造业效率的影响机制研究 [J].科学学研究，2020，38 (3).

　　[26] 国家技术前瞻研究组，程家瑜.关于编制国家技术路线图推进《规划纲要》实施的建议 [J].中国科技论坛，2008 (5).

　　[27] 韩炜，邓渝.商业生态系统研究述评与展望 [J].南开管理评论，2020，23 (3).

　　[28] 韩炜，杨俊，胡新华，等.商业模式创新如何塑造商业生态系统属性差异——基于两家新创企业的跨案例纵向研究与理论模型构建 [J].管理世界，2021，37 (1).

　　[29] 贺善侃.技术预见：城市科技创新的引领 [J].科学技术与辩证法，2007 (1).

　　[30] 侯金鸣，孙蔚，肖晋宇，等.电力系统关键技术进步与低碳转型的协同优化 [J].电力系统自动化，2022，46 (13).

　　[31] 胡维佳."十二年科技规划"的制定、作用及其启示 [J].中国科学院院刊，2006 (3).

[32] 胡卫星，徐多，赵苗苗.基于技术成熟度曲线的教育信息化发展热点分析 [J].现代教育技术，2018，28（1）.

[33] 黄宁燕，孙玉明，冯楚建.科技管理视角下的国家科技规划实施及顶层推进框架设计研究 [J].中国科技论坛，2014（10）.

[34] 黄善光.技术预见在奥地利 [J].世界科学，2002（10）.

[35] 简兆权，邓凌云，李慧泉.数字治理背景下技术预见共识形成机制研究 [J].科学学与科学技术管理，2022，43（12）.

[36] 简兆权，赵芸潼，张少轩.基于 K-means 与技术生命周期的技术预见方法研究——以水体净化技术为例 [J].科技进步与对策，2022，39（6）.

[37] 金兼斌，廖望.创新的采纳和使用：西方理论与中国经验 [J].中国地质大学学报（社会科学版），2011，11（2）.

[38] 孔东民，石政."双碳"目标下我国企业绿色技术创新的环境规制优化研究 [J].税务与经济，2022（6）.

[39] 李红玲.区域科技管理中的技术预见——以武汉为例 [J].理论月刊，2007（2）.

[40] 李鸿磊，王凤彬，张敬伟.什么样的商业生态系统在重度负面冲击中更具整体韧性？——基于复杂系统层次嵌套理论视角的双案例研究 [J/OL].南开管理评论，2022-07-22.

[41] 李健民，浦根祥.技术预期与政府控制 [J].科学管理研究，2001（3）.

[42] 李瑞光，杨映明，孙静.产业技术路线图评价机制研究 [J].科技管理研究，2012（15）.

[43] 李仕明，肖磊，萧延高.新兴技术管理研究综述 [J].管理科学学报，2007（6）.

[44] 李万.APEC、UNIDO、OECD 与技术预见 [J].世界科学，2002（8）.

[45] 李欣，谢前前，黄鲁成，等.基于 SAO 结构语义挖掘的新兴技术演化轨迹研究 [J].科学学与科学技术管理，2018，39（1）.

[46] 梁正，杨芳娟，陈佳.国家科技规划的制定与实施分析 [J].科技中国，2020（4）.

[47] 林振亮，陈锡强，张祥宇，等.美国国家实验室使命及管理运行模式对广东省实验室建设的启示 [J].科技管理研究，2020，40（19）.

[48] 蔺洁，王婷.中国科技规划的演化规律——基于政策间断-平衡框

架的分析视角 [J]. 科研管理, 2022, 43 (6).

[49] 刘笑, 胡雯, 常旭华. 颠覆式创新视角下新型科研项目资助机制研究——以 R35 资助体系为例 [J]. 经济体制改革, 2021 (2).

[50] 刘振国, 华子义, 沈忠明. 面向全校本科生的公共实验创新平台构建 [J]. 实验室研究与探索, 2012, 31 (12).

[51] 马颖, 谢莹莹, 康萍, 等. 我国应急产业发展影响因素的作用机理研究：基于结构方程模型 [J]. 科研管理, 2020, 41 (9).

[52] 梅亮, 臧树伟, 张娜娜. 新兴技术治理：责任式创新视角的系统性评述 [J]. 科学学研究, 2021, 39 (12).

[53] 门一, 樊耘, 张旭, 等. 基于间断—平衡理论对高管团队即兴动态形成机制的研究 [J]. 软科学, 2015 (5).

[54] 孟晓华, 崔志明, 万劲波. 面向高科技产业群的技术预见——"需求定位"理念下的特点剖析 [J]. 科学学与科学技术管理, 2006 (5).

[55] 穆荣平, 任中保. 技术预见德尔菲调查中技术课题选择研究 [J]. 科学学与科学技术管理, 2006 (3).

[56] 穆荣平, 王瑞祥. 技术预见的发展及其在中国的应用 [J]. 中国科学院院刊, 2004 (4).

[57] 浦根祥, 孙中峰, 万劲波. 试论技术预见理论的基本假设 [J]. 自然辩证法研究, 2002 (7).

[58] 浦根祥. 经济发展与社会需求拉动技术预见 [J]. 世界科学, 2002 (5).

[59] 乔杨. 专利计量方法在技术预见中的应用——以国内冶金领域为例 [J]. 情报杂志, 2013, 32 (4).

[60] 任奔. 技术预见在德国 [J]. 世界科学, 2002 (6).

[61] 沈梓鑫. 美国的颠覆性技术创新：基于创新型组织模式研究 [J]. 福建师范大学学报 (哲学社会科学版), 2020 (1).

[62] 宋宝林, 陈丽云. 技术创新扩散境域及对策分析——基于技术成熟度曲线的哲学解读 [J]. 科学管理研究, 2016, 34 (2).

[63] 苏黄菲菲, 黄跃. 让"数字"为"两业"融合赋能 [J]. 人民论坛, 2020 (18).

[64] 孙新波, 孙浩博. 数字时代商业生态系统何以共创价值——基于动态能力与资源行动视角的单案例研究 [J]. 技术经济, 2022, 41 (11).

[65] 孙中峰. 技术预见在日本 [J]. 世界科学, 2002 (7).

［66］唐林霞，邹积亮．应急产业发展的动力机制及政策激励分析［J］．中国行政管理，2010（3）．

［67］唐中君，韩中亚．融合两阶段过程模型和改进 Bass 模型的网络社交平台上产品信息扩散研究［J］．运筹与管理，2022，31（1）．

［68］涂辉文，史永安，裴学进．论区域创新系统中技术预见的角色［J］．科技与经济，2007（1）．

［69］万劲波，周小玲．发展基于竞争情报系统的技术预见［J］．研究与发展管理，2004（6）．

［70］万劲波．技术预见：科学技术战略规划和科技政策的制定［J］．中国软科学，2002（5）．

［71］万劲波．技术预见在法国［J］．世界科学，2002（9）．

［72］王国进．技术预见在韩国［J］．世界科学，2002（11）．

［73］王海燕，冷伏海．英国科技规划制定及组织实施的方法研究和启示［J］．科学学研究，2013，31（2）．

［74］王京安，申赟，刘丹．社会网络视角下的技术范式转换预见探讨［J］．科技管理研究，2015，35（21）．

［75］王乾坤，左慰慰，何晨琛．基于技术预见的科技规划重大专项选择机制研究［J］．科技进步与对策，2013，30（14）．

［76］王乾坤，左慰慰．基于技术预见的科技规划模式与指标评价研究［J］．科学管理研究，2014，32（4）．

［77］王婷，蔺洁，刘小玲．历次科技规划核心理念、发展阶段和政策重点的演化分析——基于文本挖掘方法［J］．科学管理研究，2021，39（2）．

［78］王晓红．我国家庭应急产业发展的动力机制与路径探析——基于自组织理论和事件系统理论的危机事件分析［J］．财经科学，2020（7）．

［79］王艳，樊立宏．多头并举　培养造就创新型科技人才——《国家中长期人才发展规划纲要（2010—2020 年）》解读［J］．中国科学院院刊，2010，25（6）．

［80］王义保，王天宇，刘卓，等．基于 SOR 模型的突发公共卫生事件公众应急行为研究［J］．重庆社会科学，2020（5）．

［81］王永霞，孙新波，张明超，等．数字化转型情境下组织韧性形成机理——基于数据赋能视角的单案例研究［J］．技术经济，2022，41（5）．

［82］王袁欣，刘德寰．接触与采纳：基于人工智能早期体验者的创新扩散研究［J］．现代传播（中国传媒大学学报），2023，45（2）．

[83] 王再进，方衍，田德录. 国家中长期科技规划纲要配套政策评估指标体系研究 [J]. 中国科技论坛，2011（9）.

[84] 王志强，卓泽林，姜亚洲. 大学在美国国家创新系统中主体地位的制度演进——基于创新过程的分析 [J]. 教育研究，2015，36（8）.

[85] 文宏. 间段均衡理论与中国公共政策的演进逻辑——兰州出租车政策（1982—2012）的变迁考察 [J]. 公共管理学报，2014（2）.

[86] 肖杰. 浅析技术预见对科技创新推动作用 [J]. 广西大学学报（哲学社会科学版），2006（S2）.

[87] 徐建华，孙虎，董炳艳. 我国应急产业培育模式研究——论打造两大应急产业生态体系 [J]. 中国软科学，2020（6）.

[88] 薛澜. 技术预见的研究与实践——以 APEC 技术预见中心为例 [J]. 世界科学，2003（4）.

[89] 闫瑞峰，张慧，邱惠丽. 基因编辑技术治理的三维伦理考量：问题、困境与求解 [J]. 自然辩证法研究，2023，39（3）.

[90] 杨帆. R&D 100 创新奖——美国科技界的"奥斯卡"奖 [J]. 中国科技奖励，2007（4）.

[91] 杨思洛，江曼. 新兴技术内涵特征和识别方法研究进展 [J]. 情报科学，2023，41（5）.

[92] 杨幽红. 中日两国技术预见比较研究 [J]. 科技管理研究，2012，32（20）.

[93] 叶继涛. 技术预见在爱尔兰 [J]. 世界科学，2003（12）.

[94] 于灏，王小俊，周小君. 从技术炒作周期看冰火两重天中前行的石墨烯产业 [J]. 新材料产业，2016（10）.

[95] 於莉. 预算过程：从渐进主义到间断式平衡 [J]. 武汉大学学报（哲学社会科学版），2010（6）.

[96] 袁志彬，穆荣平. 能源技术预见及其中日比较 [J]. 科学管理研究，2007（2）.

[97] 袁志彬. 提高技术专家预见能力的基本途径 [J]. 科学学与科学技术管理，2004（4）.

[98] 原华荣，周仲高，黄洪琳. 土地承载力的规定和人口与环境的间断平衡 [J]. 浙江大学学报（人文社会科学版），2007（5）.

[99] 张峰，邝岩. 日本第十次国家技术预见的实施和启示 [J]. 情报杂志，2016，35（12）.

[100] 张辉, 王淑青, 刘桂法. 国外应急产业发展现状及对我国的启示 [J]. 中国安全生产, 2020, 15 (5).

[101] 张纪海, 杨婧, 刘建昌. 中国应急产业发展的现状分析及对策建议 [J]. 北京理工大学学报 (社会科学版), 2013, 15 (1).

[102] 张久春, 张柏春. 规划科学技术:《1956-1967 年科学技术发展远景规划》的制定与实施 [J]. 中国科学院院刊, 2019, 34 (9).

[103] 张林鹏. 中华人民共和国政府在科技发展中的作用研究——以《1978—1985 年全国科学技术发展规划纲要》为核心的考察 [J]. 中国经济史研究, 2023 (1).

[104] 张宁宁, 温珂. 中国特色国家创新系统理论初探 [J]. 科学学研究, 2021.

[105] 张学义, 范阿翔. 基于技术成熟度曲线的人工智能审视 [J]. 科学技术哲学研究, 2019, 36 (2).

[106] 张哲, 冯宗宪. 基于灰色模糊理论的技术路线图实施效果评价 [J]. 统计与决策, 2012 (6).

[107] 赵振元, 银路, 成红. 新兴技术对传统管理的挑战和特殊市场开拓的思路 [J]. 中国软科学, 2004 (7).

[108] 钟少颖, 梁尚鹏, 聂晓伟. 美国国防部资助的国家实验室管理模式研究 [J]. 中国科学院院刊, 2016, 31 (11).

[109] 钟书华. 论科技举国体制 [J]. 科学学研究, 2009, 27 (12).

[110] 周频. 技术预见南方国家视野的困境 [J]. 科技进步与对策, 2017, 34 (15).

[111] 周艳, 赵黎明. 典型国家的创新体系比较研究 [J]. 天津大学学报 (社会科学版), 2020, 22 (6).

[112] 周源, 刘怀兰, 廖岭, 等. 基于主题模型的技术预见定量方法综述 [J]. 科技管理研究, 2017, 37 (11).

[113] ADNER R. Ecosystem as Structure [J]. Journal of Management, 2017, 43 (1).

[114] ALBERT D, KREUTZER M, LECHNER C. Resolving the paradox of interdependency and strategic renewal in activity systems [J]. Academy of Management Review, 2015, 40 (2).

[115] AMBOS T C, BIRKINSHAW J. How do new ventures evolve? An inductive study of archetype changes in science-based ventures [J]. Organization

Science, 2010, 21 (6).

[116] ARNALL A, PARR D. Moving the nanoscience and technology (NST) debate forwards: short-term impacts, long-term uncertainty and the social constitution [J]. Technology in Society, 2005, 27 (1).

[117] BALLINGER G A, ROCKMANN K W. Chutes versus ladders: Anchoring events and a punctuated – equilibrium perspective on social exchange relationships [J]. Academy of Management Review, 2010, 35 (3).

[118] BARKEMA H G, SCHIJVEN M. Toward unlocking the full potential of acquisitions: The role of organizational restructuring [J]. Academy of Management Journal, 2008, 51 (4).

[119] BASS F M. A New Product Growth for Model Consumer Durables [J]. Management Science, 1969, 16 (5).

[120] BESSON P, ROWE F. Strategizing information systems-enabled organizational transformation: A transdisciplinary review and new directions [J]. The Journal of Strategic Information Systems, 2012, 21 (2).

[121] BEUGELSDIJK S, SLANGEN A, VAN HERPEN M. Shapes of organizational change: the case of Heineken Inc [J]. Journal of Organizational Change Management, 2002, 15 (3).

[122] BLONDEL V D, GUILLAUME J, LAMBIOTTE R, et al. Fast unfolding of communities in large networks [J]. Journal of Statistical Mechanics: Theory and Experiment, 2008 (10).

[123] BORTFELD T, MARKS L B. 4-1 [J]. International Journal of Radiation Oncology Biology Physics, 2013, 86 (5).

[124] BRUUN A, JENSEN K E, KRISTENSEN D H, et. al. Escaping the Trough: Towards Real – World Impact of Tabletop Research [J]. International Journal of Human-Computer Interaction, 2017, 33 (2).

[125] BURNES B. Complexity theories and organizational change [J]. International Journal of Management Reviews, 2005, 7 (2).

[126] BURNES B. Kurt Lewin and the planned approach to change: a reappraisal [J]. Journal of Management Studies, 2004, 41 (6).

[127] CARBONELL J, SÁNCHEZ-ESGUEVILLAS A, CARRO B. Easing the assessment of emerging technologies in technology observatories. Findings about patterns of dissemination of emerging technologies on the Internet [J]. Technology

Analysis & Strategic Management, 2018, 30 (1).

[128] CHANG A, DUCK J, BORDIA P. Understanding the multidimensionality of group development [J]. Small Group Research, 2006, 37 (4).

[129] CHEN I, HSU P, OFFICER M S, et al. The Oscar goes to...: High-tech firms' acquisitions in response to rivals' technology breakthroughs [J]. Research Policy, 2020, 49 (7).

[130] CHESBROUGH H, KIM S, AGOGINO A. Chez Panisse: building an open innovation ecosystem [J]. California Management Review, 2014, 56 (4).

[131] CHOI S, KIM H, YOON J, et al. An SAO-based text-mining approach for technology roadmapping using patent information [J]. R&D Management, 2013, 43 (1).

[132] CLARYSSE B, MORAY N. A process study of entrepreneurial team formation: the case of a research-based spin-off [J]. Journal of Business Venturing, 2004, 19 (1).

[133] COLM M, JUNE R. Econometric-model of television ownership [J]. Economic and Social Review, 1976, 7 (3).

[134] CONROY S A, O'LEARY-KELLY A M. Letting go and moving on: Work-related identity loss and recovery [J]. Academy of Management Review, 2014, 39 (1).

[135] CUHLS K. From forecasting to foresight processes—new participative foresight activities in Germany [J]. Journal of forecasting, 2003, 22 (2-3).

[136] CUHLS, KERSTIN. Foresight with Delphi surveys in Japan [J]. Technology Analysis and Strategic Management, 2001, 13 (4).

[137] DELRE S A, JAGER W, BIJMOLT T H A, et al. Targeting and timing promotional activities: An agent-based model for the takeoff of new products [J]. Journal of Business Research, 2007, 60 (8).

[138] DOH J P, PEARCE J A. Corporate entrepreneurship and real options in transitional policy environments: Theory Development [J]. Journal of Management Studies, 2004, 41 (4).

[139] EL SAWY O A, MALHOTRA A, PARK Y, et al. Seeking the configurations of digital ecodynamics: It takes three to tango [J]. Information Systems Research, 2010, 21 (4).

[140] ENGESTRÖM Y, KEROSUO H, KAJAMAA A. Beyond discontinuity:

Expansive organizational learning remembered [J]. Management Learning, 2007, 38 (3).

[141] FEATHERSTON C R, O'SULLIVAN E. Enabling technologies, lifecycle transitions, and industrial systems in technology foresight: Insights from advanced materials FTA [J]. Technological Forecasting and Social Change, 2017, 115.

[142] FENN J. Understanding Gartner's Hype Cycles, 2007 [J]. 2007.

[143] FINK L. Information technology outsourcing through a configurational lens [J]. The Journal of Strategic Information Systems, 2010, 19 (2).

[144] FONTANA R, NUVOLARI A, SHIMIZU H, et al. Reassessing patent propensity: Evidence from a dataset of R&D awards, 1977—2004 [J]. Research Policy, 2013, 42 (10).

[145] GARFIELD M J, DENNIS A R. Toward an integrated model of group development: Disruption of routines by technology-induced change [J]. Journal of Management Information Systems, 2012, 29 (3).

[146] GERSICK C J. Revolutionary change theories: A multilevel exploration of the punctuated equilibrium paradigm [J]. Academy of Management Review, 1991, 16 (1).

[147] GIOIA D A, PATVARDHAN S D, HAMILTON A L, et al. Organizational identity formation and change [J]. The Academy of Management Annals, 2013, 7 (1).

[148] GOLL I, RASHEED A A. The effects of 9/11/2001 on business strategy variability in the US air carrier industry [J]. Management Decision, 2011, 49 (6).

[149] GORDON S S, STEWART W H, SWEO R, et al. Convergence versus strategic reorientation: The antecedents of fast-paced organizational change [J]. Journal of Management, 2000, 26 (5).

[150] GOTO A, WAKASUGI R. Technology policy in Japan: A short review [J]. Technovation, 1987, 5 (4).

[151] GRANT R M, CIBIN R. Strategy, structure and market turbulence: the international oil majors, 1970—1991 [J]. Scandinavian Journal of Management, 1996, 12 (2).

[152] GROVER V, PURVIS R L, SEGARS A H. Exploring ambidextrous

innovation tendencies in the adoption of telecommunications technologies [J]. IEEE Transactions on Engineering Management, 2007, 2 (54).

[153] GUPTA A K, SMITH K G, SHALLEY C E. The interplay between exploration and exploitation [J]. Academy of Management Journal, 2006, 49 (4).

[154] HARVEY A C. Time series forecasting based on the logistic curve [J]. Journal of the Operational Research Society, 1984, 35 (7).

[155] HAVEMAN H A, RUSSO M V, MEYER A D. Organizational environments in flux: The impact of regulatory punctuations on organizational domains, CEO succession, and performance [J]. Organization Science, 2001, 12 (3).

[156] HEADING R C. Proton pump inhibitor failure in gastro-oesophageal reflux disease: a perspective aided by the Gartner hype cycle [J]. Clinical Medicine, 2017, 17 (2).

[157] HU Q, KAPUCU N. Information Communication Technology Utilization for Effective Emergency Management Networks [J]. Public Management Review, 2016, 18 (3).

[158] HUANG L, ZHANG Y, GUO Y, et al. Four dimensional Science and Technology planning: A new approach based on bibliometrics and technology road-mapping [J]. Technological Forecasting and Social Change, 2014, 81.

[159] HUMPHREY S E, AIME F. Team microdynamics: Toward an organizing approach to teamwork [J]. The Academy of Management Annals, 2014, 8 (1).

[160] ISENSON R S. Technological forecasting in perspective [J]. Management Science, 1966, 13 (2).

[161] ITOH S, KANO S. Technology forecasting for medical devices guidance formulation: A case study in Japan [J]. Therapeutic Innovation & Regulatory Science, 2019, 53 (4).

[162] JU Y, SOHN S Y. Patent-based QFD framework development for identification of emerging technologies and related business models: A case of robot technology in Korea [J]. Technological Forecasting and Social Change, 2015, 94.

[163] JUN S-P. A comparative study of hype cycles among actors within the socio-technical system: With a focus on the case study of hybrid cars [J]. Technological Forecasting and Social Change, 2012, 79 (8).

[164] KATSIKEA E S, PAPAVASSILIOU N, THEODOSIOU M, et

al. Export market expansion strategies of direct – selling small and medium – sized firms: implications for export sales management activities [J]. Journal of International Marketing, 2005, 13 (2).

[165] KECK S L, TUSHMAN M L. Environmental and organizational context and executive team structure [J]. Academy of Management Journal, 1993, 36 (6).

[166] KHODAYARI M, ASLANI A. Analysis of the energy storage technology using Hype Cycle approach [J]. Sustainable Energy Technologies and Assessments, 2018, 25.

[167] KLINCEWICZ K. The emergent dynamics of a technological research topic: the case of graphene [J]. Scientometrics, 2016, 106 (1).

[168] LECHEVALIER S, IKEDA Y, NISHIMURA J. The effect of participation in government consortia on the R&D productivity of firms: a case study of robot technology in Japan [J]. Economics of Innovation and New Technology, 2010, 19 (8).

[169] LECHEVALIER S, NISHIMURA J, STORZ C. Diversity in patterns of industry evolution: How an intrapreneurial regime contributed to the emergence of the service robot industry [J]. Research Policy, 2014, 43 (10).

[170] LEE S, LEE S, SEOL H, ET AL. Using patent information for designing new product and technology: keyword based technology roadmapping [J]. R&D Management, 2008, 38 (2).

[171] LETTL C. User involvement competence for radical innovation [J]. Journal of engineering and technology management, 2007, 24 (1).

[172] LEVIN G S, STEPHAN E P, WINKLER E A. Innovation in academe: the diffusion of information technologies [J]. Applied Economics, 2012, 44 (14).

[173] LEYBOURNE S. Project management and high – value superyacht projects: An improvisational and temporal perspective [J]. Project Management Journal, 2010, 41 (1).

[174] LINSTONE H A. Three eras of technology foresight [J]. Technovation, 2011, 31 (2-3).

[175] LOCH C H, HUBERMAN B A. A punctuated – equilibrium model of technology diffusion [J]. Management Science, 1999, 45 (2).

[176] LYYTINEN K, NEWMAN M, AL-MUHARFI A A. Institutionalizing enterprise resource planning in the Saudi steel industry: a punctuated socio-technical analysis [J]. Journal of Information Technology, 2009, 24 (4).

[177] MACBRYDE J, PATON S, BAYLISS M, et al. Transformation in the defence sector: The critical role of performance measurement [J]. Management Accounting Research, 2014, 25 (2).

[178] MÄKINEN S J, KANNIAINEN J, PELTOLA I. Investigating Adoption of Free Beta Applications in a Platform-Based Business Ecosystem [J]. Journal of Product Innovation Management, 2014, 31 (3).

[179] MARTIN B R. Technology foresight: capturing the benefits from science-related technologies [J]. Research Evaluation, 1996, 6 (2).

[180] MCIVER D, LENGNICK-HALL C A, LENGNICK-HALL M L, et al. Understanding work and knowledge management from a knowledge-in-practice perspective [J]. Academy of Management Review, 2013, 38 (4).

[181] MCPHERSON M S, BACOW L S. Online Higher Education: Beyond the Hype Cycle [J]. Journal of Economic Perspectives, 2015, 29 (4).

[182] MILES I. The development of technology foresight: A review [J]. Technological Forecasting and Social Change, 2010, 77 (9).

[183] MÖCKEL C, SCHUMACHER G, HAKE J F. Methoden zur Technologie-Vorausschau: Können wir zukünftige Entwicklungen vorhersagen? [J]. Chemie in unserer Zeit, 2019, 53 (4).

[184] MOORE J. F. Predators and prey: a new ecology of competition [J]. Harvard Business Review, 1993, 71 (3).

[185] MUDAMBI R, SWIFT T. Knowing when to leap: Transitioning between exploitative and explorative R&D [J]. Strategic Management Journal, 2014, 35 (1).

[186] MUDAMBI R, SWIFT T. Proactive R&D management and firm growth: a punctuated equilibrium model [J]. Research Policy, 2011, 40 (3).

[187] NKOMO S M, KRIEK D. Leading organizational change in the "new" South Africa [J]. Journal of Occupational and Organizational Psychology, 2011, 84 (3).

[188] OKHUYSEN G A. Structuring change: Familiarity and formal interventions in problem-solving groups [J]. Academy of Management Journal, 2001, 44 (4).

［189］O'SHEA A. The (r) evolution of new product innovation ［J］. Organization, 2002, 9 (1).

［190］PEREZ-BATRES L A, EDEN L. Is there a liability of localness? How emerging market firms respond to regulatory punctuations ［J］. Journal of International Management, 2008, 14 (3).

［191］PORRA J, HIRSCHHEIM R, PARKS M S. The history of Texaco's corporate information technology function: a general systems theoretical interpretation ［J］. MIS Quarterly, 2005.

［192］PROKOP V, HAJEK P, STEJSKAL J. Configuration paths to efficient national innovation ecosystems ［J］. Technological Forecasting and Social Change, 2021, 168.

［193］REVILLA E, RODRÍGUEZ B. Team vision in product development: How knowledge strategy matters ［J］. Technovation, 2011, 31 (2).

［194］ROMANELLI E, TUSHMAN M L. Organizational transformation as punctuated equilibrium: An empirical test ［J］. Academy of Management Journal, 1994, 37 (5).

［195］RUEF A, MARKARD J. What happens after a hype? How changing expectations affected innovation activities in the case of stationary fuel cells ［J］. Technology Analysis & Strategic Management, 2010, 22 (3).

［196］RUTHERFORD M W, BULLER P F. Searching for the legitimacy threshold ［J］. Journal of Management Inquiry, 2007, 16 (1).

［197］SCHULTZ M, HERNES T. A temporal perspective on organizational identity ［J］. Organization Science, 2013, 24 (1).

［198］SCHULZ M. Impermanent institutionalization: the duration dependence of organizational rule changes ［J］. Industrial and Corporate Change, 2003, 12 (5).

［199］SIGGELKOW N. Change in the presence of fit: The rise, the fall, and the renaissance of Liz Claiborne ［J］. Academy of Management Journal, 2001, 44 (4).

［200］SOOD A, JAMES G M, TELLIS G J, et al. Predicting the path of technological innovation: SAW vs. Moore, bass, gompertz, and kryder ［J］. Marketing Science, 2012, 31 (6).

［201］STREET C T, GALLUPE R B. A Proposal for Operationalizing the

Pace and Scope of Organizational Change in Management Studies [J]. Organizational Research Methods, 2009, 12 (4).

[202] TANNER J C. Long-Term Forecasting of Vehicle Ownership and Road Traffic [J]. Journal of the Royal Statistical Society, 1978, 141 (1).

[203] TILCSIK A, MARQUIS C. Punctuated generosity: How mega-events and natural disasters affect corporate philanthropy in US communities [J]. Administrative Science Quarterly, 2013, 58 (1).

[204] URUEÑA S. Understanding "plausibility": A relational approach to the anticipatory heuristics of future scenarios [J]. Futures, 2019, 111.

[205] VAN DE VEN A H, POOLE M S. Alternative approaches for studying organizational change [J]. Organization Studies, 2005, 26 (9).

[206] VAN DEN BULTE C. New Product Diffusion Acceleration: Measurement and Analysis [J]. Marketing Science, 2000, 19 (4).

[207] VAN LENTE H, SPITTERS C, PEINE A. Comparing technological hype cycles: Towards a theory [J]. Technological Forecasting and Social Change, 2013, 80 (8).

[208] VERBONG G, GEELS F W, RAVEN R. Multi-niche analysis of dynamics and policies in Dutch renewable energy innovation journeys (1970—2006): hype-cycles, closed networks and technology-focused learning [J]. Technology Analysis & Strategic Management, 2008, 20 (5).

[209] VILLODRE J, CRIADO J I. User roles for emergency management in social media: Understanding actors' behavior during the 2018 Majorca Island flash floods [J]. Government Information Quarterly, 2020, 37 (4).

[210] WAYMIRE G, BASU S. Economic crisis and accounting evolution [J]. Accounting and Business Research, 2011, 41 (3).

[211] WEICK K E, QUINN R E. Organizational change and development [J]. Annual Review of Psychology, 1999, 50 (1).

[212] WHITE G R T, SAMUEL A. Programmatic Advertising: Forewarning and avoiding hype-cycle failure [J]. Technological Forecasting and Social Change, 2019, 144.

[213] WIERSEMA M F, BANTEL K A. Top management team demography and corporate strategic change [J]. Academy of Management Journal, 1992, 35 (1).

［214］ WISCHNEVSKY J D, DAMANPOUR F. Radical strategic and structural change: occurrence, antecedents and consequences ［J］. International Journal of Technology Management, 2008, 44 (1-2).

［215］ YASUNAGA Y, WATANABE M, KORENAGA M. Application of technology roadmaps to governmental innovation policy for promoting technology convergence ［J］. Technological Forecasting and Social Change, 2009, 76 (1).

［216］ YOON B, PHAAL R, PROBERT D. Morphology analysis for technology roadmapping: application of text mining ［J］. R&D Management, 2008, 38 (1).

［217］ YOUNG M. A meta model of change ［J］. Journal of Organizational Change Management, 2009, 22 (5).

［218］ YUN J J, WON D, JEONG E, et al. The relationship between technology, business model, and market in autonomous car and intelligent robot industries ［J］. Technological Forecasting and Social Change, 2016, 103.

［219］ ZIMMERMAN M A, ZEITZ G J. Beyond survival: Achieving new venture growth by building legitimacy ［J］. Academy of Management Review, 2002, 27 (3).

报纸及其他文献

［1］ 秦喆. 论技术与国家利益及其关系 ［D］. 沈阳: 东北大学, 2005.

［2］ 曲久龙. 科技计划项目评估理论与方法研究 ［D］. 长春: 吉林大学, 2006.

［3］ 余传鹏. 中小企业管理创新采纳与持续实施的运行机理研究 ［D］. 广州: 华南理工大学, 2015.

［4］ 刘天星. 科学精神代代相传 ［N］. 学习时报, 2019-12-11.

［5］ 穆荣平, 赵兰香, 任中保, 等. 中国未来20年技术预见研究 ［Z］. 中科院机构知识库, 2007.

［6］ 汪敏华. 上海广聘技术预见专家 ［N］. 解放日报, 2002-01-24.

［7］ 钱雪松, 曹静, 丁海.《科技规划纲要》、地方财政科技支出与创新——基于中国省级面板数据的经验研究 ［C］//中华外国经济学说研究会发展经济学研究分会. 中国改革开放再出发: 后小康社会中国经济高质量可持续发展——第十四届中华发展经济学年会会议论文摘要集, 深圳: 中华外国经济学说研究会发展经济学研究分会, 2020.

［8］范维澄. 应急产业研究：一个新的开始［N］. 北京日报，2020-05-11.

［9］国家制造强国建设战略咨询委员会. 中国制造 2025 重点领域技术路线图（2015 年版）［EB/OL］.［2016-04-14］. http：//www. miit. gov. cn/n1146290/n4388791/c4391777/content. html.

［10］四十年农业农村改革发展的成就经验［EB/OL］.（2019-01-17）.［2023-08-02］. https：//www. gov. cn/xinwen/2019-01/17/content_ 5358497. htm.

［11］《中共中央国务院关于完整准确全面贯彻新发展理念做好碳达峰碳中和工作的意见》发布_ 中国政府网［EB/OL］.（2021-10-25）［2023-08-02］. https：//www. gov. cn/xinwen/2021-10/25/content_ 5644687. htm.

［12］国务院印发《2030 年前碳达峰行动方案》［EB/OL］.（2021-10-27）［2023-08-02］. http：//www. news. cn/mrdx/2021-10/27/c_ 1310272894. htm.

［13］习近平主持召开中央财经委员会第九次会议［EB/OL］.（2021-03-15）［2023-08-02］. https：//www. gov. cn/xinwen/2021-03/15/content_ 5593154. htm.

［14］端牢“中国饭碗”，总书记这样说［EB/OL］.（2021-10-17）［2023-08-02］. http：//news. cnr. cn/native/gd/20211017/t20211017_ 525635939. shtml.

［15］中共中央办公厅 国务院办公厅印发《关于加强科技伦理治理的意见》［EB/OL］.（2022-03-20）［2023-08-02］. https：//www. gov. cn/zhengce/2022-03/20/content_ 5680105. htm.

［16］Lawrence Livermore National Laboratory FY 2019 Annual Report：Science and technology on a mission［Z］. U. S. Government Printing Office，2020.

［17］科学技術政策研究所. 第 10 回科学技術予測調査：国際的な視点からのシナリオプランニング［DB/OL］.（2015-09-10）［2023-08-02］. https：//nistep. repo. nii. ac. jp/records/4765

［18］科学技術政策研究所. 第 11 回科学技術予測調査：2040 年に目指す社会の検討（ワークショップ報告）［DB/OL］.（2018-09-25）［2023-08-02］https：//www. nistep. go. jp/archives/38097

［19］科学技術政策研究所. 第 5 回技術予測調査：我が国における技術発展の方向性に関する調査［DB/OL］.［2020-01-16］. https：//nistep. repo. nii. ac. jp/index. php？action=repository_ view_ main_ item_ detail&item_ id=4320&item_ no=1&page_ id=13&block_ id=21

［20］科学技術政策研究所. 第 6 回技術予測調査：我が国における技術発展の方向性に関する調査 ［DB/OL］.（1997-06-10）［2023-08-02］ht-tps：//nistep. repo. nii. ac. jp/records/4359

［21］科学技術政策研究所. 第 7 回技術予測調査：我が国における技術発展の方向性に関する調査 ［DB/OL］.（2001-07-17）［2023-08-02］. https：//www. mext. go. jp/a_ menu/kagaku/chousei/news/1357854. htmview_ main_ item_ detail&item_ id＝4384&item_ no＝1&page_ id＝13&block_ id＝21

［22］科学技術政策研究所. 第 8 回技術予測調査：科学技術の中長期発展に係る俯瞰的予測調査 ［DB/OL］.（2005-05-12）［2023-08-02］. https：//nistep. repo. nii. ac. jp/records/4416

［23］科学技術政策研究所. 科学技術の将来社会への貢献に向けて：第 9 回予測調査総合レポート- ［DB/OL］.（2010-12-10）［2023-08-02］. ht-tps：//nistep. repo. nii. ac. jp/records/4471

［24］日本経済産業省. Japan's Robot Strategy ［EB/OL］.（2015-01-23）［2023-08-02］. https：//www. marketscreener. com/news/latest/METI－Ministry－of－Economy－Trade－and－Industry－of－Japan－s－Robot－Strategy－was－Compiled－－19797267/